COMPARISON OF CHINESE AND AMERICAN ACADEMIC LIBRARIES IN CROSS CULTURAL BACKGROUND

跨文化背景下中美高校图书馆比较

王志华 著

中国广播影视出版社

图书在版编目（CIP）数据

跨文化背景下中美高校图书馆比较 / 王志华著. -- 北京 : 中国广播影视出版社, 2017.10
ISBN 978-7-5043-7936-8

Ⅰ. ①跨… Ⅱ. ①王… Ⅲ. ①院校图书馆－图书馆工作－对比研究－中国、美国 Ⅳ. ①G259.258.6 ②G259.712.586

中国版本图书馆CIP数据核字(2017)第148251号

跨文化背景下中美高校图书馆比较
王志华 著

责任编辑 余潜飞
封面设计 亚里斯
责任校对 龚 晨

出版发行 中国广播影视出版社
电　　话 010－86093580 010－86093583
社　　址 北京市西城区真武庙二条9号
邮　　编 100045
网　　址 www.crtp.com.cn
电子信箱 crtp8@sina.com

经　　销 全国各地新华书店
印　　刷 河北鑫兆源印刷有限公司

开　　本 787毫米×1092毫米 1/16
字　　数 285(千)字
印　　张 15.5
版　　次 2017年10月第1版 2017年10月第1次印刷

书　　号 ISBN 978-7-5043-7936-8
定　　价 39.00元

序　言

尽管，作为一个国家，美国的历史远不如我们国家拥有五千年历史文化，但是对于高等院校图书馆的发展历史来讲，美国比我们要早一百多年。他们在办馆理念和办馆经验，以及图书馆管理方式和服务技术方法上有许多值得我们学习和借鉴的地方。

2008 年 7 月，我有幸参加了一个中美图书馆暑期培训班，在美国的伊利诺伊州立大学香槟分校学习了一个月时间，学习课程全部由伊利诺伊大学图书馆专家教授讲授，期间还走访参观了周边的一些大学图书馆，如俄亥俄大学图书馆、芝加哥大学图书馆等。伊大的学习让我受益匪浅，我认为相比之下美国大学图书馆在管理服务等方面有许多值得我们学习的地方。回国以后，我便开始收集资料撰写有关中美高校图书馆比较的文章，文章发表后觉得还不够过瘾，还应该对中美高校图书馆进行全方位比较。我查找了中国期刊网数据库里的资料，结果发现从国内发表的文章看，人们在对中美高校图书馆比较研究的过程中，往往是从高校图书馆的某个点，或者是某个面来进行比较。例如，从中美高校图书馆读者服务工作方面进行比较；从中美高校图书馆管理工作方面进行比较；或者从中美高校图书馆的技术层面进行比较。此外，本人也在百度中搜索过，迄今为止，比较全面论述中美高校图书馆比较的专著似乎是凤毛麟角。本人认为，过去人们所作中美高校图书馆比较基本上是横向的面对面，或者纵向点对点的较比，这种比较往往有失偏颇，比较到最后总认为美国高校图书馆一切都是好的，中国高校图书馆一切都是不行。中国高校图书馆应该照搬美国的经验，采用拿来主义观点，实行美国式的高校图书馆管理模式。这样的比较即罔顾了中国社会发展的历史，脱离了中国具体的思想文化的因素，忽视了中国高校图书馆发展的实际。这样的比较根本就比不出实际的意义和应用的价值，于是我就萌发了写一本有关中美高校图书馆比较专著的念头。

本书将以中美历史文化发展为背景，从跨文化的角度来对中美高校图书馆进行比较，其中还从中美高等教育的发展和现状来比较中美高校图书馆。中美两国由于历史文化不同，社会制度、经济状况、科技发展以及高等教育的发展不同，必将影响高校图书馆在管理、服务理念和图书馆教育、技术以及图书馆价值取向上有所不同。这些不同必然会在高校图书馆的发展和建设过程中反映出来，影响高校图书馆的发展和建设。我们知道，美国是一个移民国家，其主流文化源自于西方欧洲国家，价值观、世界观也同样离不开西方欧洲国家。但是，美国又是一个移民国家，其文化融合的一面又不同于西方欧洲国家。它有包容和吸收世界先进文化的一面。随着美国国家实力的不断增强，经济文化和科技的日益发达，美国的高校图书馆发展也走在了世界的前列。但是，美国高校图书馆的发展并不是十全十美的，与其现存的社会制度和社会现状一样，有它的不足，也有它的问题。

中国是一个具有五千年历史文化传统的国家，近代时期遭受了外来殖民主义的入侵，经过先辈们一百多年的艰苦斗争，迎来了新中国的成立。新中国成立后，高校图书馆发展经历了曲折的发展。改革开放后，高校图书馆才得到了快速发展，取得了长足的发展。尽管如此，目前我们与美国高校图书馆相比还有很多的差距。如在图书馆立法建设方面，高校图书馆管理理念和服务理念方面，我们还存在许多问题。但是，我们也有我们的优势。改革开放近四十年来，我国高校图书馆发展迅速，无论是馆舍面积，还是藏书量；无论是管理理念，还是技术手段，都已经接近或者超过发达国家的高校图书馆。究其原因，我们看到这是我们道路的优越，制度的先进。从这点上，我们应该看到我们的成绩，树立我们制度自信，道路自信。我们要坚定走中国特色社会主义发展道路。

本书从跨文化的角度入手，结合中美两国高等教育的不同，对中美两国高校图书馆进行全方位的比较。既从高校图书馆内在的管理、服务、教育、技术等方面进行比较，又从高校图书馆外在的协会联盟、图书馆建筑以及数字图书馆、移动图书馆等方面进行比较。既从方式方法和技术操作层面上进行比较，又从理论观念和价值取向上进行比较。既比较了中美两国高校图书馆各自存在的优势和先进的一面，也提出了两国高校图书馆之间存在的问题方面。总之，通过这样全方位的比较，能够比较客观地来看待中美高校图书馆之间存在的差异，避免盲目照搬美国高校图书馆的做法，一味地追求美国高校图书馆的理念和价值。

由于本人才学疏浅加上时间紧迫，在写作过程中肯定存在诸多不足，在此恳请同行专家学者提出批评意见和建议，深表感谢！

王志华

2017 年 3 月于杭州

目　录
CONTENTS

第一章　中美文化比较

第一节　文化的概述

一、文化定义

有专家学者曾经做过统计，自 19 世纪以来，各国的专家学者对“文化”所下的定义，其中包括人类学家、社会学家、心理学家、哲学家以及自然科学家等对“文化”所下的定义有近 300 余条。有些定义是学者专家经过冥思苦想反复探讨后正式提出的，有些定义是学者专家在其论著中顺带提到的。为了对“文化”的定义有一个比较清晰的了解，接下来笔者想列举一些较有代表性的学者专家的观点进行描述。

1. 文化，广义上讲是指人类在社会实践过程中所获得的物质、精神的生产能力和创造的物质、精神财富的总和。狭义上讲是指精神生产能力和精神产品，包括一切社会意识形态：自然科学、技术科学、社会意识形态。有时文化也有专指教育、科学、文学、艺术、卫生、体育等方面的知识与设施。作为一种历史现象，文化的发展有历史的继承性；在阶级社会中，又有阶级性，同时也具有民族性、地域性。不同民族、不同地域的文化又形成了人类文化的多样性。作为社会意识形态的文化，是一定社会的政治和经济的反映，同时又给予一定社会的政治和经济以巨大的影响。①

2. 文化是一种社会现象，是人们长期创造形成的产物，同时又是一种历史现象，是社会历史的积淀物。确切地说，文化是凝结在物质之中又游离于物质之外的，能够被传承的国家或民族的历史、地理、风土人情、传统习俗、生活方式、文学艺术、行为规范、思维方式、价值观念等，是人类之间进行交流的普遍认可的一种能够传承的

① 辞海编辑委员会编纂：《辞海》，上海辞书出版社 2000 年版，第 1858 页。

意识形态。①

3. 文化（culture）是一个非常广泛和最具人文意味的概念，给文化下一个准确或精确的定义，的确是一件非常困难的事情。对“文化”这个概念的解读，人类也一直众说纷纭。但东西方的辞书或百科中却有一个较为共同的的解释和理解：文化是人类所创造的物质财富与精神财富的总和。②

4. 对于文化的构成有不同的说法，其中最常见的是物质文化、制度文化和精神文化“三层次说”：（1）人类为了克服自然或适应自然，创造了物质文化，简单说就是指工具、衣食住行所必需的东西，以及现代高科技创造出来的机器，等等。人类借助创造出来的物质文化，获取生存所必需的东西。（2）为了与他人和谐相处，人类创造出制度文化，即道德伦理、社会规范、社会制度、风俗习惯、典章律法等。人类借助这些来规范社群与文化行动，构成复杂的人类社会。（3）为了克服自己在感情、心理上的焦虑和不安，人类创造了精神文化。比如艺术、音乐、戏剧、文学、宗教信仰等。人类借助这些表达方式获得满足于安慰，维持自我的平衡与完整。③

5. 文化是一个复杂的整体，包括知识、信仰、艺术、道德、法律、风俗，以及人类在社会里所获得的一切能力和习惯。④

6. 文化是指“人类在社会历史发展过程中所创造的物质和精神财富的总和，特指精神财富，如文学、艺术、教育、科学等。”（《现代汉语词典》词典编辑室，商务印书馆 1983 年版）。

7. 文化是一个大的人群，在许多代当中，通过个人和集体的努力获得的知识、经验、信念、价值、态度、角色、空间关系、宇宙观念的积淀，以及他们获得的东西和所有物。文化表现于语言的模式以及活动和行为的样式，这些模式和样式是人们适应性行动和交际方式的样板。它使得人们得以在处于特定的技术发展阶段、特定的时间、特定的地理环境的社会里生活。⑤

8. 文化是占据特定地里区域的人们共同所有的信念、习惯、生活模式和行为的集合体。⑥

9. 所谓文化指的是历史上创造的所有的生活样式，包括显形的和隐形的，包括合

---

① 360 百科 http：//baike.so.com/doc/5366095-5601798.html 2016.10.16。

② 百度百科 http：//baike.baidu.com/link？ url=ifv7br34JeOeE5MP_U5vksexBvuIMBLyaVDKVNYzK6rMcm3CtmbQBinVa_U8KChHDfcmLPh2kRaWqu6W2DF0q_9OpmS7paPAAwzoi7gm3JS。

③ 杨明华编著：《有关文化的 100 个素养》，台北：驿站文化。

④ [英]泰勒（Edward Tylor）：《原始文化：神话、哲学、宗教、语言、艺术和习俗发展之研究》，商务印书馆 1985 年版。

⑤ 胡文仲 著：《跨文化交际学概论》，外语教学与研究出版社 1999 年版。

⑥ David Brown. 1978，*Guides and principles for the consultant in cross-cultural assistance*. In Gordon Lippii & David Hoopes，Helping Across Cultures. Washington：international Consultants Foundation.

理的、不合理的，以及谈不上合理的或不合理的一切。它们在某一时期作为人们行为的潜在指南而存在。①

10.《大英百科全书》则标明文化概念应该分为两类，第一类是“一般性”的定义，即文化等同于“总体的人类社会遗产”；第二类是“多元的相对的文化概念：文化是一种源于历史的生活结构的体系，这种体系往往为集团的成员所共有，它包括这一集团的语言、传统、习惯和制度，包括有激励作用的思想、信仰和价值，以及它们在物质工具和制造物中的体现”。这两种定义虽然哲学基点不同，但是都主张一种涵盖物质文明和精神文明总体的大文化观念。②

11.《大美百科全书》关于文化是这样来描述的：文化是用来描述人类特有之适应环境的方式——塑造自然环境以适合人的欲望和目的。文化是由学习而得的行为，这种行为方式的构成有别于人类的遗传行为和天生的本能。③

从以上对文化定义的描述中，我们多少可以找出它们共同的东西，这些共同点可以归纳出以下几点：

1. 文化有时空性。时间上体现在文化是人们在长期生活中形成，有一个积淀过程；空间上体现它地域性，不同地区、国家有不同文化。

2. 文化有物质的和非物质的。物质文化可以物态的形式保存下来，非物态文化是指精神和技术上的东西，观念和艺术以及技艺等。也有人将这些非物态的文化称为非物质文化。

3. 文化的社会性。我们讨论的文化都是离不开人类社会的范围，而在人与人之间的交往中必然会有这样那样的联系和冲突，而解决处理这些联系和冲突就需要有一种方式来进行制约，这个制约的方式就是制度。它包括法律、道德、规定等等。不同时期有不同时期的制度，这就是制度文化的范围。

讲到文化的时候，我们还是要提一提文明，因为在一些人看来似乎文化与文明差不多。但是笔者以为两者之间还是有区别的。文明是历史沉淀下来的，有益增强人类对客观世界的适应和认知、符合人类精神追求、能被绝大多数人认可和接受的精神财富、发明创造。文明象征着社会的进步，文明是使人类脱离野蛮状态的所有社会行为和自然行为构成的集合，这些集合至少包括了以下要素：家族观念、工具、语言、文字、信仰、宗教观念、法律、城邦和国家等。文明就是社会表现出较高发展阶段的状态，这种状态里面主要包括的是上层建筑领域的东西，如法律制度、思想意识，也有科学技术发展状况方面的，等等。它代表的是一种社会状态。

---

① 胡文仲著：《跨文化交际学概论》，外语教学与研究出版社 1999 年版，第 35 页。

② 《不列颠百科全书》（国际中文版），中国大百科全书出版社 2007 年版，第 56 页。

③ 《大美百科全书》，外文出版局、光复书局 1994 年版，第 8 卷第 126 页。

而文化则是一种社会现象，着重于实践层面的构成与事物。有专家就说，文明可以被理解为一定历史时代的观念，而文化却可以被看成是现实与再现的成分，是一个动态的概念、一个历史的发展过程。一般来说，文化主要是指具体的、感性的实践行为，更侧重于社会生活的各个具体层面；而文明是概括的、全面的构成，更侧重于传统的总体性，包括民族的信仰、宗教、意识等精神层面，也包括社会生活的各种具体实践成分。

二、 文化的要素与文化层次

前面我们对文化的定义进行的描述，接下来我们对构成文化的要素以及文化内容的层次方面进行进一步的分析。

（一）文化的要素包括有以下几个方面

1. 人是构成文化最主要的方面，我们所讲的文化都是在人类社会范围之内的，一刻也脱离不了人的存在，离开了人的要素一切文化也不复存在了。文化研究的对象就是人类社会存在的一切。

2. 文化要素构成中所涉及的物质，不是指自然状态下的物质，如水、空气、土壤等。它是指人们在改造社会，改造自然过程中所创造出来的物质财富（即物质文化），以及在创造这些物质财富过程中所需要的技术和工艺（即非物质文化）。

3. 文化的精神要素。文化的精神层面包括的范围比较广，如法律、制度、道德观念、文学艺术、音乐舞蹈、传统手工、现代科技、语言文字等。

4. 文化的时间要素。不同时代反映不同的文化特征，时间对文化来讲是一个重要的因素，古代文化反映古代时期人们的生活，现代社会则反映出现代社会的文化。

5. 文化的空间要素。文化具有非常明显的地域性。生活在不同地域的人群由于受地域环境影响，无论思想和观念上都会受到地域的限制，尤其在交通不发达的古代社会。因此才会出现海洋文化与大陆文化的差异。

（二）文化内容的层次包含有以下几个方面

一般来讲，文化内容包括四个层次：一是物态文化层，由物化的知识力量构成，是人的物质生产活动及其产品的总和，是可感知的、具有物质实体的文化事物。可以展示的有古代建筑、文化遗址、文字书籍、雕塑绘画作品等；二是制度文化层，由人类在社会实践中建立的各种社会规范构成。包括社会经济制度婚姻制度、家族制度、政治法律制度、家族、民族、国家、经济、政治、宗教社团、教育、科技、艺术组织等；三是行为文化层，以民风民俗形态出现，见之于日常起居动作之中，具有鲜明的民族、地域特色。具体说，比如音乐舞蹈、手工技艺，各地民间文化、风俗习惯等；

四是心态文化层，由人类社会实践和意识活动中经过长期孕育而形成的价值观念、审美情趣、思维方式等构成，是文化的核心部分。

如果说，文化的要素是点状的来具体解释文化的内涵。那么，文化的层次之说则是从文化的剖面来解释文化的内涵。我们通过这样由点及面分析才会对文化有一个比较全面的认识和理解。

三、文化比较或跨文化研究

我们说到比较，它肯定是在两种不同事物之间进行或发生的，并通过研究发现两者之间存在的差异和共同之处。文化比较就是采用比较方法研究不同文化系统的类同和差异。主要有两种研究方法：一是平行研究，即通过对两种相互没有影响的不同传统的文化系统进行比较，找出共同或不同的规律；二是影响研究，即通过两种相互影响的文化系统进行比较，找出共同规律。我们进行文化比较的目的是为了交流和学习，在交流和学习过程中从而不断提高民族自豪感和自信心。

跨文化是跨越了不同国家与民族界线的文化，是不同民族、国家及群体之间的文化差异，是通过越过体系以经历文化归属性的人与人之间的互动关系。跨文化是指在交往中“参与者不只依赖自己的代码、习惯、观念和行为方式，而是同时也经历和了解对方的代码、习惯、观念和行为方式的所有关系”。跨文化还可以从学理上和文化学角度来理解：

1. 从学理上讲，所谓跨文化是指在交往中“参与者不只依赖自己的代码、习惯、观念和行为方式，而是同时也经历和了解对方的代码、习惯、观念和行为方式的所有关系”。

2. 从文化学理论看，文化认同就是指人类群体或个体对于某一特定文化的归属和接纳．它带有文化价值的特定指向性。所谓“跨文化”，就是指跨越不同国家不同民族界线的文化。

3. 跨文化是指具有两种及其以上不同文化背景的群体之间的交互作用。而且生产商品的劳动不是指体现在劳动产品中的各种有用性质的劳动，而是指共同的人类劳动。

4. 简言之，“跨文化”是指通过越过体系界限来经历文化归属性的所有的人与人之间的互动关系。

5. 所谓“跨文化”是指在全球化中，社会流动性增加和种族混杂造成的一种社会现象。这种现象的本质是改变传统和现存的文化，是创造新文化。

文化比较与跨文化之间的差异在于文化比较从一开始就设置了文化不同方面的比较范围和比较内容，从表象方面的认知来揭示本质上的不同。而跨文化则是承认文化不同的前提下对具体的社会现象或社会层面进行分析和归纳，从而找出两者之间的不同及其原因所在。跨文化意识就是对于与本民族文化有差异或冲突的文化现象、风俗、习惯等有充分正确的认识，并在此基础上以包容的态度予以接受与适应。有一点我们必须强调的，那就是跨文化的理解不是主体对客体的理解，而是主体之间的理解，不是主体性，而是主体间性。如果把不同的异文化看成是认识的对象、认识的客体，就意味着主体对客体可以任意地处置，客体成为被研究、被注视、被处置、被奴役的对象，这里有不平等的意味。殖民主义时期殖民者对土著文化采用的就是这种态度。跨文化理解应该将异文化看成是与自己平等的主体，他们之间是平等的对话。而且这种理解并不追求主体与客体的同一性，而是仍然以承认差异性为前提的。也就是说这样的理解并没有一个绝对正确的答案，可以有不同的理解，就像我们阅读理解一部小说一样。跨文化理解都是不同文化之间的理解。这一点很显然，可是仅仅讲不同还不行，还得讲相同。正是不同之中有相同，差异性与相同性并存，不同文化之间的理解才是可能的。用于回答跨文化理解的问题，就是文化的差异性与共同性的统一。

第二节　中国文化

一、中国文化形成

中国是一个历史悠久的国家，有着五千年的文明发展史。在这漫长的历史发展过程中，真正形成中国主流文化的，或者说在中国文化中起主导作用的是儒家思想文化。在经历了两千多年的封建社会中，儒家思想一直占据着主导和支配的地位。它不仅影响着统治阶级，也影响着被统治阶级。

儒家思想也称为儒教或儒学。它是由春秋时孔子（公元前 551 年至公元前 479 年）创立，战国时孟子（约公元前 372 年—公元前 289 年）发展，西汉时董仲舒（公元前 179 年—公元前 104 年）加以发扬光大。以后各个朝代的儒家代表不断地丰富和完善儒家学说，使之成为中国最具影响力的思想体系。孔子最初创立的儒教指的是司仪，后来逐步发展为以尊卑等级的仁为核心的思想体系。到了战国时期，孟子继承了孔子的学说，并且丰富孔子的儒教的内容。儒教的真正发扬光大应该说是到了汉代时期，西汉大儒董仲舒是儒家思想的集大成者，他在先秦儒家思想观念的基础上提出了一整套维护封建等级制度的“三纲五常”论，并使之成为当时朝政者都普遍认可和接受的思想理论。以后历代封建统治者都延续利用这一传统思想来教育被统治对象，使之成为统治人们的一种工具。

儒教核心一般被认为是“三纲五常”。孔子最初提出“三纲”是指“君为臣纲，父为子纲，夫为妻纲”，要求为臣、为子、为妻的必须绝对服从于君、父、夫，同时也要求君、父、夫为臣、子、妻做出表率。它反映了封建社会中君臣、父子、夫妇之间的一种特殊的道德关系。孟子进而提出“父子有亲，君臣有义，夫妇有别，长幼有序，朋友有信”的“五伦”道德规范。简称为“五常”，即仁、义、礼、智、信。它是用以调整和规范君臣、父子、兄弟、夫妇、朋友等人伦关系的行为准则。西汉时，董仲舒将“三纲五常”规范化、理论化。董仲舒在他所著的《春秋繁露》一书中，按照他的大道“贵阳而贱阴”的阳尊阴卑理论，对五伦观念做了进一步的发挥，提出了三纲原理和五常之道。“五常之道”实际上是“三纲”的具体化。董仲舒又认为，仁、义、礼、智、信五常之道则是处理君臣、父子、夫妻、上下尊卑关系的基本法则，治国者应该给予足够的重视。在他看来，人不同于其他生物的一个重要特点，在于人类具有与生俱来的五常之道。坚持五常之道，就能维持社会的稳定和人际关系的和谐。

从孔子提出，到孟子的继承，再到董仲舒的进一步发展和完善，直到最后被儒家思想的继承者具体化，最终形成了“三纲五常”定律。它所关注的重点是人，具体地说是人在社会中的关系和地位以及如何去处理各种关系。君臣之间、父子之间、兄弟之间由于地位和等级不同，就应该遵循不同的行为规范，有着不同相处的方式方法。人与人之间是这样，国与国之间由于大小强弱不同也有这样的等级，也应有这样相处的方式方法。儒家宣扬的这种思想符合统治阶层的利益，深受历代封建王朝统治者的青睐，最终成为统治者利用的工具。统治者以此达到统治和奴役被统治者，实现长治久安的目的。这就使得儒家思想成为中国传统文化的内核，也成为维护封建君主专制统治的理论基础。儒家思想、君主专政制度构成了中国古代政治史的两大主体内容。

此外，董仲舒不仅规范发展了孔孟的儒家思想，而且还在此基础上又提出了一种新的思想，那就是名教。“名教”这个词的正式出现是在魏晋时期，用来指以孔子的“正名”思想为主要内容的封建礼教。董仲舒倡导“审察名号，教化万民”。汉武帝把符合封建统治利益的政治观念、道德规范等“立为名分，定为名目，号为名节，制为功名”，用它对百姓进行教化，称“以名为教”。内容主要就是三纲五常，故也有“纲常名教”的说法。名教观念是儒教思想的重要组成部分。名即名分，教即教化，名教即通过上定名分来教化天下，以维护社会的伦理纲常、等级制度。名教观念最初始于孔子。孔子强调以等级名分教化社会，认为为政首要“正名”，做到“君君、臣臣、父父、子子”。董仲舒据此倡导审查名号，教化万民。“以名为教”，内容主要就是三纲五常。魏晋时期曾兴起围绕“名教”与“自然”关系的论辩。宋明以后，名教被称作“天理”，成为禁锢人们言行的桎梏，如违犯封建伦常，即被视为“名教罪人”。

三纲五常和名教观念，为封建阶级统治和等级秩序的神圣性和合理性而辩护，成为中国封建专制主义统治的基本理论，为历代封建统治阶级所维护和提倡。它们作为封建社会的最高道德原则和观念，被写进封建家族的族谱中，起着规范、禁锢人们思想、行为的作用。两千多年来，它一直影响着中国人的国民性。当然，这种思想在一定时期也起到了维护社会秩序、规范人际关系的作用。

总的来说，儒家思想可以从以下几个方面进行概括：

第一，儒家基本上坚持“亲亲”、“尊尊”的立法原则，维护“礼治”，提倡“德治”，重视“人治”。儒家思想对封建社会的影响很大，被封建统治者长期奉为正统思想。

第二，儒家的“礼治”主义的根本含义为“异”，即使贵贱、尊卑、长幼各有其特殊的行为规范。只有贵贱、尊卑、长幼、亲疏各有其礼，才能达到儒家心目中君君、臣臣、父父、子子、兄兄、弟弟、夫夫、妇妇的理想社会。国家的治乱，取决于等级秩序的稳定与否。儒家的“礼”也是一种法的形式。它是以维护宗法等级制为核心，如违反了“礼”的规范，就要受到“刑”的惩罚。

第三，儒家的“德治”主义就是主张以道德去感化教育人。儒家认为，无论人性善恶，都可以用道德去感化教育人。这种教化方式，是一种心理上的改造，使人心良善，知道耻辱而无奸邪之心。这是最彻底、根本和积极的办法，断非法律制裁所能办到。

第四，儒家的“人治”主义，就是重视人的特殊化，重视人可能的道德发展，重视人的同情心，把人当作可以变化并可以有很复杂的选择主动性和有伦理天性的“人”来管理统治的思想。从这一角度看，“德治”主义和“人治”主义有很大的联系。“德治”强调教化的程序，而“人治”则偏重德化者本身，是一种贤人政治。由于儒家相信“人格”有绝大的感召力，所以在此基础上便发展为“为政在人”、“有治人，无治法”等极端的“人治”主义。

儒家思想文化是以仁义礼智信为核心的思想体系，“仁义礼智信”为儒家“五常”，从最早孔子提出“仁、义、礼”，到孟子延伸为“仁、义、礼、智”，再到后来董仲舒扩充为“仁、义、礼、智、信”，后称“五常”。这“五常”贯穿于中华伦理的发展中，成为中国价值体系中的最核心因素。仁是仁爱之心；义是处事得宜和合理；礼是人际关系的正常规范，如礼仪、礼制、礼法；智是明辨是非；信是言无反复、诚实不欺骗人。

儒家思想之所以被历代统治者接受，并形成中国的主流文化的另一个方面的原因，还取决于中国的地缘因素和经济基础。中国可以说是一个以内陆板块为主的国家，除了东面靠海，其他三面均是陆地，与其他国家接壤。此外，中国又是一个以农业生产为主的国家，自给自足的农业经济一直占据着主导地位。在一个相对比较封闭的社会环境里，无论是历代统治者还是被统治者，都以求稳求生活安逸为最大满足。除非出现了暴君昏君以致民不聊生，或者遭到外来入侵，发生社会动荡才会有朝代更替。然而，即使出现了改朝换代，儒家思想以及受其影响的传统文化仍然被后来的统治者一直袭用，被社会所继承。儒家思想文化仍然是社会文化的主流。这种根深蒂固的思想文化也就造就了千百年来所传承的中国文化。

到了近代的中国，尽管受到了外来列强的入侵，中国被沦落成了半封建半殖民地国家，但是传统的中国文化并没有因此消亡，其地位也没有发生变化，而是继续延续着。进入到现代社会后，传统的中国文化虽然受到某种程度上的冲击，但是其影响力依然存在，尤其是在改革开放深入发展的今天，中国传统文化重新得到认可，并且被作为中国特有的文化思想向外输出。"孔子学院"在国外一些大学里相续建立便是一个很好的佐证。2016 年 9 月 23 日在北京举办的第三届孔子学院总部"开放日"活动中我们了解到截至目前，已在世界 139 个国家和地区，建立了 507 所孔子学院和 1047 个中小学孔子课堂，累计注册学员达 500 多万人，各类文化活动受众达 6000 多万人，受到世界各国人民的广泛欢迎[①]。

对中国文化影响较大的除了儒家之外，还有两种教派的思想不得不提，那就是道教和佛教。这两种思想对中国传统文化的形成也起着重要的作用。道教，是发源于古代本土中国春秋战国的方仙家，是一个崇拜诸多神明的多神教原生的宗教形式，主要宗旨是追求长生不死、得道成仙、济世救人。道教的代表人物是春秋战国时代的老子和庄子。他们的学术思想在中医养生学的形成过程中产生过一定的影响。道家所主张的"道"，是指天地万物的本质及其自然循环的规律。自然界万物处于经常的运动变化之中，道即是其基本法则。《道德经》中说，"人法地，地法天，天法道，道法自然，"就是关于"道"的具体阐述。所以，人的生命活动符合自然规律，才能够使人长寿。这是道家养生的根本观点。

道教在古中国传统文化中占有重要地位，在现代世界的也积极发展。道教从战国时期开始，直到汉朝后期才有教团产生，益州（今四川）的天师道奉老子为太上老君，至南北朝时道教宗教形式逐渐完善。唐代尊封老子，为了美化唐皇室，说老子（太上老君）是唐室先祖。道家思想作为首先独创了朴素唯物主义本体论学说的代表，从春秋战国时代即为诸子百家之一，先秦时期在著名的儒墨显学里独树一帜，汉初，完全成为显学。所以，汉朝就有了具体正规的教团产生，奉老子为道德天尊，把原来深奥的道德哲学更进一步升华、淬炼了。南北朝时道教宗教形式愈发完善。道教以道为至高信仰，认为无形无象、玄之又玄、无法言说。

---

① http:www.hanban.edu.cn/article/2016-09/23/content_656814.htm。

道在人和万物中的显现就是德。故万物莫不尊道而贵德。道散则为气，聚则为神。《道德经》的“道生一，一生二，二生三，三生万物”就是“不停地无中生有、有又还无地周而复始运转变化”。现在科学理论一般浅显的理解为“道”是化生宇宙万物的本原。在中华传统文化中，道教（包括道家、术士等）被认为是与儒学和佛教一起的一种占据着主导地位的理论学说和寻求有关实践练成神仙（不老不死、普济众生）的方法。其实基于现实世界，道教也有着各种积极的意义：道法自然，珍爱生命、珍爱自然环境，追求人与自然和谐，实现修身养性，延年益寿，得道成仙。通过度化了自己，提升了个人的生命质量与灵魂能量，再进一步为人类社会做贡献。以一定的方式和方法，对精神和肉体进行自我控制，达到“我命由我不由天”，突破生命的桎梏，掌握自己的命运。道教成仙或成神的主要方法大致可以归纳为五种：服食（仙药，外丹等），炼气与导引，内丹修炼，法术仪式，功德成仙。常见后来的神仙多为内丹修炼和功德成神者与道术的修炼者。

道教的基本教义是：尊道贵德——道教最高信仰；仙道贵生——道教鲜明特色；清静寡欲——道教行为标准；自然无为——道教生活态度；柔弱不争——道教自我修养；返璞归真——道教理想状态；天人合一——道教文化主体；天道承负——道教善恶报应；性命双修——道教修炼要诀。以上所述，是道教的最基本教义。

佛教距今三千多年前由迦毗罗卫国（今尼泊尔境内）王子乔达摩·悉达多所创。佛教于西汉末年传入中国。佛教八大祖庭：天台宗，三论宗，法相宗，华严宗，禅宗，律宗，密宗，净土宗。佛教也是世界三大宗教之一。佛意思是“觉者”。佛又称如来、应供、正遍知、明行足、善逝、世间解、无上士、调御丈夫、天人师、世尊等。佛教重视人类心灵和道德的进步和觉悟。佛教信徒修习佛教的目的即在于从悉达多所悟到的道理里，看透生命和宇宙的真相，最终超越生死和苦、断尽一切烦恼。

佛教原来只流行于中印度恒河流域一带。孔雀王朝时期，阿育王奉佛教为国教，广建佛塔，刻敕令和教谕于摩崖和石柱，从此遍传南亚次大陆的很多地区。

约在公历纪元前后，佛教传入中国。在汉代被视为神仙方术的一种，至南北朝时传播于全国，出现了很多学派。隋唐时期进入鼎盛阶段，形成了很多具有中国民族特点的宗派。宋代以后，佛教各派趋向融合，同时儒、佛、道的矛盾也渐趋消失。7–8 世纪佛教分别由印度和中国汉族地区传入中国西藏，至 10 世纪中叶后形成藏语系佛教，后又辗转传到四川、青海、甘肃、蒙古和俄国布列雅特蒙古族居住的地区。佛教传播到每一个地区以后，由于受到当地社会、政治、文化的影响，形式和内容都有相应的变化，形成许多宗派。在中国佛教派系主要有汉语系、藏语系和巴利语系三大系统。

封建统治者利用儒学治世、佛学治心、道教养身的不同功能，使其作用互补，以达到维护统治的目的。佛教与中国传统文化的融合，摄取儒、道思想，不仅形成了中国化的佛教宗派，而且提出了一系列不同于印度佛教的理论。如天台宗把道教的丹田、练气等学说纳入自己的学说，倡导修习止观坐禅除病法。华严宗不仅把儒道思想纳入自己的思想体系，而且以《周易》的元、亨、利、贞四德配佛教的常、乐、我、净四德；以儒家的仁、义、礼、智、信五常配佛家的不杀生、不偷盗、不邪淫、不妄语、不饮酒。这就把佛教的理想境界、道德规范与儒家的德性、德行等同起来。禅宗则更进一步，不仅不提倡念佛、拜佛、坐禅，甚至呵佛骂祖，主张性净自悟，凡夫即佛，在日常生活中即可实现成佛理想。这种思想深受道家的自然主义、玄学家的得意妄言理论以及旷达放荡、自我逍遥的影响。隋唐佛教的特点是系统性、宗派性。

总之，儒家思想主旨是仁义，舍生取义，以仁孝治国，讲的是入世，儒家指由孔子（春秋时期鲁国人）创立的后来逐步发展以仁为核心的思想体系。从创立到现在大约有两千五百多年。儒家重人的自身修养，要与身边的人建立一种和谐的关系；道家思想主旨是自然和谐，道法自然，以无为治国，讲的是出世，道家思想的核心是“道”，认为“道”，是宇宙的本源，也是统治宇宙中一切运动的法则。一般来说，公认第一个确立道家学说的是春秋时期的老子。从创立到现在大约有两千六百多年。佛教对中国文化的影响，偏向唯心主义，强调自身修养，讲的是超世。佛教是一种普世教育，是教人人都要深信因果，要得正知正见，超脱轮回，度己度人，成就佛果。佛教的创始人是悉达多，从创立到现在有两千多年。慈悲为善，大慈大悲，普度众生，无我利他、舍己救人的菩萨心。佛教提倡仁慈为善，放下屠刀立地成佛。佛教自东汉传入中国后，与中国的本土文化相结合，逐渐形成了中国的佛教。两千年来，这种佛教一直为中国各阶层人士所接受，并与儒教、道家相互融汇，共同汇合形成了中国固有的传统文化。经过一千年的融合，在宋代，道、儒、佛已经三位一体了：以道行、儒礼、佛法为灵魂影响着每一位华夏子孙。儒家、佛家、道家三教合一，构成了中国的特有传统文化。

二、中国文化特点

中国传统文化特点有很多，除了学界普遍认同的诸如“天人合一”、“和为贵”之类的特点。此外，中国文化中的家族伦理本位论和非宗教特征也是中国文化的重要特征。中国文化的非宗教性特征突出地表现为以道德为本位的人文精神。一方面由儒家的人文精神所决定；另一方面，又有道家自然主义作为补充，以老、庄为代表的道家所创立的宇宙本体论。通过对由来久远、具有神秘性的传统“天道”观念所做的思辨性的哲学净化工作，排除了中国早期宗教所崇拜的鬼神天帝的权威，把哲学本体的“道”

提升到“象帝之先”的位置。尽管他们的结论不一定精当，或然是错误的，但其重要性在于排除了神或上帝的预设和启示，是人的哲学和自然哲学的统一，而非宗教哲学。在老、庄的思想理论中不但没有对彼岸的执著，相反却十分注意保持和维护生命整体的和谐稳定，强调“保身”、“全生”、“养亲”、“尽年”，并要求自然而然地对待现世(“无为即自然”)，反对任何形式的矫揉造作和虚妄。本人以为，能够基本反映中国文化特点的主要由以下六个方面组成。

（一）以伦理道德为中心的官僚文化特征

传统的道德伦理思想是中国文化的核心部分，按照中国古代的传统说法，可以把中国传统文化叫作“崇德”型文化。以血缘关系为纽带的宗法制度是中国传统文化的主要根基。由此，中国文化也被看作是一种在宗法关系上形成的注重“关系取向”与“身份取向”的伦理型文化。儒家的“三纲五常”便是典型代表。由于小农经济的脆弱性，家庭和家族内部各成员之间必须紧密联系，相互帮助和协作，才能应对种种不确定性所带来的不测，当然这也是人类社会发展之初的共同特点。久而久之，家族观念在历史长河中发展成为中华民族最传统和根深蒂固的观念。中国传统文化重伦理、倡道德的特色，以道德为本位的宗法制度无疑给我们带来某些有益的东西。这种道德观念认为家族整体利益是第一位的，要求人们约束自己，服从整体。它有利于促进人与人之间的紧密关系，亦有利于家庭的稳定、社会的和谐，有利于建立人与人之间和谐融洽的人际关系，为中华民族的繁荣和发展起了积极的作用，也是我们今天仍应提倡的东西。但是，另一方面，这种以道德为本位的传统文化的道德伦理原则，特别强调家长权威、等级制度，在一定程度上束缚了民主思想的发展。同时由于以家庭和社会为本位，个人的权利容易被忽视，容易压抑个人的自我意识，形成依赖人格，不利于个人自主性、独立性和创造性的发挥。

（二）注重和谐与统一的传统文化特征

以人伦关系为中心的人和主义价值观、强烈的和谐意识和行为追求在中国的文化形态中占据着重要的位置。程思远把中国传统文化重视和谐与统一的特点界定为“中华和合文化”。“中华和合文化，是中华优秀文化传统的精髓之一和主要组成部分”，“这是一种有中国特色的整体系统思想”。张立文则认为：“和合学是对于中国传统文化以中和之为美的审美价值的反思，以及对于审美方式，审美结构的思考。从某种意义上说，儒家文化精神的价值取向是中和，道家文化和墨家文化精神的价值取向亦是中和。因此，和与中和是中国文化精神的精髓。”

中国传统文化重和谐与统一的特点，体现在人与自然的关系上，就是“天人协调”，把自然界和人类社会看作是一个统一的整体。中国古代的“天人协调”说与“天人合一”说，虽然不否认人对自然加以改造、调节、控制、引导。但也只是以人与自然各有其职能，人之不能，自然而能，自然不能，人而能。因此，两者可以互补。人应改造自然，亦应适应自然，但不是统治自然、征服自然。又如道家提出的“天之道，利而不害；人之道，为而不争”(《老子》第六十八章 为而不争)。“厚德载物，上善若水”(《老子》第八章)。这种注重和谐统一的传统文化特征，表明一旦形成一种被社会和人们认可的行为方式，则不应该被改变。这一点对于中国企业创新来说，明显形成一种文化氛围，即对于已经形成的某项技术、制度结构则不容易产生打破的动力，影响技术和制度的剧烈性变革，难以支持突变式创新，有利于渐进式创新。

经过长期的历史沉淀，持中贵和的精神渐渐成为中华民族普遍的社会心理和中国文化各门类的共同追求。如政治上，人们重视君臣、国家、民族间的和谐，主张“克明峻德，以亲九族，九族既睦，平章百姓，百姓昭明协和万邦。”《尚书·尧典》；经济上主张“百姓时和事业得叙”《荀子·富国》“不患贫只患不均”。思想方法上主张“执其两端而用其中”既不要过分也不要不及。个人修养上主张“从容中道”“文质彬彬”艺术上主张“乐而不淫，哀而不伤”。《论语·八佾》美学上主张“以和为美”戏剧文学上“大团圆”的结局，等等，都是强调“和”。

（三）追求稳定的经验理性文化传统

中国传统文化特征中具有“实用—经验理性”的特征，这一点虽然使中国人能毅然面对现实，勇于承受一切，但却也带来了使人逆来顺受、保守求稳而缺乏冒险精神的后果。长久以来，中华文化积淀出了重“恒”轻“变”，追求“久远”的特征。绝大部分的中国人都“安土乐天”，容易满足，遵循着“天不变，道亦不变”(出处：《汉书·董仲舒传》：“道之大原出于天，天不变，道亦不变。”)的生活方式，能顾全大局，委曲求全。追求稳定，不求变化养成了中国人在稳重的同时不思进取、知足常乐的惰性，限制了竞争与冒险，扼杀了民族生存发展中蓬蓬勃勃的活力。“故知足不辱，知止不殆，可以长久。”所以人能做到知足，就不会有任何屈辱，知道适可而止就不会有危险，这样才能长久。这句话是《道德经》第四十四章“甚爱必大费；多藏必厚亡”。过分地追求、爱名，必定费重大的消耗，多藏必失去越多。

（四）天人合一的支撑形文化特征

中国文化中的“天人合一”思想，一方面强调人对自然的创造力，不是盲目性的、不是功利性的、不是强制性的、不是破坏性的，而是“顺天应时”的。即通过对天地自然规律的认知和把握，加以巧妙地开发和利用，在顺从自然规律的条件下利用自然、调整自然，使之更符合人类的需要，也使自然界的万物都能生长发展。另一方面，认为人与自然能和谐相处，人不是被动的、消极的，而是主动的、积极的，人与天地既鼎足而立，又与天地合而为一；既受天地自然的制约，又有驾驭、统领、管理天地自然的本领。人能够统合天地，弥合天地自然之不足。这种思想长期实践的结果，是得到自然界与人的统一，人的精神、行为与外在自然的一致，自我身心的平衡与自然环境的平衡的统一，以及由于这些统一而达到的天道与人道的统一，从而实现了完满和谐的精神追求，这些文化思想反映出明显的支撑型文化特征。“天人合一”有两层意思：一是天人一致。宇宙自然是大天地，人则是一个小天地；二是天人相应，或天人相通。是说人和自然在本质上是相通的，故一切人事均应顺乎自然规律，达到人与自然和谐。老子说：“人法地，地法天，天法道，道法自然。”

（五）刚健有为的文化精神与自强不息的民族精神

刚健有为作为中国文化基本精神之一，是人们处理天人关系和各种人际关系的总原则，是中国人的积极的人生态度的最集中的理论概括和价值提炼。自强不息的精神对促进社会发展、国家强盛和文化繁荣有重要意义。刚健有为的精神，不仅在我们民族兴旺发达时期起过巨大的积极作用，而且在我们民族危难之际，如外族入侵、政权易手之时，也总是成为激励人们起来进行反侵略反压迫斗争的强大精神力量。它凝聚、增强了民族的向心力，培育了中华民族的自立精神和反抗压迫，以及不断学习、不断前进的精神。刚健有为、自强不息精神的一个突出表现，是“日新”、“革新”的观念在历史实践中为人们所普遍接受，并积极促进“顺乎天而应乎人”的社会变革。

自强不息、勤劳刻苦、刚健有为、鞠躬尽瘁，这是中国传统文化的又一特点。《易经》曾说：“天行健，君子以自强不息。”天体的运行是刚健有力，生生不息的人的活动也应该效法天，应该刚健有为，自强不息。也就是说应该充分发挥人的主观能动性，要有一种奋斗拼搏的精神、积极向上的精神。孔子对他自己和对他的弟子都是这样要求的，他认为一个人不仅应该“学而不厌”，而且应该“为而不厌”。他自己则是“其为人也，发愤忘食，乐以忘忧，不知老之将至”。他还认为：每一个人都应该有远大的志向，并努力为实现自己的志向而奋斗。他说，“三军可夺帅也，匹夫不可夺志也。”一个人的志向应该是坚定不移的。他的弟子曾参也说，“士不可以不弘毅，任重而道远。仁以为己任，不亦重乎，死而后已，不亦远乎。”他们希望人们应该为实现自己的远大目标而奋斗终生，死而后已。三国时期诸葛亮正是实践这种传统思想的典型。

（六）儒、佛、道三教合流是中国传统文化的又一个重要特征

孔子为代表的儒家学派曾是春秋时期的“显学”。经过孟子、荀子的继承与发展，在战国时期仍然占有极其重要的地位。但他们以“仁”和“仁政”为核心的政治主张，以贵和持中为核心的思想方法，以重人伦、重个人修养为核心的修身养性之道，以“信而好古”、“宪章文武”、“法先王”为核心的社会理想，并不符合春秋五霸、战国七雄争霸称雄、夺取天下的政治需要，不符合新兴地主阶级变法革新的要求。因而在春秋战国数百年间，尽管他们也曾周游列国、招徒讲学、著书立说。但始终未能得到当

权者的重视，始终处于"子"学的地位而未能成为官方的指导思想。只是到了汉武帝时随着新兴地主阶级政治地位的稳定，逐步由进取的力量向保守的力量过渡。他们的主张才适应了地主阶级巩固政权的需要，一下子从"子学"变成了唯我独尊的官学。从此之后，儒学虽然也曾几经变化，但其礼治德教的精神却始终一致，成为中国传统文化的正宗。

以老庄为代表的道家是先秦诸子中与儒家并驾齐驱的一大流派。从许多方面看来它是与儒家对立的学派。儒家重视人事，道家尊崇"天道"；儒家讲求文饰，道家向往"自然"；儒家主张"有为"，道家倡导"无为"；儒家强调个人对家族、国家的责任，道家则醉心于个人对社会的超脱。但从另一方面看道家与儒家在精神上也不是全然对立的，而是存在着相互接近、相互沟通的质素。比如，儒家的"天人合一"学说主张人与自然的和谐、人与人之间的和谐与道家的崇尚自然就有一定相通之处。在战国时期，道家出现了黄老刑名学派在各诸侯国的变法革新中曾经发挥了一定作用。汉朝建立后，黄老刑名之学曾成为汉初七十余年的统治思想，其中吸收了不少儒家仁政德治的主张。汉武帝接受了董仲舒"罢黜百家独尊儒术"的主张之后，黄老之学虽然也在被罢黜之列，但其影响并未立即消失。东汉以后随着道教的兴起和佛教的传入，很快形成了儒、道、佛三家鼎立的局面。魏晋玄学从本质上说是儒道结合的产物，宋明理学则是儒道佛三教合流的产物。

尽管佛教是从国外传入中国，但是佛教重视人类心灵和道德的进步和觉悟，强调自身修养，讲的是超世，教人要深信因果，要得正知正见，超脱轮回，度己度人，成就佛果，这些教育思想深得大众信赖和仰慕。尤其是佛教宣扬的慈悲为善，大慈大悲，普度众生，无我利他，舍己救人的思想，提倡仁慈为善，放下屠刀立地成佛理念，与中国的本土文化相结合，逐渐形成了中国的佛教。这种佛教一直为中国各阶层人士所接受，经过　千年的融合，在宋代，道、儒、佛已经三位一体了：以道行、儒礼、佛法为灵魂影响着每一位华夏子孙。儒家、佛家、道家三教合一，构成了中国的特有传统文化。

三、中国文化影响

（一）重视教育，把教育作为立国立民之本的教育价值观

中国历来重视教育，视教育为民族生存、国家安定的命脉。因此中国很早就把教育纳入国家的事业，建设国家首先开展教育。传说黄帝、尧、舜时代就十分重视教育，自舜开始已有专门教育机构出现。《尚书·舜典》中记载："夔，命汝典乐。教胄子。"可见当时已有专门的公职人员对贵族的子弟施教。《史记·五帝本纪》中也有类似

的记载。有一段还讲到对百姓的教育："契，百姓不亲，五品不驯，汝作司徒，而敬敷五教，在宽。""五教"就是指父义、母慈、兄友、弟恭、子孝，即血缘家族的伦理，要求把这些血缘家族的伦理道德教育百姓。这个时期还没有提到君臣的关系，因为中国当时还没有进入君主制度，还处于原始公社制社会。以后随着生产力的发展和社会的变革，教育越来越受到重视。据古籍记载，虞、夏、商、周都有各类学校。到西周时期中国奴隶制社会已日臻完善，学校教育也开始分成等级。分国学和乡学两类，国学为统治阶级的上层贵族子弟而设，乡学是地方学校，为庶民所设。《礼记·学记》中说："古之教者，家有塾，党有庠，术（遂）有序，国有学。"可见西周时代已有完整的教育体系。到了春秋战国时期，孔子首开私学之风，各派名家也都设馆收徒，社会上形成了一种学习的风气。儒家文化特别重视教育立国。《学记》开宗明义说："建国君民，教学为先。"把教育摆在立国的首要位置。许多儒学思想家都提倡重视教育，希望通过教育，统治者能够成为圣明之主，臣民能够"化民成俗"，接受教化，成为良民。孔子的弟子有子说："其为人也孝弟，而好犯上者，鲜矣；不好犯上，而好作乱者，未之有也。"（《论语·学而》）就是说，接受了教育，懂得一套礼仪，就不会犯上作乱。

（二）以伦理道德为核心的教育价值观

中国古代教育一开始就同社会、国家联系在一起。教育的目的是为了"修身，齐家，治国，平天下"。以宗法制度为基础的社会，特别重视人伦道德。五帝时就重视"五常"的教育。儒家文化恰恰符合这种要求，儒家从"从政以德"的政治主张出发，突出强调道德和道德教育在治国安民中的作用。因此，儒家教育就成为联结个人、家庭、家族和国家的纽带。汉武帝时董仲舒上书对策"独尊儒术"不是偶然的，它符合了封建大一统的需要。为此，董仲舒改造了原始儒学的思想，把"三纲五常"作为新儒学的核心。自此之后，整个封建时代的教育都呈现出以伦理道德为核心的价值取向。宋、明理学更是强调道德教育和自我修养。重伦理轻功利，重人文轻自然的教育价值观构成中国古代教育的传统。虽然有些学派，如墨家、农家主张利民生财，教人耕作，但自汉武帝"罢黜百家"以后，在教育上就没有什么影响力。清代初期实学派也曾主张"经世致用"，除学以经学为中心外，也旁及小学、史学、天算、水利、金石等，但未能得到朝廷和社会的重视。因此直至鸦片战争之前，中国古代教育总体来讲，只教育学生做人，不教育学生做事；只教学生从善，不教学生求真。所谓"善"的德行，是以符合封建伦常为标准。伦理道德教育达到具有教育本体论的意义。贵族子弟上学是为了懂得统治集团的"礼"，以便承接世袭的封禄；庶民百姓上学是为了学习统治集团规定的一套"礼"，以便挤入上层阶级，服务于封建朝廷，治理国家，同时改变门庭，光宗耀祖。这种教育价值观，有积极和消极的双重性。它的积极影响是，中国人历来重视教育，中国教育历来重视道德教育，学习，首先要学会做人，重视自身的道德修养，养成高尚的道德情操。重伦理道德的价值取向也影响到中华民族的国民性格、心理素质、风俗习惯等。

中国人历来重义轻利，重集体轻个人。“宽以待人，严于律己”“独善其身，洁身自好”“国家兴亡，匹夫有责”等格言，成了中国人的座右铭。其消极影响也是十分明显的。首先，它把人束缚在家族的伦理关系之中，思想被严重地禁锢。所谓“非礼勿思，非礼勿闻，非礼勿视，非礼勿动”，养成一个没有个性人格的人。有的学者说，中国几千年的教育就是两个字“听话”，不是没有道理的。其结果是培养出来的人不敢想，不敢讲，不敢闯，缺乏开拓创新精神，严重阻碍了中国近代社会的进步。其次，不重视科学知识的学习，影响到我国近代科学的发展。研究中国科学史的英国人李约瑟曾经提出这样的疑问：为什么历史上中国的科学技术水平和经济发展水平一直遥遥领先于其他文明，而近代科学没有在中国产生，近代中国却大大落后了。这个问题的答案是复杂的，有政治制度的原因，经济结构等原因，但不能不说与中国的传统教育价值观，只重伦理，不重视科学技术知识的教育有关。

（三）以“圣人君子”为教育的目标

圣人、贤人都是中国古代推崇的最高理想人格。孔子把尧、舜、禹作为理想的圣人，所以叫作“圣王”。王是外在表象，圣是内在的修养品格，内圣才能成为贤明的君王。因此，儒家把培养“内圣外王”的君子作为教育的最高目标。孟子说：“人皆可以为尧舜。”（《孟子·告子下》）也就是说，只要通过教育，修身养性，都能达到圣人的境界。何谓圣人？儒家有许多解释：荀子说，“圣也者，尽伦者也”（《荀子·解蔽》）；又说，“故圣人者，人之所积而致也”（《荀子·性恶》）；董仲舒说，“天令之谓命，命非圣人不行”（《举贤良对策三》）；《白虎通·圣人》更是把圣人神化了：“圣人者何？圣者通也，道也，声也，道无所不通，明无所不照，闻声知情，与天地合德，日月合明，四时合序，鬼神合凶吉。”至宋明理学，均以“穷天理，灭人欲”为旨归，以成就圣人为最高的道德境界和人生理想。说得通俗一点，圣人就是见识高明，德才兼备的君子中最有德行，最有威望的人。中国古代教育以培养士大夫、君子、圣人为最高的教育目标。实际上，也就是培养统治阶级的人才。虽然也讲德才兼备，但更重视的还是一个人的德行，“才”也只是统治之才。这种教育目标完全是为封建统治服务的。它强调封建社会需要的德行。却泯灭了人之以为人的人性，更没有不同人的个性，是一种培养奴性的教育。所以鲁迅把中国的封建传统教育总结为一个词：“吃人”。但是儒家这种以理想人格为培养目标的教育传统，强调道德修养应成为每个社会成员自觉的选择和实践，追求人在道德上的完美，在中国历史上也培养了不少忧国忧民的人才，同时这种教育传统也影响着中国人的民族性格和民族精神。今天如果我们运用历史唯物主义的方法对它加以改造，剔除封建教育的内容和奴性的培养，还是有一定意义的。“教人做人”、“德才兼备”，追求理想的完美人格仍然是我们今天应该继承和发扬的。

（四）以“四书五经”为教育的主要内容

中国古代教育的教育内容是很丰富的。西周国学有礼、乐、射、御、书、数六种科目，合称“六艺”。“礼”是政治伦理课，包括奴隶制社会的道德规范和礼节；“乐”是艺术课的总称，包括音乐、诗歌、舞蹈；“射”即射箭，“御”即驾驭战马，都是军事训练课；“书”和“数”就是文化基础课。“书”、“数”为小艺，是初等教育阶段学习的内容，“礼”、“乐”、“射”、“御”为大艺，是高等教育阶段学习的内容，“礼”又是核心。《大戴记·保傅》中载：“古者八岁而就外舍，学小艺焉，履小节焉；束发而就大艺焉，履大节焉。”可见当时教育内容文武兼备，层级分明，代表了中国奴隶社会全盛时期的教育水平。但是，不知道什么时候开始，教育内容变得只以经学为主了。大致与汉武帝时董仲舒“独尊儒术”有关。“独尊儒术”的文教政策不仅“罢黜百家”（像墨家是很重视生产知识的教育的），结束了百家争鸣的局面，而且促成了教育的政治伦理化，教育内容当然也就只需要讲求封建礼法和治人之术的经学了。毛礼锐、沈灌群主编的《中国教育通史》中说道：“自汉武帝‘罢黜百家，独尊儒术’之后，统治者便用经学治世，学校育才、朝廷取士也都以经学为重要标准和基本内容。”特别是科举制度产生以后，考试内容主要以经学为主，明代更是要求考试以“四书”出题，以朱熹的《四书章句集注》为标准。考试内容历来是教育内容的指挥棒，中国古代教育内容的单一化也就可想而知了。中国古代相传施用的教材还是很多的，但内容都以伦理道德教育为主。

第三节　美国文化

一、美国文化的形成

美国最早是英国的殖民地，其历史如果自 1783 年独立战争胜利之日算起，还不到三百年。最早移民到美国的是一批英国的基督教徒，他们在自己的国家遭受迫害，对本国严酷的社会现实不满。他们希望按照自己的意愿信仰上帝。于是，他们致力于建立一个乌托邦式的重视伦理和精神生活的社会模式，对原有的宗教进行美国式的改革。而他们对宗教的改革从一开始就与社会改革运动结合在一起，极力主张个人积极自愿地参与政府的活动。这就是美国清教主义[①]与民主政治紧密相连正真原因，同时也构成美国文化重要原因。

此外，美国文化还有一个重要方面就是受西方哲学思想影响，最重要的是西方个人主义哲学。西方个人主义是一种价值观念和思想体系，也是一种哲学。自文艺复兴以来，它强调的就是个人的地位和价值，要求的就是个人意志和行为自由。个人主义的核心理念是一切都要以人为中心：社会要体现个人的意愿，政府保护个人的利益，个人有权决定自己的一切。个人主义是美国文化的核心。[②]这里需要说明的是欧洲哲学中的个人主义完全不同于我们平时所讲的所谓自私自利的个人主义。欧洲哲学里所讲的个人主义包含几方面含义。第一，欧美的个人主义是人文主义的代名词。这种个人主义追求的是人的尊严、人的地位和人的不可剥夺的权利。第二，欧美的个人主义是自由主义的温床。自古以来，人们一直在追求自由，就是因为个人受到了太多的束缚，在各种专制制度下，从思想到行动，各种规范和戒律使人们感到失去了自由。这正是欧美政治革命把自由和平等作为头等目标的原因。因此，个人主义成为人们追求自由的一个结果。第三，欧美个人主义是民主主义的产物。“个人主义是民主主义的产物，并随着身份平等的扩大而发展，”“他们习惯与独立思考，认为自己的整个命运只掌握在自己手中。”[③]

美国文化形成的还有一个重要方面就是美国的移民文化。美国历史上经历三次移民高潮。第一次移民高潮发生在1820年至1860年，这期间移民总数高达500万。移民主要来自西欧和北欧，其中爱尔兰人大约200万、德国人大约170万，还有大量被贩卖到美国的非洲黑奴。同时，移民中也有少数人来自亚洲，主要是来美国淘金的中国人。第二次移民高潮是从1861年到1880年，约有500万移民来到美国。南北战争结束后，美国迎来了工业化的高峰期，对劳动力需求旺盛。第三次高潮从1881年到1920年，移民人数猛增到2350万。移民顶峰是1907年，达到128.5万人。这一阶段，美国政府多次立法，限制欧洲移民，排斥亚洲移民。来自英国、德国、瑞典等西北欧国家的“老移民”增长有限，但来自意大利、俄国等东南欧国家的“新移民”却增长迅速。经过这三次移民高潮，1920年美国的人口总数首次超过1亿人。在1820年到1920年的一百年间，移民数量占美国人口年增长数的20%以上。大量移民的蜂拥

---

① 清教主义：清教主义起源于英国，在北美殖民地得以实践与发展。其因信称义、天职思想、山巅之城等核心理念，虽然构成宗教行为规范要素，却在很大程度上起到了消解禁锢人们思想与行为的主流教会传统的作用，促进了社会世俗化进程，在早期的美国，推动了个性解放，促成建立现代劳动、职业和财富观，以宗教的理想勾勒出国家未来追求的目标。它们奠定了今日美国主流文化（wasp）价值观念的基础，铸就了美国民族特性。（搜索百度）http：//baike.so.com/doc/1764200-1865555.html（2016.8.28）

② 罗伯特·理查德《心灵的习性》，三联书店1991年版，第156页。

③ 托克维尔：《论美国的民主》，第679–685页。

而至形成了美国社会独有的文化特征，即美国文化的多元化。

美国文化的多元化主要体现在以下几个方面：一是人种和种族多元化。二是宗教信仰多元化。三是文化教育多元化。四是性别问题认识多元化。接下来分别描述：

第一，人种和种族多元化。作为一个移民国家，美国的人种和种族多元化是不言而喻的。

美国学者托马斯·索威尔《美国种族简史》一书中，用大量的史实、数字，深入浅出地讲述了各个种族在美国的奋斗史、文化史，包括爱尔兰人、德国人、意大利人、日本人、犹太人、华人、墨西哥人、黑人、波多黎各人等。众所周知，美国是世界文化的大熔炉。各个种族无论在基因上，还是在文化上都有其本国固有的特质。和其他种族比起来，这些固有的性质也使其在众多种族共存的环境中凸显出来。

第二，宗教自由化。由于不同国家的移民来到美国，因此他们的宗教信仰也不同。20世纪50年代以来，美国的基督新教、天主教、犹太教是三大主流宗教。除此之外，还有来自其他国家和地区的移民讲自己原有的宗教信仰也带入美国。来自亚洲的伊斯兰教、佛教、印度教、道教、锡克教、神道教等边缘宗教，还有来自当地土著人的土著传统信仰。

第三，教育多元化。多元文化教育包括两个方面：一是承认美国政治、社会和经济现实，在这种现实中，个人希望文化多样性，人与人之间的关系是复杂的；二是多元化教育反映了文化、人种、性别、种族、宗教、社会经济状况和教育过程状况。具体来讲多元化教育其实就是关于学生如何学，教师如何教的问题。在不同的种族、性别、语言、宗教、阶层和文化群体的特殊影响下，使每一个学生特有的知识、才能和天赋都能得到充分发挥，是学生成为多元的、相互联系的、多种文化和语言背景下的社会公民。同样，作为教师如何在不同的种族、性别、语言、宗教、阶层和文化群体的特殊影响下，发挥对学生的教育和影响作用。

第四，性别多元化。性别多元化主要两个方面：一是女权问题，二是同性恋问题。学界普遍认为，自美国女性政治觉醒掀起女权主义运动之日起，美国历史上共出现了三次女权主义浪潮，其时段与西方其他国家的女权主义浪潮大体一致。具体而言，第一次浪潮始于19世纪40年代末，终于20世纪20年代；第二次浪潮起于20世纪60年代，止于20世纪80年代末；第三次浪潮发端于20世纪90年代初，持续至今。美国历史上的三次女权主义浪潮不仅触动了美国的法律和宪法，而且极大地改变了美国人的生活观念和生活方式。凡涉及女性权利和权益的问题，女权主义浪潮可以说是无所不包、无所不争。

而同性恋运动始于20世纪。20世纪六七十年代以来，美国开始了一场风起云涌的民权运动——种族平等、性别平等、性自由等纷纷融入其间，而随着1969年“石墙事件”（Stonewall riots）[①] 的爆发，美国同性恋者反歧视、争取平权的种种努力，也汇聚到了美国民权运动的洪流中，“Baker v. Nelson 案”只是一个发端，但它表明了美国同性恋者追求平权的一条主要路径，即以同性婚姻合法化作为运动方向，但美国各级法院均对同性婚姻给予了否定裁决。在经过长期不懈的努力和斗争之后，同性恋问题在美国得到认可，并取得进展。

2013 年 6 月 26 日，美国最高法院以 5∶4 的法官意见表决裁定《联邦婚姻保护法》违宪，同性婚姻与异性婚姻享受同等联邦福利。美国最高法院的此项裁决被认为是美国同志平权运动的里程碑式的事件。2014 年 10 月 6 日，最高法院决定不听取有关同性婚姻禁令的上诉，为更多州允许同性婚姻扫清障碍。2014 年 11 月 13 日，美国最高法允许堪萨斯州成为美国第 33 个同性婚姻合法州，同时一位联邦法官宣布南卡罗来纳州的同性婚禁令无效，同性婚倡议人士赢得两大胜利。

二、美国文化特征

（一）强调独立、个性而又不排斥

作为一个从原野里创造出来的国家，美国在资源丰富亟待开发的早期，机会虽多，可是蛮荒未辟，必须奖励个人独立创造的性格，凡是囿灭个性发展的各种因素都视作当时拓殖精神的阻碍，加以贬斥，同时，在艰苦开拓的过程中，每个民族都必须发挥本民族的长处，尊重并汲取其他民族的优秀品质，坚信自我，尊重他人的文化取舍态度成为他们共同的准则，正是在这一点上，也只能是在这一点上，各国移民找到了共同之处，这就是个性容于团队的价值体系，它深入民心，以各种形式得到充分发展，由此形成了美利坚民族的特殊性格：对自己深信不疑，对自己的命运深信不疑，把依靠自己作为哲学信条。

（二）冒险、开拓、富有创新精神

美国人的格言是：不冒险就不会有大的成功，胆小鬼永远不会有大作为。从首批英国移民踏上北美大陆，到美利坚合众国成立这一个半世纪里，北美险恶的自然条件，培育了美国人顽强拼搏、艰苦奋斗的性格。北美丰富的资源等待着开发利用，培育了美国人开拓进取、敢于冒险的精神。从文化学的角度考察，北美在一定程度上

---

① 石墙骚乱是指发生在纽约的一次同性恋者和警察间的一系列暴力冲突。这次骚乱开始于 1969 年 6 月 27 日星期五，在石墙旅馆外，格林尼治村的同性恋住所。“石墙”，正如通常提到的，被认为是美国乃至世界现代同性恋权利运动的起点。它是第一次有同性恋者拒绝警方的逮捕。在石墙骚乱以前，警方对同性恋酒吧和夜总会的搜捕行动是城市同性恋者生活的一部分。警方通常会登记出席的人的姓名以便用于报纸的刊登，然后把尽量多的同性恋者押上警车。接吻、牵手甚至在同性恋酒吧出现都是被逮捕的理由。（http：baike.so.com/doc/5581030-5793910.html）2016.8.29《百科》

曾经是一片文化真空，闯入这真空的，不是有组织的文化单位，而是一批对于传统制度已失去好感的亡命者。他们的头脑为叛逆精神所主宰，身上绝少传统思想的保守性，再说即便有，也没有发挥的土壤，因为险峻的环境迫使他们只能确立与传统不同的生活方式，这种冒险精神成了美国人民的传统。他们把冒险探求新大陆看作寻求生活的机遇。这种冒险精神一直渗透到美国人民生活的各个方面。在硝烟弥漫的商战中，美国人勇敢地开拓创新，从各个方面处处体现了这种民族冒险精神。基于此，美国人特别强调创新精神，他们认为机会到处都有，主要在于主动发现和利用。除法律外，美国人认为一切传统和先例都是创新的障碍，他们乐于向传统和先例挑战。由于美国不像中国、印度、英国等有着悠久而灿烂的文明，所以美国人在接受新思想、新技术时很少先去考察这些东西是否符合某位专家、权威的理论，然后再引经据典加以注释和考证，以决定是否采用。美国人认为，他们的国家虽没有灿烂的过去，但由于具有创新精神，因而他们拥有光明的未来。所以美国人勇于向传统和权威挑战，勇于向已有的一切挑战，“我与专家、权威、传统平等”，这是美国人的性格。

（三）自由、平等精神

美国是一个崇尚自由的国家。北美殖民地历史的一个重要的特征就是封建秩序从来没有在那里存在过，在美利坚民族的形成过程中，许多从欧洲大陆来的移民把资产阶级自由思想带到了美洲。新大陆的自由空气以及大自然的艰苦环境陶冶了美利坚民族的民族性：热爱自由、珍惜自由、崇尚自由。在美国，对人的自由，除法律可以明文规定加以限制，并由执法机关及其人员执行限制外，任何机关或个人不得非法剥夺或限制他人的自由。民主自由的环境为才能和幸运开辟了道路，因此出身对美国人不起任何作用。美国人相信这样的格言：“一个人富裕到什么程度，就表明他的才能实现到了什么程度。”因为在机会均等的条件下，人的才能决定富裕的程度。所以美国人一般不羡慕他人的财富，而喜欢赞美富翁的才能。

（四）实用主义

实用主义在美国不仅仅是职业哲学家的哲学，而且是美国人的哲学。由于美国没有悠久灿烂的古老文化，因此文化的创造只有在北美大陆的开发过程中才能出现。而要开发这片富庶的处女地，就必须打破一切的条条框框，服从于实际问题的解决，在这种历史背景下，美利坚民族形成了实用主义的哲学观。他们坚信，“有用、有效、有利就是真理”。在实用主义哲学观念影响下的美国人不喜欢正规的、哲学抽象的、概念游戏的思辨哲学，不喜欢形而上学的哲学思考。在美国人眼里，有用就是真理，成功就是真理。他们立足于现实生活和经验，把确定信念当作出发点，把采取行动当作主要手段，把获得效果当作最高目的，一切为了效益和成功。

（五）物质主义

美国文化是物质性的，他们认为生活舒适是理所当然的人生追求，并且怀着优越感看待那些生活水准不如他们的人。当美国人谈论一个人的价值时，主要指物质价值，而且除开这个通常标准外，他不管什么别的标准。由于基督新教价值观的影响，美利坚民族至今仍以赚钱多少作为评价一个人社会地位高低的重要依据，仍然以赚钱聚财为荣。在美国社会里，人们向上进取的精神是炽热的。许多人都在拼命地工作，不惜付出自己的一切辛苦与智慧来谋求事业上的发展。通过个人奋斗取得成功，从低贱者变成大富翁几乎成了美国式的信条。在这价值观念支配下的美国社会，企业家普遍受到尊敬；人人都想办企业发家致富，人人都想个人创业。

（六）美国文化的另一个明显特征就是文化多元性，即所谓大熔炉

综观全球众多移民国家，美国移民的多源性是一个重要特点。不同历史时期美国的移民群体是很不同的。移民始祖基本上是西欧人，特别是盎格鲁撒克逊人，后北欧人、中欧人、东欧人、南欧人大量涌入美国，同时非洲人也被迫作为奴隶迁居美国，进而亚洲人、拉丁美洲人纷至沓来。美国移民的动机也因“多源”呈现多样。有因经济危机而到新世界谋生的，有革命失败而流亡美国的，有为实现政治理想的，有向往美国优裕生活条件的，有慕自由民主美名的，有追求美国高度发达科学技术的，有被迫迁居的，也有为摆脱个人不幸命运的，等等，不一而足。随着时间的推移美国移民的结构与成分也在逐渐发生变化。不同的人族移民到美国后，随之带来的是不同的文化，这种不同的文化在一个倡导自由、民主和平等的美国社会得以继续保持和延伸，最终形成了当今美国社会独有的文化大熔炉现象。

三、美国文化对美国社会的影响

（一）实用主义文化的影响

美国独特的地理环境塑造了美国实用主义，美国的经济生活和政治制度对美国实用主义的产生起了重要作用，追求实际利益的新教伦理，培养了美国人的务实精神，实用主义思想的形成也受到英国经验主义和近代德国的影响。实用主义具有行动、实效、进取的特点，它是资本主义社会竞争的产物，本质上是资产阶级哲学。 美国人具有强烈的竞争意识，是因为美国人有其思想基础和制度保障。 竞争作为一种价值观，影响了美国人各方面的生活。 竞争活动渗透到经济领域、政治生活、国与国之间的竞争乃至于人们的日常生活创新是美国文化的基本特征，美国文化的基本精神就是在变化中求发展。硅谷文化的一条重要经验、首要战略就是“创新”。美国企业都把创新视为最紧迫的问题，在硅谷聚集了一大批具有创新精神的专门人才，这批具有创新精神的人

营造了创新的制度和环境，而且在硅谷企业里从老板到员工都奉行一种平等宽松的理念——“鼓励冒险，宽容失败”。我们今天的企业也应该建立一种创新文化，建立激励机制、竞争机制、风险机制，不断寻找创新的机会，探索新的管理方法。在生活方式上也应该像美国人一样，求新求变。美国文化是实用主义文化，美国人重视问题的解决和任务的完成。美国是一个实用主义国家，康马杰说，美国人“对很多问题都是讲实际的，虽然不是对所有的问题”。美国人对商务往往带有浪漫色彩，但康马杰认为美国人“对政治、宗教、文化和科学却讲求实际”①。

实用主义哲学强调的一条原则——“效用原则，积极求索”。在社会转型时期，我们虽然不能照搬美国的实用主义，但可以借鉴其中的某些合理成分，进一步解放思想，实事求是，扩大开放，为实现全面小康而做出不懈的努力。美国人乐于开拓进取，自力更生。美国人在拓殖过程中充满了自信和乐观，西部开发也熔铸了美国人的开拓精神，20世纪60年代美国人又进行了太空探索。不断开拓、进取，成为美国人的生活方式。

（二）文化多元化影响

文化多元化是美国文化主要特征，这种特征具有开放性、包容性、进取性和创新性的内容。所谓文化的开放性，其一是以知识信息、精神产品的交换为主体的开放；其二是科学理性文化的开放；其三是思想道德文化的开放。美国文化开放，促进了美国和世界其他民族的相互了解，丰富了美国的精神文化生活，有利于美国民族素质的提高和社会经济的发展，是美国后来居上的根本原因之所在。美国文化具有包容性的特征，这种包容性表现在各种政治思想可以在美国存在，美国容纳了各国文化之精华，且各种文化互相渗透、彼此交融，美国文化也具有宽容兼纳的一面。美国文化具有进取性的特征，进取性的第一层面是指美国人敢于冒险；进取性的第二层面是，美国人对权利和优越的追求。美国文化还具有创新性，以美国硅谷文化为例。硅谷文化是美国文化研究中的一个重要问题。硅谷文化的中心思想，是一种“凡事都有可能”的态度。硅谷文化可以归纳为两个字：创新。

美国文化多元化的这种优势，深刻影响着美国社会发展，并给美国快速发展带来了新的动力。例如对美国科技影响：当今美国的科技在全球范围内首屈一指。而此成就在很大程度上得益于非美国本土的创造者。除了受纳粹迫害而避难于美国的伟大物理学家阿尔伯特·爱因斯坦、航空航天之父冯·卡门和冯·布劳恩等人外，被美国推崇为在各领域的“开创者 ”还有：电话之父——亚历山大·贝尔，苏格兰裔；电报之父——萨缪尔·摩尔斯，英格兰裔；电视之父——戴维·萨尔诺夫，俄裔；汽车之父——兰松·奥尔德兹，英格兰裔；无轨电车之父——卡雷尔·范德波尔，比利时裔；

① [美]亨利·斯蒂尔·康马杰著:《美国精神》光明日报出版社1988年版。

直升机之父——伊戈尔·西科尔斯基，俄裔；原子弹之父——J. 罗伯特·奥本海姆，德裔；氢弹之父——爱德华·特勒，匈牙利裔；现代火箭之父——威尔纳·布劳恩，德裔；核海军之父——海曼·里科弗，波兰裔；空间医学之父——胡伯图斯·斯特劳格霍尔德，德裔；小儿医科之父——亚伯拉罕·雅各比，德裔；现代新闻事业之父——约瑟夫·普利策，匈牙利裔。大批的外来科技人才对美国的贡献让美国政府尝尽甜头，因此，战后他们出台了《1952 年移民法》，该法中规定“全部移民限额中的 50% 用于引进美国急需的 、受过高等教育的 、有突出才能的各类人才”。 如今美国除了各种族土著外还包括欧洲移民（西班牙、葡萄牙、法国、荷兰、德国、瑞典）非洲移民、拉丁美洲移民和亚洲移民，数据显示 2007 年，美国的种族结构为：白人 80.1%、拉美裔 15.1%、非洲裔 12.8%、亚洲裔 4.4%、印第安及阿拉斯加土著人 1.0%、夏威夷土著民及太平洋岛民 0.2%、多种族（两个以上种族）1.6%。其中美国黑人、拉美裔和亚洲裔等少数民族裔总人口已达到 1.007 亿人[①]。

多元文化让美国社会更具多样性和更加注重平等、民主。首先，美国就是一个由各国移民组成的集体，虽然种族偶发丑闻，但大体上安然相处。以黑人为例，虽然迄今美国黑人的社会待遇仍无法与同国白人并论（仅为白人所受待遇的 73%），但在长期的权利斗争中，一方面黑人团体内部产生了独具个性的文化产物，尤其在艺术领域，如美国的爵士音乐和 Hip–Hop 街舞文化，另一方面白人和黑人也在争斗中融合。第二，随着社会的发着，越来越多的有色人种不断涌入美国以及他们所获得的成就，逐渐打破了白人在美国社会中的霸权。他们的社会地位也开始提升。近十几年来，黑人取得了巨大的发展，黑人中产阶级已真正成长起来。 1996 年，有 44% 的就业黑人担任（白领）职位——从事管理、专业和行政工作而非服务或需要体力劳动的工作。 同年，有 23% 的年龄在 18—24 岁之间的黑人进入大学，而 1983 年仅有 15%。白种人对有色人种的歧视虽未彻底戒弃，但也逐渐淡化。从 2001 年迈克当选美国国务卿，2005 年前康多莉扎·赖斯，到 2008 年美国大选，肯尼亚裔候选人巴拉克·奥巴马获选美国总统，2009 年华裔候选人骆家辉出任美国商务部长。尽管许多人对奥巴马当选总统是证明有色人种在美国的地位迅猛提升的标志持有异议，但这一事实已经在证明世界移民带来的多元文化正在不断刺激美国的社会体系向着消除歧视、更加平等的方向发展。

（三）个人主义文化影响

作为典型的西方资本主义政治和社会哲学，个人主义认为个人价值至高无上，强调自我支配和自我控制，反对权威、宗教、国家、社会及其他任何干涉和阻挠个人发展的外在因素。同时，个人主义又是一种价值体系，一种人性理论，甚至成了对某种

---

① *Rose poole Nation and identity Routledge*, New York,1999, p114.

政治、经济、社会和宗教行为的一种态度和倾向。在英语世界里首先使用“个人主义”一词的是美国哲学家爱默生，他对个人主义大加渲染和推崇，认为它有益于个性的发展和社会的进步，其“没有政治者的政府才是牢不可破的政府”的观点，早已渗透到美国民众的思想意识之中。如今，美国成了个人主义价值观的典型代表，这种植根于早期殖民时期及在开拓边疆时期得到发扬光大的自立精神一直延续至今，成为美国精神的重要组成部分。

美国文化的个人主义价值观认为，一切都和个人发生联系，强调个人独立、个人尊严、个人自由、个人机会均等。每个人都有自己的独立的个性特征，个人的存在应该得到承认与尊重。个人的自我被看成是与其他人、与整个世界相分离的独立整体。美国人强调个人的能动性、独立性和责任心，认为只有具备了这些，一个人才不负作为人而受到尊重。个人应当具有自己内部的重心，具有一整套准则和对于个人价值的深刻信仰。因此，美国人对个人成就和成功给予很高的评价。那些固定不变的、世袭的社会阶层生来所具有的地位受到轻视，而那些经自主动机和辛勤的工作所取得的地位受到赞赏。个人主义为美国民族增添了许多的活力，当然，也强化了他们的“文化自我中心主义”。代表美国文化模式基本特征的个人主义是最直接、真实地涵盖了美国思想。个人主义成了美国人的最高理想及社会理想和世界观。对美国人来说，个人主义等于其生命攸关的身份认同。基督精神、实用主义和个人主义共同构成美国文化的三大支柱。个人主义源自基督精神的理性原则及对个人自主的追求。在美国文化的发展过程中，个人主义成了美国思想的起点和归宿，构成美国文化的精髓。

第四节　中美文化比较

中国与美国由于在国家形成和历史发展上的不同，因此在文化上也有较大的差异，归纳起来有以下几个方面。

一、思维方式差异

中美思维差异主要体现在整体思维和个体思维的对立上。中国文化侧重整体思维，整体思维就是按照整体的观点来观察和思考世间万物，分析问题总是从事物的总体出发，注重思考整体事物整体功能、复杂关系和运行过程，而不注重事物的内部结构。

孔子所创立的儒家学说，其目的是维护国家安定，群体和谐。先秦的儒家强调由

己及人，所谓“老吾老以及人之老，幼吾幼以及人之幼”，“天下如一家，中国如一人”。汉儒董仲舒提出“大一统”主张以后，更是把这种家国一体的群体意识发展到了一个新高度。这种意识是以血缘关系为纽带编织成的思想体系，它不可能产生群体必须满足个人自由发展的观念。在家庭中，个人是血缘链条中的一个环节；在社会上，个人也是复杂的关系网中的一个纽结。正是这些关系把所有个体联合成一个有机整体，个人消融于整体关系之中，整体的价值无可置疑的高于个人价值，个人只有克制自己，服从群体，以国家的需要为需要，才能与世俗相处融洽。因此，中国文化讲的人便是群体的人而非个体的人。

美国人侧重个体思维方式，他把复杂的事物分解成简单的要素，逐个地进行研究。美国人看重的则是个体的人。美国的这种个人主义可以追溯到其发源地欧洲。中世纪中后期和近代，由于私有制深入到家庭内部，父子兄弟甚至夫妻各有各的私有财产，这就为每个成员的独立奠定了基础。法律关系、权利关系成为家庭成员间的主要关系，而夫权父权居次要地位，而非维系家庭所需，也就为个人主义的产生发展提供了条件。美国最早的历史始于 1620 年，美国的祖先为逃避迫害和压迫远渡重洋而来，后来大批移民前往北美大陆，由此便逐渐产生了美国这样的“熔炉”，也有人将美国称为“色拉盘”。经过民族的融合，形成了一个新的民族，即美利坚民族。这是一个多元制的社会，多元制的社会就是要使所有的思想和意见都能得以表达和实现。因此，他们所追求的就是个人的自由和平等。另外，美国是一个以商品经济为主的社会，人口流动性比较大，人与人之间在生存、生活方面的依赖性逐渐削弱。

二、价值观差异

中美价值观的差异主要体现在集体主义和个人主义的对立上。中国人的核心价值观念是集体主义，它认为和谐的人际关系是社会的基础。因此中国人以和为贵，并非常重视特定集体的利益或价值。美国文化价值观的核心是个人主义，即以个人为本位的人生哲学。其主要内容是相信个人价值，高度重视个人自由，强调个人的自我支配、自我控制、自我发展。

在中国，传统的价值观认为，个人的价值是通过个人对社会的贡献体现出来的。个人不仅要对自己负责，还要对别人和社会负责。基于这样一种文化价值观，中国人强调集体主义，认为集体利益高于个人利益。当两者产生冲突时，个人利益应该做出必要的牺牲以保全集体利益。中国人主张个人融入集体，依靠集体，要成为集体的一员并在其中团结协作，共谋发展。中国有句古话“有福同享，有难同当”，这充分表明了中国人重集体主义的文化价值观。

美国是以个体主义为基本文化特征的国家。人们在社会交往中强调个性原则，注重个人的自由和权利，认为人应该为个人而生存。集体利益不应该凌驾于个人利益之上，个人利益和个人自由不容侵犯。因此，他们主张个人以自己喜欢的方式去生活，不喜欢受到外界的干预和限制，对别人的干涉和影响嗤之以鼻、置之不理。个人主义使美国人习惯于依靠自己的力量去奋斗，去独立地求生存，求发展，而不依赖他人。跨文化交流学者拉里·萨姆瓦说："在西方文化中，个人是至高无上的，个人主义是首要的和肯定的价值观。这种价值观在美国可能是主导一切的。"

三、传统思想的影响

中国文化是建立在儒家思想上的内陆文化，主张简约、和谐、中庸、对称与平衡。孔子主张"允执其中"，"过犹不及"。朱熹称："中者，不偏不倚也，庸者，平常也。""中庸之道"是孔子的基本道德准则，也成了后人的一个道德准则，是调节人际关系的一个重要原则。鲁迅曾举过一个例子，若一个人嫌房子太暗，要开天窗，其他人是一定要反对的，但他若要把屋顶掀掉，其他人便会劝他开个天窗了，这便是所谓的"中庸之道"。中国人所崇尚的中庸之道在于人际关系中要适当地调节与折中，务求在不损害基本原则的前提下，使自己和别人都过得去，不至于造成群体内部的激烈对抗以致破裂，而无论是进取还是退缩，要有节度，合乎中庸，不走极端。但是从另一个方面来说，中国人的这种中庸与平和又在一定程度养成了一种惰性，过度沉溺于"和稀泥"，缺乏创新意识与进取精神。由于受儒教和道教思想的影响，在思维方式上中国人以辩证思维和整体思维为主要特征，具有经验综合性特点，强调个人与社会的关系，主张建立一种以集体主义为主要特征的社会。

美国文化是建立在古希腊传统之上的海洋文化，在思维方式上以亚里士多德的逻辑思维和分析思维为特征，强调个人特性和自由，是一种以个人主义为主的社会。美国人不太接受中间调和，是则是，非则非，喜欢标新立异。美国传统中则贯穿了在竞争中求生存求发展的信念，他们为了在竞争中处于不败之地，永远愿意进行创新，渴望寻求解决老问题的新办法，也愿意迁移，接受新的工作，进行冒险，而这也正是很多中国人所缺乏的，很可能是因为这一点，近代中国社会发展缓慢而美国则经历一个又一个经济飞跃。

四、社会认知系统的影响

从社会认知系统上讲，中美的哲学和认识论在社会历史背景中建构了不同的心理学理论。中国人生活中复杂的社会关系使得他们不得不把自己的注意力用来关注外部世界，所以中国人的自我结构是依赖性的。相反，美国人生活的社会关系比较简单，所以他们更有可能把自己的注意力放在客体和自身的目标之上。在这个社会认知系统中，社会组织对认知过程有着直接的影响，辩证思维和逻辑思维就是这种认知过程的特性。更为重要的是，这种特性一直保持下来，对人们的心理和行为产生了广泛的影响：中国人的认知以情境为中心，美国人则以个人为中心；中国人以被动的态度看待世界，美国人以主动的态度征服世界。

传统的中国文化深受儒家伦理思想的影响，主张的是礼、忠与恕。“礼”即是人对人的尊敬，其目的是使人际关系和谐。礼是敬的表现，敬则是礼的内在精神，礼节与尊敬在中国维持与改善人际关系上会产生一种非常神奇的效果。忠的本义是自我献身，即全力忠于自己的责任。每个人依据自己的仁德，都有帮助他人的责任。因此，“忠”就是为了他人而竭尽所能的自我奉献。恕道是人与人之间的基本原则。根据儒家伦理，人人都应遵守礼教，讲究恕道，不得乱来，这是传统中国社会得以正常运作、人际关系得以和谐的重要依据和保证。

与中国传统文化不同，美国文化深受基督教思想影响。基督教伦理的实质是提升自己虔信、增加个人责任以获得个人的救赎。美国人认为在家庭中，儿女与父辈之间的关系纯属感情关系，并非必然的道德义务关系；这样实际上解放了“个人”，既然这些关系并不重要，那么人生的目的也就不必在伦理关系上寻求路径，而应在对个人的责任和对个人的权利上，包括生命、自由和财产权，这些权利是天赋的。在美国，父母通常只在子女成年之前尽养育之责，而父母年老了子女也没有赡养的义务。这种理性的宗教伦理思想导致美国社会人与人之间缺乏温情，人与人之间的关系，更多的是一种互利和公务性的关系。这种强烈的自我中心观念导致美国社会个人主义盛行，人人都想充分发挥自己独特的个性，充分享受个人的权利与自由。在个人主义价值观的驱使下，为达目的不顾法律约束，铤而走险者也大有人在。因而美国的各种法律规范可谓多如牛毛，涉及政治、经济、教育以及日常生活的方方面面。

中国的传统文化是以儒家思想为核心，历来主张尊卑有别，长幼有序，也就是说，凡事都要遵循一定的规矩，并受到等级观念的制约。例如：晚辈见到长辈为表尊重要主动打招呼，学生要尊敬老师。 而美国文化主要承袭了基督教中的新教思想，等级观念淡薄。美国人更注重个人权益，追求人人平等，没有辈分间过多的礼节。子女对父母、学生对教师都直呼其名，子女可以与父母争论问题，或提出自己个性主张。

在独具特色的中国文化中，人情占很重要的地位。人情在中国社会中有其一定的社会结构性，人情与面子是相互联系的，讲情面的人会将心比心、以心换心地回报别人的情谊。因此，在中国文化中，自我评价是在人与人之间的亲情及互相交往的情谊中建立和实现的。中国人强调家族及阶级层次。中华文化崇尚集体主义，人们之间相互信赖，团结合作，当个人利益与集体利益相矛盾时，集体利益总被放在首位。在衡量个人行为时，往往是以道德为准则，注重和谐、群体利益的维护，这与美国文化截然不同。美国人崇尚个人自由，强调个人潜力的发挥，个人目标的实现及个人利益的追求，信奉法律至上。在美国，人与人之间多为互利关系，表现出人情较为淡漠，但却十分重视个人利益和自由，个人自我意识较强。

第二章　中美高等教育比较

第一节　中国高等教育

一、中国高等教育发展概况

中国的高等教育最远可以追溯到春秋的孔子时代，那个时代有一部书的书名就叫《大学》。当然书里面的内容与我们现在讲的大学没有多大联系。这里的大学可以理解为，学习圣贤之道的学业，领悟圣贤之道的境界，也可以指学子求学的高级阶段。但是从高等教育的机构设置、教学内容来看，能够算得上中国古代高等教育的应该算是唐宋时期出现的书院。可以说，书院是与中国古代特有的高等教育机构。朱熹将晚唐出现的、宋代渐渐兴起的书院理论化、制度化而且合法化，使之成为高层政府设立的高级教育机构。目前，大家比较认同的是中国真正现代意义上的大学制度，应该从洋务运动和维新运动时起算起。因此，本书中要阐述的中国高等教育也是从近代算起，主要指的是现代意义上的大学制度。综观百年来中国高等教育现代化的历史进程，其发展模式的转换大致可分为七个时期。

第一时期（1862 年至 1894 年）。甲午战争以前，中国近代高等教育处于酝酿时期。从 19 世纪 60 年代开始，出现了一批培养外语人才和军事技术人才的专门学校。它们不同于传统封建教育机构，不是培养作为各级封建官吏的“治才”，而是培养通晓各国语言和技术（特别是军事技术）的所谓“艺才”。最典型的代表即是 1862 年成立的京师同文馆和 1867 年创办的福建船政学堂。至 1894 年前后，我国共创办了 30 所左右的此类学堂。这些学堂毫无例外地都是在外来因素的诱发下创办的。所谓外来因素的诱发，包含两层意思：第一层意思，它们是清政府在外力胁迫下应急反应的产物，是为了培养应付西方殖民主义者侵略所急需的人才而开办的；第二层意思，这些学堂虽都标榜以西方为榜样，然而，在具体的学习目标上，却并不明确，笼而统之地把西方称为“泰西”。从当时人们留下的大量文献分析，所谓“泰西”，包括了英、法、德、美等国。可见，在当时人们的心目中，“西方”是一种泛称，还没有具体而明确的模仿对象。

第二个时期（1895 年至 1911 年）。19 世纪末 20 世纪初，是中国近代高等教育发展的重要时期。1895 年、1896 年和 1898 年分别成立的天津中西学堂、上海南洋公学和京师大学堂一般被认为是中国近代大学的雏形。20 世纪初，清政府颁布了第一部包括高等教育在内的具有近代意义的全国性学制——《癸卯学制》。直到辛亥革命前的十多年时间里，中国高等教育的发展，无论是理论层面、制度层面还是实践层面，都弥漫着一种浓厚的“以日为师”的氛围。1898 年创办的京师大学堂的第一份章程就是由梁启超“略取日本学规，参以本国情形草定规则八十余条”，即主要是参照日本东京大学的规程制定的。《癸卯学制》中有关高等教育的条文也几乎与日本学制中的相关规定一致。与前一个时期相比，学习的目标由泛化而集中，“泰西”一词被一个具体的国家——日本所取代，价值取向明确而单一。可以说，中国近代高等教育的起步时期，是以日本为模式的。

第三个时期（1912 年至 1927 年）。1912 年的辛亥革命推翻了清王朝，结束了两千多年的封建帝制，为中国近代高等教育的发展提供了一个相对宽松的环境。1912 年至 1927 年的十几年间，可以说是中国高等教育发展模式的多元化时期。民国初年在蔡元培主持下所进行的教育改革形成的新学制《壬子癸丑学制》，对清末颁布的《癸卯学制》中有关高等教育的内容做了相应的改革。其间，教育部还陆续公布了《大学令》《大学规程》《专门学校令》《公立、私立专门学校规程》和《高等师范学校规程》等一系列有关高等教育的法规法令。众所周知，作为民国初年教育改革的总设计师，蔡元培非常关心高等教育，《大学令》就是由他亲手制定的。他多次谈到，《大学令》中许多内容是“仿德国制”，“仿德国大学制”。从一定意义上可以说，借鉴德国高等教育是蔡元培多年的夙愿。但是，从实践的层面考察，蔡元培的理想并未实现。摆脱日本单一模式束缚的努力没有取得明显的效果，大学设评议会、教授会的条文列入了《大学令》，但在当时的高等学校中并未实行。直到 1917 年蔡元培出任北京大学校长之后，他的高等教育的理念——学术自由和教授治校，才部分地在他所主持的北京大学付诸实施。

就在蔡元培以德国高等教育为模式对北京大学进行深刻改造的同时，另一所国立大学——东南大学迅速崛起它在南京高等师范学校基础上发展而来的。留美归国教育博士郭秉文主持下的东南大学以美国大学为榜样，延揽一批留美学生到校任教，集基础研究与应用研究为一体，从管理体制、系科设置、课程内容以至经费筹措等，全面学习、借鉴美国高等教育模式。至 20 年代中期，东南大学声誉日隆，影响日广，成为与北京大学南北呼应、交相辉映的中国高等教育的又一重镇。

第四个时期（1927 年至 1949 年）。在此 22 年间，中国高等教育发展模式的主旋律是，在融合美国和欧洲各国特点的进程中，以美国教育模式为基本走向。如果说 20 年代后期曾经是美国高等教育影响最盛的时期，从对地方分权制的教育体制的模仿，到大学实行选科制、学分制，以至于大学各专业缺乏明确的课程标准等都显示了美国高等教育的强大影响；那么，进入 30 年代，则表现出一种比较主动地吸收和借鉴欧洲各国高等教育经验的倾向。如在高中毕业生中实行会考制度，以整齐大学生的入学程度；教育部制定并实行有关大学教师任职资格的法令；强调大学毕业考试制度等，这些举措从一定意义上可以说吸收了欧洲各国高等教育的具体做法。但是，这一时期从总体上讲是以美国模式为基本走向。其间，有一个短暂的插曲，即 1927 年至 1929 年期间实行的大学区制。实行“大学区制”用蔡元培的话来说是“仿法国制度，以大学区为教育行政之单元”。众所周知，大学院制试行不及两年就无疾而终，对全国高等教育的实际影响并不大，就中国近代高等教育发展模式的转换而言，可算作是一个小小的插曲。

第五个时期（1949 年至 1957 年）。中华人民共和国的成立，使中国高等教育的发展进入一个新的时期。在这一时期，由于特定的国际国内环境，中国高等教育的发展模式几乎重复了半个世纪以前走过的路径，即学习、借鉴的目标单一而集中，那就是以苏联为榜样。1949 年至 1959 年的十年间，我国高等院校共聘请苏联专家 861 人，此外还有相当一部分专家在高等教育部担任顾问。在这些专家的指导和帮助下，对高等院校的培养目标、专业设置、教学计划、教学大纲进行了全面修订调整，专家的工作也包括编写教材、培养研究生和培训教师，甚至渗透到学生生产实习、课程设计、毕业设计、实验室和资料室建设等具体工作领域。与此同时，政府通过对私立学校的接办改造、教会学校的取缔和院系调整等重大措施，初步完成了对 1949 年以前的高等教育体制和格局的改造，新的以苏联为模式的高等教育体制形成并确立。

第六个时期（1958 年至 1977 年）。摒弃“模式”，复归“传统”。1957 年以后，由于中苏关系的恶化和国际国内形势的变化，中国高等教育的发展逐渐走上了一条摒弃一切外国“模式”，复归“传统”的道路。所谓复归“传统”，是指力图用中国共产党在战争年代、特别是抗日战争时期在延安等根据地举办高等教育的经验、办法来指导高等教育改革。所谓摒弃“模式”，就是在“独立自主”的旗帜下，拒绝接受来自国外的任何“模式”。二十年间，经历了 1958 年至 1960 年的“教育大革命”所带来的高等教育的“大跃进”。之后是随着国民经济的调整、巩固、充实、提高而进行的高等教育的大调整。从 1966 年开始的文化大革命，完全是关起门来革教育和文化的命，在经历了高等学校三年不招生、工农兵上大学和在工人阶级领导下的“斗、批、改”之后，力图清除一切外国模式的干扰和影响的目的似乎已经达到，但事实是，中国高等教育已经到了崩溃的边缘。

第七个时期（1978年以后）。博采各国之所长，高等教育要面向世界。1978年召开的中国共产党十一届三中全会做出了把工作重心转移到社会主义现代化建设的重大决策。在经历了闭关锁国二十年所带来的种种灾难之后，随着改革开放基本国策的确立，中国的高等教育重新走向世界。进入90年代，政府陆续制定颁布了《中华人民共和国高等教育法》《面向21世纪教育振兴行动计划》《中共中央国务院关于深化教育改革全面推进素质教育的决定》等一系列法规，借鉴世界各国高等教育发展的经验，加快了中国高等教育改革的步伐。明确提出，“为了实现现代化，我国要有若干所具有世界一流水平的大学。这样的大学，应该是培养和造就高素质的创造性人才的摇篮，应该是认识未知世界、探求客观真理、为人类解决面临的重大课题提供科学依据的前沿，应该是知识创新、推动科学技术成果向现实生产力转化的重要力量，应该是民族优秀文化与世界先进文明成果交流借鉴的桥梁。”尽管中国的高等教育还存在许多亟待解决的问题，但是，在经历了一个世纪的艰苦探索之后，深固拒闭、盲目排外不可取，单一的价值取向不足取，正在成为政府和知识界的共识。探索一条适合中国国情而又广泛吸收各国之长的高等教育的发展道路，是中国高等教育走向世界的必由之路。

通过上面简略的回顾，我们可以看出，在短短的一个世纪里，中国高等教育在发展模式的选择上经历了那么多次的转换，从世界高等教育发展史上考察恐怕也是绝无仅有的，归根到底这是受近代中国急剧变化的政治、经济和社会现实所制约。如果我们把一个世纪作为一个历史过程考察，又会发现，百年间，我们在高等教育发展模式的选择上似乎走了一个大圆圈：被迫开放（无意识的泛化）——单一的价值取向——多元化的努力——单一的价值取向——封闭——主动开放（在世界范围内博采众长）。历史证明，作为一个发展中国家，关起门来搞自己的高等教育，拒绝借鉴任何先进国家的经验，无论是在“天朝大国”的迷梦中还是在“自力更生”的口号下，都是一条自我封闭、作茧自缚的死胡同；囿于某种政治环境，价值取向单一，同样不是发展的最好选择。这是因为，高等教育作为人类所创造的知识文化的重要传播场所，作为高级专门人才的培养基地，有其自身发展的内在规律。高等教育的发展，既要受处于不同经济发展阶段、不同政治文化背景的各个国家和地区的具体国情所制约，也要受高等教育本身发展规律的制约。从一定意义上可以说，一个世纪以来，中国高等教育发展模式的转换就是在如何认识和正确处理这一对矛盾的过程中艰难推进的。不能以强调本国情形的特殊性为由而拒绝遵循高等教育发展的一般规律，也不能以标榜追赶世界潮流为借口而置本国国情于不顾，这是我们回顾和总结这段历史所应深刻记取的经验教训。

二、中国高等教育发展特点

（一）传统与移植，缺乏创新

从洋务运动到中华人民共和国成立之前，我们的高等教育办学一直都在走模仿西方国家的办学模式，先是模仿欧美国家，之后是模仿日本，再后来是美国，到了新中国成立即20世纪中期，我们还是在模仿前苏联的模式，其主要原因是我们没有办大学的经验，除了没有经验，还有一个原因就是我们国家一直没有稳定下来，没有投入一定的精力来办大学，而仅仅是将传统的教学与外来的移植加以结合，并没有走出一条自己办大学的路子来。所以，高等教育发展缓慢，没有创新，没有特色。例如，民国前期办学的特点就是西方近代社会科学的各个门类被大量引进高等教育的课堂，政治学、法学、教育学、哲学、心理学、经济学等社会科学被作为大学或高等学堂的教学内容，通过日本引进或翻译的西方教科书大量出版。学术界往往把这一时期看作是在课程体系与教学内容方面移植西方的第一个高潮。民国时期与清末比较，最大的变化是废除了反映封建传统文化的科目，增加了体现西方文化精神的大量新学科，人文社会科学方面如此，在自然科学和技术科学方面更是如此。

1949年至1956年我们的高等教育可以说是全盘苏化期间，我们所提出的高等教育培养目标仍然强调的是学术人才和专业技术人才，是对民国以来形成的主线的继续，体现的是外来因素的移植。1955年有个统计，当时的浙江师范大学开设的153门课程中，有41门是以直接从苏联翻译过来的教科书为基础而设立的，另有79门课程所用教材是在苏联模式的基础上改编而成的。可以说，在这一历史时期，对国外高等教育的移植在课程体系方面出现了第三个新高潮。

1957年至1977年的二十年间，中国高等教育在培养目标、教育理念等方面所发生的变化，同样可以从移植与传统的冲突中得到解释。在这里，所谓传统包括两个方面：一是指中国传统高等教育所积淀而成的根深蒂固的重视伦理道德教育、培养政治人才的主流传统；二是指中国共产党在长期的革命战争环境中，在培养干部队伍中所形成的理念和方法。二十年间，特殊的国际环境和国内环境使中国的高等教育关闭了与世界交往的大门，为传统的复归和高扬提供了适宜的土壤和气候。

进入90年代，随着改革开放的深入和经济体制的转变，中国高等教育的发展进入一个新的历史时期。1994年7月，国务院颁发《关于中国教育改革和发展纲要的实施意见》，提出要进一步发挥高等学校在国家科学技术工作中的重要作用，实施“211”工程，面向21世纪，重点建设100所左右的高等学校和一批重点学科。1998年8月，全国人大制定并颁布了《中华人民共和国高等教育法》。《中华人民共和国高等教育法》中规定：“高等教育的任务是培养具有创新精神和实践能力的高级专门人才，发展科学技术文化，促进社会主义现代化建设”，“高等学校应当面向社会，依法自主办学，实行民主管理”。突出强调了培养高级专门人才和办学自主权，这是中华人民共和国成立五十年来制定颁布的第一部高等教育法，它全面肯定了改革开放二十年来我们在高等教育办学理念、培养目标、管理体制等方面所取得的共识。与此同时，随着经济的发展和人民群众接受高等教育要求的不断高涨，西方发达国家高等教育大众化的理念正在日益被人们所接受，并转化为政府的教育政策，中国高等教育面向社会精英阶层的传统正在成为历史。可以说，中国近代高等教育在经历了整整一个世纪的曲折之后，终于有了明确的、与世界高等教育发展同步的理念、目标与方向。

（二）政府主导，高校管理行政化

长期以来，高等学校的招生计划和国家机关和事业人员的用人计划是完全结合的，高等学校招收的研究生、大学生、中专生，只要纳入了国家计划，进入了大学和中专，就成为国家干部。新中国成立以来，高等教育经费投入实行的是单一的政府财政投入模式。在大学招生方面，基本上没有实行自主招生，均按照高考分数和学生填报志愿进行招生录取。

改革开放之前，由于国家实行计划经济，整个高等教育也受其影响，管理模式上一直都是国家管控，这种模式直到今天还存在着。尽管这是由于我们国家的体制所决定的，但是我们却发现了这样的管理模式会带来许多的弊端。最突出的就是高效管理的行政化。这是一个非常复杂的问题，我们正在探索，正在想方设法去改变它。虽说改革开放已经这么多年了，我们的高等教育发生了很大的变化，但是高校管理行政化的现象依旧存在，而且有越来越严重的趋势。高校行政化的表现在于两个方面：高校外部行政化和高校内部行政化。

高校外部行政化表现：一是各级政府都设立了机构庞大的管高校的教育行政机关。如，国家有教育部、各省（市、区）有教育委员会或教育厅，其他有关党政部门都有管高校的权力。一所高校，上面有好几个“婆婆”。每所高校上面都有主管部门，高校实际上成为政府教育行政机关的附属机构；高校正副校长都由上级党政机关任命；高校办学经费由上级行政机关下拨，包括专项费、重大科研项目及经费等；高校的学位授予权、博士点、硕士点、新专业设置、教师编制、高级职称比例，以及高校升格、更名，都要经上级行政机关审批；对高校的考核、评估，是由上级行政机关操办的。总之，在我国，政府行政机关对大学拥有绝对的办学权、管理权、经济权、考评权。大学的钱是政府给的，政府就有了管大学的权。钱下达后，学校干什么用了，政府很关心、不放心，于是对学校管头管脚。而大学呢，必须依靠政府的投资，否则难于发展、寸步难行。政府对大学拥有的这些权力，是五六十年代计划经济体制的产物，是适应于高度集权的计划经济体制的。这种行政化的管理一直延续到市场经济、改革开放的今天，虽然有所变革，但没有根本改变；二是把大学分成不同的行政等级。近些年来，大学行政化又有了新的发展，即政府把大学分成不同的行政级别，提升了重点大学级别，拉开了大学级别的差距。以前，全国本科大学均属正局（厅）级，专科为副局（厅）级，但人们并不太介意这种等级。1999 年以后，我国开始实施“985 大学”建设工程，即创建一批世界一流大学、一流学科，这是完全必要的，深得人心。随后，这批重点大学被升格为“副部级”，此举在社会上引起了强烈反响，多数舆论持不认可和反对态度。为什么要划定一批副部级大学，据说有两个原因：一是为了便于这些大学的校长、书记与地方政府的官员对话，如果大学级别低，地方政府的官员就不会接待；二是为了便于安排干部，有些在教育行政部门任职时间很长的司、局级干部，以及正局（厅）级的大学校长、书记，各方面表现都不错，但本单位又不能晋级，出路何在，上级领导常常为此而发愁。于是决定设置一批副部级大学，让那些有水平、有能力的老司、局（厅）级干部到副部级大学担任书记或校长，既是为了进一步“调动积极性”、“更好地发挥作用”，也是一种“安慰和善待”；三是高校成为行政机构。我国每所高校都隶属于一个上级政府机构，其中有教育部直属高校、中央部委属高校、地方省市级政府所属高校等。上级机关把高校当作下属行政机关，把高校划分为行政等级，赋予高校行政部门、行政干部较大的行政权力，导致行政权力取代学术权力。高校有了等级，各级干部也有了等级，待遇高低取决于等级的高低，如副部级干部的待遇要优于司、局（厅）干部，上级党政机关发放文件也是按单位级别、干部级别下达的，副部级单位收到的文件等级高，正局（厅）级、副局（厅）级单位收到的文件等级低，无等级的单位（民办高校）收不到文件。副部级干部在政治待遇、经济待遇、住房、用车等方面都较优越。作为高校主体的教授、副教授因无行政级别，则享受不到这些待遇，地位比行政干部低。这种行政化的等级差异在党政机关是理所当然，但延伸到大学，却加剧了大学行政化倾向，加深了行政和学术的矛盾。

高校内部行政化表现：一是高校内部按行政机构设置管理部门，官员很多，官气很重。难怪有人戏言：“校级干部一走廊，处级干部一礼堂，科级干部一操场。”大学本是教育机构、学术机构，应按教育规律、学术规律运行，但长期以来，我国的大学成了行政机构、官僚机构，等级森严。科长、处长俨然以官员身份出现在校内，对教师施于行政管理，按行政规则运作，机关干部把自己当作“官”，不是服务者，而是管理者、管人者。教授们要向他们请示汇报，还常常会被拒之门外；二是学术管理行政化。高校的行政机关俨如政府机关一样，权力很大。“在大学里，一个科长就能决定大事，一个处长就握有大权，导致一些高校行政部门背离了为教师、学生服务的本意。”各院系的专业设置、调整，课程结构、教学内容的确定，教师职称评定，教师的招聘、流动，教师的考核、晋级等，即无论是学术事务还是行政事务，统统由行政部门决定。

教授们很少有发言权、决策权，把学术管理行政化；三是党政不分，权力过于集中。党委领导下的校长负责制是符合我国现阶段国情的，有些高校处理得很好，很协调、和谐。但也有不少高校党政不分，以党代政，或党委没有发挥应有的作用。有些高校书记权力过大，或校长权力过大，像企业老板那样管学校，大事、小事都得由他们拍板、定夺。上级领导事事强调“一把手负责制”、“第一责任人制”，在有些学校却演变成事事由“一把手”说了算。“一把手”可以随意进人、随意用钱、随意批条子，导致权力过分地集中在少数人手中。在强势一把手“绝对权威”面前，不仅广大教职工的权力没有发挥出来，而且有些职能部门也成了工具、摆设；四是教授和教职工权力边缘化。高校的教授及广大教职工是学校主体，在行政化管理下，被边缘化了。由于校内处、科级干部是由学校党政机关和校领导任命的，因此导致下属干部必须听话、服从，工作中主要对校领导负责。人们常说的机关作风，就是指在管理中指手画脚，发号施令，不遵循教育规律和学术规律，如有时对教师的教学科研工作不理解、不尊重，对教师的考核、评价科学性不够，对教师管的多，热情服务少。多数高校虽然有学术委员会、校务委员会、工会及教代会，但有的是形同虚设，并无实权，因为有权力很大的行政机关存在，而且这些委员会及工会组织机构主要负责人都是由党政主要领导兼任的，官气很浓。因此，教授及教职工权利被边缘化，处在一种“说不上话”的状态；五是分配制度向机关倾斜。有些高校的行政部门直接掌管经济大权，包括创收权、分配权。因此，机关干部、行政领导获得的利益比一般干部、教师高得多，有些部门除了享受学校奖金外，还自发小奖金、补贴，名目繁多。学校内部甚至出现了“利益集团”。由于权力差距、利益分配差距很大，导致有些教师不安心教学、科研工作，一心想挤入行政机关谋取行政职务，因为“拥有行政职务，就意味着拥有相应的项目审批权，意味着能够占有更多行政资源、学术资源。在高校里‘学而优则仕’已成为教授追求发展的一条渠道”。

（三）办学模式单一，办学渠道封闭

中国高等学校的办学模式、人才培养规格、教育教学形式大体一致。也就是说，学校之间没有差别，或差别不大，办学特色不明显；学校与学校之间不存在明显的竞争，也没有利益冲突。 所呈现出的“大众化”的高等教育只是比“精英化”的高等教育在数量上有了增加，而并没有如前文所述的马丁·特罗所指出的在财政和管理、学生入学和选拔等方面发生相应的变化。我国在迅速地实现高等教育大众化后，对于课程和教学形式的调整并没有及时跟上，还是以往单一的教学模式，人才的培养规格还是“精英化”的套路。所有的高等学校都采用均衡化的办学模式、均衡化的培养标准、均衡化的收费，学校之间、学生之间没有差别，没有特色。学生仿佛是复制的一样，如此相似的毕业生共同迈向就业市场，无疑加重了高等教育大众化后的就业困难。

综观我国高等教育的发展，长期以来由政府主导，管理方式一直采用高度集权化，高等教育质量的评定权集中于中央，高校、地方和其他社会集团很难根据实际情况将其具体化。其缺陷是不能照顾不同利益主体的需求，既不考虑高等教育消费者的要求，也不面向用人单位的需求。当然，高等学校之间也没有利益之争，只要按照国家制定的统一要求，学生在大学完成学业就是合格的毕业生。这样，高等教育质量实际上就等于教学质量。显然，这种高等教育质量观是以知识传授为中心的，这样做就失去了高等教育本来的意义。其实，高等教育质量观的核心是：由谁来确定高等教育发展目标，由什么样的标准来检验目标的实现程度和该目标实现对社会各方面的意义。从这个意义上说，有什么样的体制就决定了什么样的质量标准和什么样的质量观。以知识传授为中心的高等教育质量认定方式，突出了学生掌握了多少书本知识和掌握的知识系统性如何，并不关心这些知识的实际使用价值和学生毕业以后在就业岗位上究竟需要什么样的知识和能力，以为学生一进大学门就成为国家的人。学校只要按照国家评估的要求把住质量观，也就完成了自身的使命，因而出现“千人一面，千校一律”的局面，这种运行模式体现的仅仅是国家本位观。

（四）高等教育大众化后形成的几个特点

20 世纪 90 年代以来，我国高等教育连续呈现稳步发展的态势，突出表现在高校招生规模的不断扩大以及高等教育入学率的显著突破，基本实现了高等教育由“精英化”向“大众化”的转变。我国高等教育事业的快速发展，自然是社会经济极大发展的产物，但高等教育的大众化带有几个明显特点：经济后发型，在经济发展相对落后的情况下实现高等教育的大众化；政府主导型，通过政府的政策干预促进高等教育大众化的实施；办学内涵型，主要通过挖掘现有学校的潜力扩大招生数量；人口众多型，即承载着巨大的人口特别是农村人口数量的包袱；模式单一型，所有高等学校走均衡化的办学模式，办学特色不明显，学校之间缺乏利益竞争。上述特点使我国高等教育在理念更新、资金保障、制度完善、培养目标、办学活力等方面与发达国家的高等教育仍存在较大差距，必须引起我们的高度重视。

1.“经济后发型”的高等教育大众化

从经济发展水平与高等教育发展的相互作用关系来看，经济发展水平制约着高等教育的发展，高等教育的发展反过来也会促进经济发展水平的提高，并可以在一定程度上超前发展。高等教育大众化可以分为“经济先发型”和“经济后发型”。“经济后发型”高等教育大众化，则是在经济发展相对落后的情况下大力发展的高等教育大众化，“拔苗助长”的成分多，外部施压推动发展的意味比较浓，在理念更新、资金保障、制度完善等方面相对滞后，受传统的教育思想、思维惯性的影响较大，我国的高等教育大众化即是如此。

据《2005年中国统计年鉴》的相关统计，在1990年到1999年的十年里，中国人均国内生产总值从321.65美元/人上升到793.10美元/人，但没有超过800美元人/人。在2000年到2004年五年里，中国人均国内生产总值从857.89美元/人上升到1275.48美元/人，虽然超过了1000美元/人，但超过的并不多。在2002年高等教育毛入学率突破15%时，人均国内生产总值还不足1000美元/人。国际上高等教育毛入学率35%以上的国家人均GNP为17104美元；高等教育毛入学率8%–15%的国家平均为GNP为2608美元；低于8%的国家平均GNP为508美元①。

1995年国际上人均公共教育经费，美国为1429. 94美元，澳大利亚是1048. 32美元，巴西为189. 28美元，印度为11.9美元，中国也仅为14.26美元。人均高等教育公共经费世界平均值是3370美元，美国是6205美元，澳大利亚是5616美元，印度是265美元，中国是502美元。显然，在高等教育的投入上，人均高等教育公共经费世界平均值是中国的6.7倍，西方发达国家高等教育的投入都是中国高等教育投入的十多倍②。

从中国的人均国内生产总值、人均公共教育经费生均高等教育公共经费的数据以及与一些国家的比较来看，中国的经济发展水平还是相对落后的。高等教育大众化的实现和中国经济的快速发展明显相关，但并不全是经济发展推动的结果，人为的推动因素也占了很大的比重。

2.“政府主导型”的高等教育大众化

对于中国这样一个经济欠发达的国家，在21世纪的前五年，高等教育毛入学率增长迅速，与政府主观上为了发展高等教育、赶超发达国家所制定的具有导向性的目标与政策有明显的关系，中国的高等教育大众化属于典型的“政府主导型”。从高等教育发展政策来看，1997年到1999年三年间经历了中共“十五”大强调的“稳步发展”、《面向21世纪教育振兴行动计划》倡导的“积极稳步发展”和《关于深化教育改革 全面推进素质教育的决定》所提出的“积极发展”，这期间发生了重大变迁。从高等教育毛入学率的目标来看，1999年，中国政府在《面向21世纪教育振兴行动计划》的报告中，明确规定了我国高等教育毛入学率在2010年要达到15%的目标，在“十五”计划中这一目标又被提前到了2005年。实际到2002年，经过四年大扩招，提前三年达到了15%的目标。

“在现代社会中，由于高等教育规模的日益庞大，高等教育社会功能的不断增多以及高等教育与社会各个领域的联系日益紧密，政府愈来愈重视对高等教育的宏观调控，因此政府的政策对高等教育发展的影响也就愈来愈大。”正是由于政府基于对教育对经

① 张力:《不同国家高等教育毛入学率之比较》,《中国高等教育》, 2001年第1期。

② 张宝明、张宝昆:《中西高等教育发展的差距有多大》,《比较高等教育》, 2001年第3期。

济增长的贡献而采取的积极主动态度，政府的干预促进了我国高等教育大众化的实施。在高等教育发展中，政府应该发挥更加巨大的作用，但由于中国经济欠发达，政府的政策一方面促进了高等教育的发展，但另一方面在配套设施、建设资金、制度建设、法律保障等方面却严重滞后，也造成了一定的负面影响。

3.“办学内涵型”的高等教育大众化

中国的高等教育大众化，由于经济相对落后，为了完成政府提出的目标，主要是通过挖掘现有学校的办学潜力，提高现有学校的内部效率，以扩大现有学校的招生数量来实现高等教育总体规模的扩大，主要由现存的精英化的学校承担，属于“办学内涵型”的高等教育大众化。20世纪90年代以来，我国接受高等教育的人数成倍地增长，仅三年连续扩招就实现了一倍的增长，而高等学校数量的增加却没有跟上。在1992年到2002年的高等教育发展最快的10年间，高等学校仅增长321所,2002年为2003所，到2004年为2236所，从1990年到2004年这15年间，教学设备落后，校舍建设迟缓，提高教育内部资源的利用效率障碍重重。从国外高等教育大众化的经验看，通常促成或实现高等教育大众化的并不是传统大学，而是依靠一批新兴的新型学校，如美国的社区学院、日本的短期大学、英国的多科技术学院等。这批新型的学校担负起了高等教育大众化的任务，它们和传统的精英教育阶段的学校不同，所培养的不是精英型人才，而主要是应用型、技术型人才。因此，在高等教育大众化的过程中往往伴随着教育的多样化。我国由精英学校走“内涵式”高等教育大众化发展之路，容易使得高等学校不堪重负，教育质量难以保证，也容易继续精英教育模式，不利于大众化的发展，造成仅仅在数量上大众化了，而办学理念、培养目标和教学内容等与大众化教育脱轨。

4.“人口众多型”的高等教育大众化

由于人口基数庞大，同样的高等教育入学率，我国实际注册人数将大大超过人口较少的发达国家。根据人口统计资料测算，到2010年，我国人口将达到13.38亿，以总人口6%计算高等教育适龄人口，我国高校适龄青年将达到8030万人，若高等教育入学率为15%，则意味着将有1204.5万人在高等学校就读。尽管1950年美国高等教育毛入学率已越过15%，而当时其18岁人口数却只有216.4万人。同样是15%，中国却要比美国多培养1000万左右的在校生，相应地学校的数量、教师的数量都需要成倍的增长。在经济发展水平相差较大的同时，还要加大投入，这将面临诸多困难。即使是同等的经济投入，美国一个学生所享受的资源，就是中国一个学生的5倍。另外，中国农村人口占全国人口的70%以上，按以上人口统计测算，农村高校适龄青年5600万，在中国目前这种通过考试选拔大学生的体制下，农村的适龄青年又有多少能够进入高等学府。中国的社会主义现代化建设不能忘记农村的现代化建设，“科教兴国”战略的实施和中国高等教育大众化自然不能忽视农村青年接受高等教育的问题。

三、中国高等教育理念

（一）在教育目的上受传统观念影响，学而优则仕

在中国古代知识分子的人生道路上，为学不离从政，学与仕始终是不可分离的。儒家思想的鼻祖孔子就提出了“学而优则仕”的教育目标。儒家：修身、齐家、治国、平天下的理念。重文轻理。“万般皆下品，唯有读书高”这句话是中国社会价值观的直接体现。本来这句话字面的意思并没有错，任何人想要完成社会化都要读书。但这句话的历史背景和潜在含义才是重点。在封建时代，只有读书才能参加科举考试，只有通过科举考试，才能上则为官下则为吏，才可能出将入相，进入统治阶级或者中上阶层。而且，想要真正步入上层，除了通读四书五经外，还要会吟诗作赋，要做到“礼、乐、射、御、书、数”六艺俱全，也就是要在“高大上”的领域里全面发展。如果只接受专业训练，那就只能当“匠户”，很可能就被划入“下九流”的卑贱职业中去了。

统治者把大学生看成是培养能够为封建统治服务的卫道之士，使其自觉地遵守圣教之伦纪，既无离经叛道之言，又无犯上作乱之事。在具体的实施过程中，从课程设置上来讲，既有物理、法律、化学、理财等现代西方课程，但经学、史学、掌故等旧式课程仍占相当大的比重，对儒家经典的学习丝毫未放松。从毕业生的出路来讲，学校奖励毕业生对其出身的作用与科举无异，如高等学堂毕业生为举人，可授内阁中书、各部司务、知州、知县等官职；分科大学毕业生为进士，可授编修等职，培养目标仍是行政官吏。

即使是在社会主义市场经济条件下，职业分贵贱的思想仍然很严重。而且，事实上，中国的现状就是各级政府机构拥有决定社会发展的直接权力，换句话说就是管其他职业的。大学生只要进入了行政机构，不仅可以得到社会尊重和满足权力欲望，而且只要敢做，通过权力寻租将权力转化为金钱也不是不可能的。“官本位”在高校内部，也有直接反映。很多高校是实质上的官员治校，很多学者也乐于“学而优则仕”，一旦有了一定的学术成就，就要寻求行政职级，兼任行政岗位，成为中国特有的“学术官员”。现实如此，绝大多数家庭当然以上大学作为小孩培养的唯一目标，而职业培训只是小孩考不上大学的无奈之举。受这种思想影响，大学生也大多以进入行政事业单位作为择业的首选。

（二）在办学理念上移接与自建结合

我国现代意义上的高等教育是“西学东渐”的产物，具有典型的移接特征，经历了由取道日本、欧美到借鉴苏联，再到模仿美国；从“横向移植”到“有选择地借鉴”的变迁过程。“窥西学之精，为我所用”可谓百年高等教育理念发展之主要路径。改革开放以后，诸如“服务社会”、“大学自治”、“通识教育”、“国际化”、“民主化”、“教育可

持续发展”、“终身教育”等各种国际教育理念纷至沓来，并在制度转换中实现了“中国化”。其中影响力较大的有三种：

1.“面向社会”

源于19世纪下半叶的美国威斯康星思想提出高校应走出“经院模式”的象牙塔，全方位、多角度地为社会提供直接服务，促进教学科研与实践一体化。“服务社会”作为高等教育的第三大功能，自产生起就引导着世界高等教育理念的变革。高等教育“服务社会”理念的转换是伴随着国家经济复苏与体制改革的深入而逐步实现的。新中国成立初，为服务科技与工业经济发展，高校主要以“教劳结合”、“多样办学”等方式面向社会，建立供师生从事劳动与科研加工的校办产业，取得了一定的社会效益。但这种政府支配下的“社会服务”是指令性的和被动的。市场经济体制建立后，高等教育社会化改革迅速展开。从办学层面看，起步最早的是高校后勤管理与就业分配制度的“社会化”。1984年，《中共中央关于经济体制改革的决定》和1985年《中共中央关于教育体制改革的决定》相继出台，高校后勤部门从国家拨款的行政管理单位转为独立核算、自负盈亏的经济实体；就业制度由国家“统包统分”向“自主择业”转变，并于1997年完成了高校招生、收费和就业的并轨改革。90年代初，我国启动了教师人事管理“社会化”，1993年颁布的《中国教育改革和发展纲要》提出建立新型的教师管理体制，教师终身制和人才流动壁垒被打破。2000年《关于深化高等学校人事制度改革的实施意见》催生出一北一南的“北大方案”和“中大改革”，各大高校纷纷以“渐进式改革”方式推行教师聘任制，并取得了初步成效。从国家层面看，“面向社会”主要体现在办学自主权的松动上。1979年苏步青等在《人民日报》呼吁“给高校一点自主权”后，国家逐步淡化隶属观，1998年出台的《高等教育法》第11条、12条规定：“高校应当面向社会，依法自主办学。”鼓励高校与社会组织协作互补，提高资源利用率。“面向社会”理念由此确立。

“面向社会”是六十年来涉及面最广的教育理。改革开放为“面向社会”提供了制度环境，高校自身发展又使社会服务成为教学科研的实现载体和互动目标。社会是高校赖以生存和发展的环境基础，服务社会、引领社会不仅是历史的必然要求与经济社会发展的目的所在，更已成为增强高校办学活力和促进人才培养的有力手段。然而，随着大学在社会发展中的作用日益增强，高等教育也承担着日益增多的社会职能，从而越来越偏离了“育人”这一基本前提和目的。当前，我国集权式管理观念尚未转变，高校自我约束机制仍不完善，与“面向社会”相适应的高等教育体制改革进展缓慢，对社会服务的“范围”和“限度”缺少理性分析：或直接与创收相联系，或与人才培养相分离。因而必须进一步澄清认识，积极探索“面向社会”的办学机制，促进教育与社会良性互动、健康发展。

2.“高等教育国际化”

这一理念的雏形最早可追溯至古希腊和古埃及盛行的“游教”和“游学”之风，随后兴起于欧洲。20 世纪 40 年代，联合国教科文组织积极倡导广泛开展国际教育交流合作，把国际的、跨文化的全球观念引入高校职能之中。当前，“国际化”已成为世界高等教育发展的共同趋势和基本理念。新中国高等教育六十年的发展可以说是国际化的一个缩影。新中国成立后我们全面效仿苏联；改革开放之初，邓小平提出“教育要面向现代化、面向世界、面向未来”，政府向发达国家大量派遣留学生。此后，我国国际交流与合作活动迅速展开，对外开放的发展格局基本形成。21 世纪以来，我国高校高度重视观念更新和制度借鉴，强化跨文化交流，大力引进海外高层次人才、加强国际学术互动；积极向各国开放国内教育市场，充分利用国际资源，不断拓宽联合办学渠道，在合作中参与国际教育事务，加强多边合作，大胆吸收世界各国的文明成果，提高了我国高校的国际学术地位。大学负有人才培养和科学研究的使命，而探索真理和发现知识本身就是一项没有国界的、全人类的共同事业。高等教育国际化归根结底是要实现“人才”的国际化，增强国家的软实力。我们必须善于吸取世界先进的教育理念，培养具有国际眼光和国际竞争力的人才，在推进国际化的同时保持本民族的优秀文化传统，立足中国实际，把握时代需求，建设富有本土特色的高等教育理念体系。

3.“高等教育可持续发展”

可持续发展思潮产生于国际上对于自然资源、环境及人口与人类社会发展关系的探讨，随后渗透到了教育领域。1998 年 10 月联合国教科文组织发表《21 世纪的高等教育：展望和行动世界宣言》，开宗明义地指出：“应保持、加强和进一步扩大高等教育的基本使命和重要作用，特别是促进整个社会的可持续发展和进步的使命。”党的十六届三中全会将“可持续发展”理念列入科学发展观，成为我国构思教育与社会发展战略的重要依据。“可持续发展”的前提是以人为本，关键是全面协调，核心是科学发展。这一理念表明，高等教育必须体现人与自然、社会相和谐的本体价值，既要“瞻前”也要“顾后”；既要持续、稳定地与经济协调并进，又要保证自身发展的延续性、教育理念的前瞻性、教育生态的平衡性、教育结构的协调性和教育功能的整体性。自 1999 年扩招以来，我国仅以不足十年的时间就实现了高等教育大众化，然而，当前国内人均 GDP 尚不足 3000 美元，国家教育经费投入难以支撑日益扩张的教育规模，高等教育公平与质量问题十分突出。实现“高等教育可持续发展”，必须将教育发展重心转移到提高质量、走内涵发展的道路上来，促进教育规模、质量、结构、效益的统一；高度重视高校战略管理，致力实施中长期战略目标规划，克服教育发展的盲目性；以人的可持续发展为立足点，促进教育公平，体现高等教育对人的成长的全程关怀，发展“终身教育”，建设全民学习、终身学习的学习型社会，最终促进教育、人与社会的协调发展。

（三）自建高等教育理念是我国高等教育界人士立足国内教育实践而形成的理念

大学校长及教育专家作为一个特殊群体，往往能够审时度势，结合自身的院校研究和办学体会，准确把握时代的脉搏，顺应教育发展的趋势，恰当提出大学发展的战略目标，引导大学向前发展。六十年来，一批杰出的教育家对推动我国高等教育理念的发展功不可没，如原华中理工大学校长杨叔子院士倡导的“绿色教育”、“文化素质教育”、“全人教育”；周济部长任原华中理工大学校长时提出的“育人为本，产学研三足鼎立、协调发展”；清华大学原校长王大中院士的“创建一流、以人为本”等。这些理念因其立足于国内办学实际，且产生了一定的示范效应，从而由下至上地引领着我国高等教育理念的变迁。其中较有借鉴意义的理念有两个：

1.“科学教育与人文教育相融合”高等教育首先是一种人文精神的教育，科学与人文应是相通的，科学中必然渗透着人文精神。但是，1952 年以后，我国学习苏联经验发展专业教育，在片面崇尚科学的实用主义理念支配下，科学教育与人文教育之间出现了难以逾越的鸿沟。特别是高中阶段实行文理分科后，大学新生缺乏完整的科学与人文知识结构，而高校人文学科因无“实用价值”而成为虚文华饰和花哨摆设，被置于课程的最底层，教育的人文精神被明显抑制。针对高等教育“过弱的文化陶冶，过窄的专业教育，过重的功利导向，过强的共性制约”等问题，1995 年 11 月，在周远清同志的主持和推动下，教育部在原华中理工大学召开“加强高校文化素质教育试点工作研讨会”，首次提出了“科学教育与人文教育相融合”的理念，并在 52 所高校试行“文化素质教育”活动，成为高校推进素质教育的切入点和突破口。1999 年 6 月，《中共中央国务院关于深化教育改革全面推进素质教育的决定》提出“普遍提高大学生的人文素养和科学素养”，将文化素质教育推向了一个新阶段。

从国内高校的实施经验看，有以下几点值得借鉴：一是强调人文知识不等于文化素质，必须重视“内化”；二是强调在专业教育与知识教育中渗透人文精神和文化素质教育，自 1997 年起，华中科大、北科大、川大等高校陆续启动了人文社会科学课程，南开大学等近年还开设了自然科学课程；三是强调环境与校园文化对大学生素质形成的影响；四是要求高校教师必须提高文化素养。华中科技大学通过对上百位教师教学实践的总结，归纳出“起于知识、启迪精神、渗透美育、行为互动、营造氛围、以悟导悟、以人为本、止于境界”八种方法。经过十多年的努力，文化素质教育由试点到全面铺开，由造势到自觉，由单一到多样，理念的实施效果和影响力不断提升。“科学教育与人文教育相融合”理念的提出是改革开放以来我国高等教育理念转变的一次重大突破，对转变教育观念、培养创新人才有着积极的指导意义。

2.“育人为本、产学研三足鼎立、协调发展”。新中国成立之初，为适应科技发展与政治需要，高校大批研究人员被抽走，立独立研究机构，造成“学”与“术”相脱离。恢复高考后，邓小平提出高等学校、特别是重点高校要办成两个中心——“既是教育中心，又是科研中心”。1978 年，当时的华中工学院提出“科学研究要走在教学的前面”，指出科研与教学本是“源流”关系。随着高校科研逐渐向研究型院校和研究生层次“漂移”，科研功用的“立竿见影”性和教学价值的滞后性导致高校普遍重“术”轻“学”，影响了人才培养质量。此外，大量科研成果因低水平重复并脱离实践而沦落为“口袋科研”与“职称科研”。针对这些问题，华中理工大学于 1998 年又率先提出“育人为本，产学研三足鼎立、协调发展”的理念，利用学校的教育资源和技术优势加大校企合作，兴办科技园，通过技术研发、生产实践和技术推广等形式培育学生的创新思维、科学精神和实践能力，促进了高等教育三大功能的协同发展。

就当前的状况看，首先高校产学研合作的覆盖面仍然偏小，层次仍然偏低；办学中偏重经济效益，而忽视人才培养的社会效益。必须深刻理解社会服务的内涵，坚持以人为本，开展各种形式的服务社会活动，提高学生实践创新能力。其次，要用科研之“源”来充实教学之“流”，使教学反映学术的发展，特别是吸收前沿研究的成果。最后，建立全方位的社会服务体系，多种渠道了解社会需求，重视合作机构与相关制度建设，大力推进科技成果的转化。产学研合作办学的核心是教育创新，必须使人才培养质量符合社会发展需求，形成育人、教学、科研、产业相互促进、协调发展的格局。

（四）政治嫁接性理念

“政治嫁接性理念”体现了政治家的教育理想和国家对高等教育发展的要求。现代大学已成为支撑社会发展的“轴心机构”，以至于越来越多地受到政府直接或间接干预，向一种由国家控制的法人官僚机构发展。这种官僚化特征在我国改革开放前尤其显著，政治家的经验决策和权威性的行政指令通常主导着教育理念的活动方向，并反映在国家方针政策和政治家的教育理念中。六十年来，政治与教育以政策为中介，嫁接而成了“教劳结合、服务政治”、“红专结合、全面发展”、“教育为经济服务”、“教育为社会主义现代化建设服务”、“办人民满意的教育”等理念，对高等教育产生了深远影响。其中最具代表性的理念有三个：

1.“教劳结合，服务政治”

“教劳结合，服务政治”是新中国成立初期为体现国家政治意志、巩固党的政权、服务经济生产而提出的高等教育理念。马克思认为，教育作为一种意识形态，是上层建筑的一部分，具有阶级性，并为统治阶级服务；教育必须与生产劳动相结合。1958 年毛泽东在《关于教育工作的指示》中首次提出：“党的教育工作方针，是教育为无产阶级的政治服务，教育与生产劳动相结合……为了实现这个方针，教育工作必须由党来领导。”同年，他在《工作方法六十条（草案）》中，要求各级各类学校要举办工厂或农场，实行“自给或者半自给”，试办“半工半读”高校。高等教育逐步向工农开放，以

"两腿走路、多样办学"的形式，促进劳动人民知识化、知识分子劳动化。在教学上重视实践环节，1961 年出台的《高教六十条》规定，学生每年要参加一至一个半月的生产劳动，大力提倡勤工俭学，"劳动育人"。"劳动结合、服务政治"是六十年中影响最深远、分歧最大的教育理念。从政治与经济层面上讲，它要求教育为劳动者服务，学校为政治需要服务，对促进国家工农业生产和维护政治稳定起到了关键作用，是新中国成立初高等教育的理性与现实选择。而就教育层面看，由于在实践中过多强调生产劳动，以经验技术的传授代替学科理论的系统学习，难以保证课堂教学的合理和正常进行，影响了人才培养质量。这种以"政治论"为哲学基础的理念导致了高等教育培养目标的政治化和国家工具主义的盛行，人的个性发展倍受制约，高等教育在政治权威的桎梏中丧失了自身独立发展的地位。

2. "红专结合，全面发展"

"红专结合，全面发展"强调政治思想与专业能力相统一，促进人的全面发展。新中国成立伊始，根据老解放区的教育经验，人们对旧教育中培养"万金油"式的"通才"教育和"大学管理论，专科管实际"的主张持否定态度。1950 年 6 月，时任教育部部长的钱俊瑞提出："新中国的高等教育必须适应国家建设，首先是经济建设的需要，实行在系统理论知识上的适当专门化教育。"1951 年，我国进行了大规模的院系调整，综合大学只保留了文理两科，其余组建的专门学院多为单科性高校，八百多个专业大量集中在三级、四级学科上，许多高质量的名牌高校被无情拆散。社会主义改造完成以后，在学术问题上"拔白旗、插红旗"，大搞"红专辩论"。毛泽东认为，"没有正确的政治观点就等于没有灵魂"，提出要培养"又红又专"的社会主义建设人才。在实践上，除注重政治思想教育外，还要求学生"以学为主，兼学别样"，强调在以学业为本的前提下，注重德智体全面发展。

"红专结合，全面发展"既为当时国民经济恢复提供了专门人才支持，又构成了一个较完整的目标与途径相统一的思想体系。但这种政治意义下的"全面发展"忽略了人的个性自由发展，"红专结合"更多的是强调"为红而专"。高校按统一的教学计划、课程设置、教学内容培养单一模式的人，这种强求整齐划一、抹杀个性的做法与高等教育培养具有全面的知识、能力和素养的人才要求形成了尖锐矛盾，学生人文素质不高、学术基础不牢、个性发展不足，使得后期高等教育长期无法摆脱专才教育的桎梏，大学的人文精神与科学精神进一步分裂。

3. "办人民满意的教育"

"办人民满意的教育"是新时期国家政治理想的嫁接，但与以往不同的是，这一理念既考虑了国家建设和谐社会的政治需求，又遵循了高等教育发展的本质规律，是坚持执政为民、与时俱进的集中体现。在我国传统文化中，"大学之道，在明明德，在亲民，在止于至善”、“民为贵”等思想就体现了以“民”为本的教育思想。1950年首届全教会上，党首次提出：教育要“发展为人民服务的思想”。1999年江泽民在第三次全教会上要求“坚持教育为社会主义、为人民服务”。不同时期虽有不同提法，但教育“为人民服务”的宗旨始终没有改变。根据国情和党在新的历史阶段的工作重点，胡锦涛在党的十六大报告中创造性地提出了“办人民满意的教育”理念，他强调：“教育是体现发展为了人民、发展依靠人民、发展成果由人民共享的重要方面，要坚持党的教育方针，坚持以科学发展观统领我国教育事业发展全局，坚持教育为社会主义现代化建设服务、为人民服务，努力办好让人民群众满意的教育。”

“办人民满意的教育”是体现政治、教育与人全面协调发展的新理念。我国是穷国办大教育，必须坚持“办人民满意的教育”的核心理念，从实践上、实质上满足人民群众的教育需要。首先，教育的根本任务是提高广人民群众的素质，其衡量标准是能否使教育改革符合人民的利益，体现人民的意愿，提高人民的受教育程度，通过教育最大限度地满足人民群众对物质文化和精神文化与时俱进的需求；其次，“办人民满意的教育”的核心是保证人民受教育的权利。要坚持教育公平与效率相结合、社会发展与人的发展相结合，在保证社会公平的前提下，不断提高教育质量和办学效益。

第二节　美国高等教育

一、美国高等教育发展概况

一个民族、一个国家的文化是在该民族和国家长期发展过程中形成的，是一个历史长期的积淀过程。这种文化一旦形成就会影响该民族和国家政治、经济、文化教育等方方面面。美国是一个移民国家，美国的高等教育也同样受到美国文化的影响。下面我们先来对美国高等教育的发展做一个概述。美国高等教育的发展大致经历了五个时期，即殖民地时期、独立战争时期、南北战争时期、第二次世界大战以后时期和当代美国高等教育，下面我们来简要回顾一下。

（一）殖民地时期（1636—1776年）

大家都知道，最早美国是英国殖民地。美国早在英国殖民地时就对教育非常重视，尤其是重视普及教育，当局曾于1647年发布法令，规定市镇中只要有50户居民就应设立一所小学，于是市镇学校在北部兴起。这种由地方当局办理、干预教育的做法，超过了其宗主国英国的教会办学的方针，一举奠定国民素质的优势。殖民地时期的初等教育相当发达。北部几个殖民地以麻省（Massachusetts）为代表。殖民地时期也是美国高等教育的初创时期，主要是通过将欧洲的高等教育模式，尤其是以英国高等教育模式为主移植到美国，创建美国的高等教育。在这个时期，宗教势力以及殖民地殖民主义者出于宗教和政治继承的需要，建立了一些高等院校，到1775年，英属13个殖民地人口不过260万，但已仿效英国牛津、剑桥等大学创办美国自己的大学。当初最早建立的分别是哈佛学院、耶鲁学院和威廉·玛丽学院。

（二）独立战争时期（1776—1862年）

独立战争时期的美国高等教育已明显不同于殖民地时代，起支配作用的宗教文化已经让位于其他多种社会因素和力量。由于当时的美国并不是一个建立有中央集权的政治经济和思想文化制度的国家，这就为它的高等教育的分化和多元化、多样化奠定了基础。当时除了殖民地时代创立的文科学院之外，公私立高等学校开始分解，新出现了一批州立大学，教会学院，军事工程学院，专门技术学院，文理、工、商农、医学等兼有的综合性大学本科生学院以及专业学院。随着美国的领土向西部、南部的扩展，新的学院也不断建立，这些学院与殖民地学院有某些类似之处，但也有不同的地方。这些新建学院把新开拓的领地与东部海岸的初始文化连在一起。宣布独立之后的25年里，美国又创立了16所学院，新建学院的数量几乎等于殖民时期学院数的两倍。1800年之后，各地新建的学院如雨后春笋，在老的殖民地和新开拓的领土上，建立的学院达到数百所之多。据统计，从1776年到1861年间当时美国共建立的学院约800所①。总之，截止到南北战争以前，具有美国特色的高等教育体系已经开始有了一个初步的轮廓。

（三）南北战争时期（1862—1944年）

南北战争时期是美国高等教育体系和制度逐步形成和发展时期。这个时期，由于美国资本主义制度的不断完善，工农业生产和科学技术迅速发展，促进了美国初、中等教育快速发展，同时也促进了美国高等教育的快速发展。当然，与此同时也受到了来自欧洲资本主义国家，尤其是德国现代大学的影响，促进了美国当时的高等教育发展。

南北战争以后，美国高等教育的发展步伐迈得更快，这期间新成立的大专院校就有二百余所。它一面学习当时欧洲重视学术的样板——柏林大学，于1876年创设约翰·霍普金斯大学，建立了大学研究院，致力高深的学术研究；一面根据国会于1861年、1890年所通过的两个《摩雷尔法》，由国会拨地、拨款资助各州大办农（业）工（艺）学院，很快培养出大批适合工农业发展需要的专门人才，当今举世闻名的麻省

① 连进军：《从独立战争到南北战争：试论美国高等教育发展的一段关键历史》，《煤炭教育》，2004年第3期。

理工学院、康奈尔大学由此而来。工农学院初办时，由于众多贫苦学生求学其中，曾被讥为“牧牛娃学院”，在高等教育的“平民化”方面大大领先于欧洲。事实证明，穷人的对财富的渴望远远高过富人子弟。这就为美国造就了一批敢于冒险和创新的高知识人才，当他们对财富的渴望的欲火被点起，那就是火山，那就是海啸，那就是第二次工业革命的高潮。

南北战争以后，公立中学本来是兼顾学生升学与就业两方面要求的四年制综合中学，由于此时学生逐年猛增，准备升学者日少而准备就业的日众，所以逐渐以职业准备为主要职责，课程随之发生变化，加强自然科学和实用科目，这是美国中学的显著特点。公立中学逐渐以职业准备为主要职责，课程随之发生变化，加强自然科学和实用科目，这是美国中学的显著特点。不仅如此，1880 年麻省理工学院创办了工业中学，1888 年明尼苏达州首创农业中学，此后各种职业中学不断大量涌现。欧洲人由于世俗观念而不喜欢职业中学，以“生来平等”为信念的美国人则没有这种历史包袱。职业中学造就了一批实业家和发明家，第一架飞机的发明家莱特兄弟就是他们中的一员。

（四）第二次世界大战以后时期（1945—1975 年）

第二次世界大战后，美国一跃成为世界经济、军事实力最强的国家。鉴于大学在战时军事技术研究中的突出表现，高等教育也因此被置于事关国家安全的重大战略地位，在战后三十年里得到了迅速发展，最为显著的就是美国高等教育的规模扩张，从传统的精英型转向大众化教育；教育职能拓展，除了科学研究和课堂教育外，还注重高等教育的社会服务和社会教育，开展各种形式的成人教育、继续教育、补习教育等非传统教育形式；高等教育类型的多样化，除了研究型大学，还有综合型大学、专业型大学，以及建立一些大学分校。据统计，1870—1940 年，美国人口增加了 3 倍，而中学生则增加了 90 倍。当时的口号是：“中等教育为所有适龄青年敞开大门”，到 1918 年时美国高中已发展到 2 万多所，战后 25 年间美国高等教育已经历了两次发展较快的时期：第一次发生在 1946—1948 年间；第二次发生在 1965—1968 年间。美国人称之为高等教育发展的“黄金时代”(Golden Ages)。究其原因，美国高等教育与美国当时飞速发展的科技以及科技带动的经济生活急剧变化和政治的变革等因素发生变化所致。

1957—1958 年，美国国会通过了 80 多项涉及教育的法案，其中最重要的是 1958 年 9 月 2 日，美国总统亲自批准颁布了《国防教育法》(*The National Defense Education Act*)。该法案还授权联邦政府增拨 2.8 亿元的教育经费分摊给州立学校，向本科生、研究生和立志从事中小学教师工作的学生提供贷款①。1958 年《国防教育法》的颁布，

① 刘自忍、白俊杰：《二战后美国高等教育改革历程述评》，《宿州教育学院学报》，2006 年第 6 期。

使美国的重点大学设立了许多的研究机构和中心，在基础理论和尖端科研领域取得了巨大成果。50 年代美国国家科学基金会成立后，学院和大学的数学、物理学、医学、生物学、工程学和其他专业得到进一步加强。继 1958 年《国防教育法》之后，美国国会在 1961 年通过了《共同教育与文化交流法》，1966 年通过了《国际教育法》，建立了国际发展总署（AID）与“和平队”，主要目的是促使高等学校对国际问题和区域问题进行研究，加强有关人才的培养和进行国际性的交流。

（五）当代高等教育

当代美国高等教育发展趋势是教育体制多样化，这种体制多样化从 20 世纪 70 年代开始，以信息技术为先导的新技术革命进入全面发展的新阶段。其主要标志是信息高速公路，即网络技术等。网络是现代通信的新表现方式，从技术的角度来看，网络是由计算机技术与通信技术等技术相结合而成。新技术革命的出现，深刻影响着美国经济发展模式和社会生活的方方面面，给美国的高等教育发展带来了巨大的冲击，同时也提出了新的要求，即要求美国对其高等教育进行改革，以适应新时代发展需求。这个时期，美国政府针对当时美国高等教育面临的问题，出台了一系列改革政策，并且以法律形式加以颁布。这种改革包括对本科教育的改革，出台了《国家处于危险之中——教育改革势在必行》《投身学习——发挥美国高等教育的潜力》《美国 2000：教育战略》《重建本科生教育— 美国研究型大学的发展监图》等一系列文件和政策；大学生资助的规定，出台了《中等收入学生助学法》；大学与企业联姻，出台了《贝一多尔法案》、《联邦技术转移法》；学习型社会建立，颁布了《终身学习法》（也称《蒙代尔法》为终身学习和学习化社会的建立奠定了基础）、《不让一个孩子掉队》等。“2061 计划”是美国促进科学协会联合美国科学院、联邦教育部等 12 个机构于 1985 年启动的一项面向 21 世纪，致力于科学知识普及的中小学课程改革工程，它代表着美国基础教育课程和教学改革的趋势。为此计划，美国动员了 800 多位科学家、企业家、大中小学教师和教育工作者参与了这项再造青少年智慧的宏大工程。他们总结战后科学、数学和技术领域的深刻变革和未来发展趋势，汲取美国 80 年代以来教育改革的成果，打造 21 世纪新的美国人。

二、美国高等教育特点

美国高等教育有以下方面特征：

（一）自主性

美国高等教育的自主性是指美国的高等教育从不受政府的限制和影响，各个大学都有充分的自主办学权利，这跟美国的传统文化有密切的关系。美国传统文化中对自由平等思想的追求，对宗教信仰自由的追求，以及美国人固有的开放思想都对美国高等教育发展有着深刻的影响，这也是形成美国高等教育的自身发展特色的原因所在。美国高等教育在刚刚起步阶段就是由各个地方的宗教人士和地方官员发起成立的，而学校的内部管理以及教学运行模式基本上是校长说了算，也就是说校长有很大的决定权。到了20世纪90年代，美国的高等教育出现了快速自由发展，任何团体和企业组织都可以申办私立学院或大学，无论公立或私立院校都有权自由挑选学生，依法自行任免教授，自行决定专业设置、教学计划、课程安排和学位标准。

美国教育行政管理权不在联邦政府，而在各州及各级地方政府或私人机构。美国联邦政府教育部的职权十分有限，其主要职责是按国会意图向各州分配教育拨款，以及向美国国内学生提供奖学金等。美国各州设有州督学或教育厅长，负责制定全州的教育政策，并领导所属机构在州内贯彻这些政策。私立大学由主办大学的机构遴选的校董会掌管行政权。公立大学校董会对决定本校的方针和各项规定有很大的自主权。美国高校聘任教授、招收学生、调整专业、设置课程、财政开支、筹措经费等方面都完全由学校自主决定。

（二）开放型

美国高等教育的开放办学和对社会服务从殖民时期就已经出现，据对哈佛大学自1677年到1703年300名学生家长身份的调查结果显示，牧师共79人，占26.3%；商人、店主、商船船长共45人，占15%；地方行政官员和律师34人，占11.3%；富有农场主、国民警卫队官员等共28人，占9.3%；一般工匠、海员和公务员31人，占10.3%；普通农民11人，占3.7%①。虽然绝大多数学生来自牧师及社会中上层阶级家庭，但是普通劳动人民家庭出身的子弟也占有相当的比例。随着美国资本主义社会经济的发展，这个比例被不断地刷新。到了20世纪90年代，美国高等教育出现前所未有的发展，美国高等教育进入了普及化阶段，接受高等教育已经被视为国民的一种义务。在高等教育进入普及化阶段后，美国高等教育又出现了新变化，更加社会化、普及化，有了十万人大学，出现社区大学、远程大学。尤其到了20世纪，美国高等教育的开放性一直延伸到了国外，主要表现以下几个方面：

第一，广泛开展国际和国内的交流，加强与国内外同行的合作。美国自建立高等院校之后，就十分注意与国外高校的国际交流。今天，在世界任何角落举行的任何学科的学术讨论会，几乎都有美国教授参加，在美国本土举行的学术讨论会基本上都是对世界开放的。美国教授们正是在这种开放的环境中，激发了才思，不断在科学领域做出重大贡献。

① 焦力军：《美国高等教育的特点与启示》，《中国成人教育》2011年第3期。

第二，大力吸收海外人才。从美国大学的办学定位上看，第一类研究型大学，都把办世界一流大学作为自己的目标，集中全世界的优秀教授，汇集全世界最新科学研究成果，培养各领域“领袖”人才。二类的综合大学和三类的专业学院，也都提出国际化的目标，积极引进海外人才，提高自身的办学质量。从师资上看，美国大学在世界范围内聘请知名资深教授，大学校长征集到经费，不是忙于建设，而是在全球范围内寻找聘请各领域中的尖端人才，看他们的教学成绩，在国际上较公认的研究成果，要会聚世界一流的教授、博士，提高办学水平。

第三，广泛招收海外留学生。由于美国高等教育的高质量和开放的办学理念，美国高校吸引了大量的海外留学生。1995 年世界留学生总数的 1/3 以上在美国学习，在美国学习的留学生人数一直呈增长的趋势，这些学生毕业以后，又有相当多的人留在美国高校工作，从而进一步促进美国高等教育的发展。

（三）规范性：校长职业化

美国高等学校的管理模式普遍实行董事会领导下的校长负责制。董事会是大学的最高决策机构，成员主要由校外人士组成，多为工商企业、金融界、法律界和政府名流，其主要任务是负责制定学校发展的方针政策，但是并不直接介入学校日常行政事务的管理，而只做形式上的审批核定。董事会将对学校日常事务管理的权利委托给校长，所制定的方针政策由校长具体实施。

在美国，由于校长是大学行政管理的最高负责人，校长人选的好坏直接影响学校的兴衰，因此对校长的学术水平、行政管理能力、社会交往能力以及个人魅力等方面都有较高的要求，董事会十分重视校长的遴选工作。他们会通过互联网、广播电视、报刊等媒体在全国乃至世界范围发布招聘广告。一旦校长被确认，他就必须把实验室、研究生和所教课程停下来，做一名职业校长，一心一意地从事学校管理工作，哈佛校长平均任期 20 年。

除了对大学校长进行精心挑选外，对大学的办学情况也有一套比较完善的监督管理机制。美国高等教育享受充分的自主权。美国宪法规定联邦不干涉教育事务，全国所有的各级各类高等院校都可以按自己所选择的方式针对社会的需求办学，彼此互相竞争但又能相安无事。在美国，一所学校只要有稳定的学生来源和经济来源就可以生存、发展下去。只要董事会批准就可以设立一个新专业、增加一个新学位。因此，自主办学体制下的美国高等学校需要有一个合理的评估机制来保障教学质量，从而有利于学校之间的比较、交流、沟通，甚至资源共享。

目前，美国高等教育教学质量评估组织按照评估范围分为三大类：第一类是在全国范围内开展教学质量评估的国家认证组织；第二类是区域性教学质量评估组织；第三类是高等学校专业教学质量评估。其中，前两类教学质量评估组织是对高等学校的整体教学质量的评估，又称为高等学校认证评估。对学校整体教学质量的评估，主要是对学校的办学目标、物质条件、经费来源、师资质量和师资队伍建设、教育质量、学生工作、少数民族学生比例、毕业生就业情况、毕业生实际工作能力、办公及体育设施、各级管理水平、总体办学效益、多元化等方面进行评估。通过这样的社会评估组织每年或每隔一个时期的评估，促进并规范了各个高校的发展和建设，有效地保证高等教育事业的顺利发展。

（四）法制性

美国高等教育法治化的演进过程划分为三个时期：1492—1861 年的移植模仿时期；1862—1957 年的特色创建时期和 1958 到现在的逐步完善时期。美国高等教育法治化具有三大特征。第一，法系的非单一性，表现为由高等教育成文法与判例法构成的法文化共同形成对高等教育立法体系及相应法治活动的空间；第二，立法机制的分权性，体现为高等教育立法活动是以分立与制衡法理学为理论基础；第三，立法内容的实用性，这反映出实用主义法哲学对高等教育法治活动效力的深层影响。高等教育的法治化促进了美国高等教育的勃兴与创新，同时，也为我国高等教育提出借鉴性思考。即在法制化进程中注意逐步建立高等教育判例法制度，注重中央与地方高等教育立法的适度分权，增强高等教育法律的可操作性和变化性。美国曾先后颁布涉及高校发展、大学生读书贷款、就业等方面的多部高等教育成文法。据不完全统计，仅国会从 1785 年至今不包括修正案在内的有关高等教育成文法已达 52 件。在判例法方面，仅最高法院从 1964 年至 1993 年的 30 年中涉及学院与董事行政管理人员和教职工等内容的就达 92 件①。

美国高等教育采用的是分权的立法机制。美国高等教育分权的立法机制主要表现为联邦立法与各州立法两个层面上。第一，联邦立法层面：(1) 国会。联邦宪法赋予由参众两院组成的国会享有立法权，并对两院的分工作了规定，所有征税和拨款议案应由众院提出，参院审议由于高等教育议案一般都涉及拨款，因此，高等教育立法权在国会中已形成众、参两院分立，并因而相互制衡。(2) 总统。虽然宪法只赋予总统行政权，但却实际掌握了部分高等教育立法权，并形成对国会权力的制衡。(3) 法官。法官掌控司法权，其对国会的分权主要采取两种方式：接受诉讼和裁决国会所定法律的合宪性。第二，州立法层面：依据美国宪法精神，联邦与州对高等教育发展应各司其职、相互制衡。根据宪法第十修正案的基本含义，州对本州高等教育控制权是第一位的，州可以直接进行高等教育立法，而联邦对高等教育的控制权是第二位的，联邦只能以辅助的和间接的方式介入。

---

① Kapiln , William. A. *The Law of Higher Education:A Comprehensive Guide to Legal Implications of Administrative Decision Making*, San Francisco ; Jossey - Bass Publishers .1995.p76-140 .

美国联邦政府通过立法对高等教育进行宏观政策引导。如《1944年军人权利法案》为联邦政府大规模地介入和资助高等教育奠定了基础；《1958年国防教育法》的颁布，从立法上改变了国家游离于教育发展之外的状况，对各州各类各层教育实施大规模、高强度的资助，从而影响各州教育的发展；《1963年高等教育设施法》中明确了向公立社区学院、技术学院以及其他提供大学本科生和研究生教育的高等学校提供联邦补助金和贷款的规定；《1965年高等教育法》中授权拨款资助大学的社区服务计划和继续教育计划、增加学院图书馆的资源、为发展中的学院和大学设备购置提供资助以及为中学后的贫困学生提供补助和低息贷款等①。

（五）多样性

美国建立和发展了类型灵活多样的高等教育制度。多层次和多样化已成为美国高等教育的鲜明特色。美国现有各类高等院校三千多所，其类型有：第一类为研究院大学，以基础性、学术性研究著称。设有庞大的研究生院，能授予博士学位，其中最著名的有哈佛、普林斯顿、斯坦福、麻省理工等。在这些大学的周围，形成一个个集教学、科研、开发和新兴工业为一体的高新技术产业中心，使创新思维—科研成果—新产业新产品三者的转换链迅速畅通，高效转化为高经济效益，推动了整个社会产业经济结构更新换代。第二类为本科大学，包括四年制为主的综合大学及学院。如文理学院、理工学院、工商管理学院等，多为州立大学。培养目标为中级科技、学术及专业人才，修满四年授予学士学位。第三类为社区学院，包括二年制的普及学院和技术专科学院。招收高中毕业生中成绩较低和同等学力的学生，毕业时授予副学士学位。社区学院的任务除为社会各行业对口培养专业熟练劳动技工与职员外，还为那些想继续升入本科大学的学生架起一道桥梁，可考入本科大学三年级续读。第四类为开放大学。也称为“无墙大学”。包括广播函授大学、暑期大学、夜间或业余大学等，使大学向社会各阶层、各年龄层次敞开大门，经标准考试及格者均可获得学位。这四类大学组成了一个完整的高教体系，并形成了由副学士、学士、硕士和博士构成的完整的四级学位制度。

美国大学的多样性还表现在经费来源的多样性。美国的大学在长期的办学实践中形成了多元化的经费筹措渠道，在大学办学经费日益高涨的现况下，美国高校通过积极争取政府拨款、提高学费、扩大留学生招生规模、发行大学债券、出让学校专利、开展面向社会及企业的咨询服务、加强社会募捐等方式来多渠道地筹措办学经费。

---

① 姚云：《美国高等教育法治化演进及其特点》，《华东师范大学学报（教育科版）》，2004年第1期。

三、美国高等教育理念

（一）教育是一种信仰

在美国人看来教育是一种信仰。美国人普遍认为，一个人不管处于什么境地，有两件事是必须要做的，并伴随一生：一是受教育，一是新宗教。教育与宗教并行，教育与宗教一样重要。美国人对教育的重视，达到了与信仰宗教一样的虔诚境界。1620年，欧洲最早的第一批移民，坐着“五月花号”这只船抵达美洲，就是在现在的马萨诸塞州波士顿的普里茅斯上岸。如今，在当时上岸时的一块石头上写着“1620”几个数字，就是对这一重大事件的纪念。那时的移民生活艰苦异常，但从1620年起，这批移民就同时在当地建学校与教学，并在1636年创办哈佛大学。所以，哈佛大学的老师和学生很自豪，说美国算不了什么，先有哈佛，后有美国。欧洲移民到美洲以后，每到一处，必先做三件事：一是建教堂，这些移民大多是受到欧洲宗教迫害的新教徒，建教堂是首先必做的一件事，他们认为，有了教堂，人的精神就有了归宿，人就有了精神家园；二是建学校，他们认为，学校是教化之源，是一个人从野蛮走向文明的必经之路，教育可以消除人性中的许多弊端；三是建邮局，与外部世界联系的桥梁，在过去，邮局是人们联系外部世界、认识外部世界的有利工具。这种理念在美国诞生之前一个半世纪就已深深地植根于民众之中。教育与宗教同样是一种信仰理念，对美国的教育产生了十分重要的影响，由于此，政府和民众对教育的认识，不是作为一种纯粹的功利目的而进行的活动，人们对教育具有了宗教般的虔诚。

（二）教育是国家和社会的支柱

美国人和美国政府认为，美国就像一座大厦，支撑这座大厦有三大支柱：一是政府。美国政府分四级，即联邦政府，州政府，郡政府（“郡”有的翻译成“县”），市政府；美国政府的概念包括行政、立法、司法三权，平时我们所说的三权分立的三权都属于政府的范围。作为一个国家，一个社会，没有政府就不成其为国家和社会；二是宗教。美国人中，有统计说10人中有9人信教，还有1人也信教，其中，基督教新教占57%，天主教占28%，犹太教占2%，还有信其他宗教的，以信仰基督教新教为主，美国是一个法治加神治的国家；实行政教分离、信仰自由的宗教政策；三是教育。美国教育体系完备，制度健全，各州各具特色。特别是近四千所各种类型的大学，私立的，公立的，教会的，色彩纷呈；美利坚合众国还没有诞生之前，十三个殖民地的教育就已具有特色和规模，因此，美国教育具有天生的独立性。有人这样评价过美国大学所遵守的大学精神：美国大学所坚守的大学精神是使大学成为才保存人类文明的场所，成为培养智者的地方，成为人类精神资源传递和知识创造的最佳学堂，成为一个充满创造和创新的具有独立品格的思想熔炉，成为一个拒绝庸俗、坚持操守、努力用思想知识、精神呼唤社会良知，引导社会前行的精神家园。由于美国教育已经成美国国家和美国社会的一种独特的不可或缺的强大力量，美国政府和民众都认为教育实际上已成为国家和社会的三大支柱之一。

（三）教育是社会自由的保证

教育是社会自由的保证，这一先进教育理念的首倡者是美国第三任总统托马斯·杰斐逊。他的理念对美国教育的影响是深远的。杰斐逊一生对暴政、对专制深恶痛绝，对自由、民主无限向往，而且终其一生而为之奋斗，美国人称他是“自由王子”，是“民主之父”，其人品之高尚，境界之高远，对人类自由福祉之关心，且成就之伟大，不仅影响了美国，也影响了整个世界，而且还将永远下去，人类还将越来越多地享受到他的思想心脏建立起来的文明制度的福祉。杰斐逊由于对教育有这样的认识，他一生都致力于教育事业的发展，他是美国第一个提出完备初等教育的人，他提出公民要义务完成初等教育。

杰斐逊十分重视教育的一个重要原因就是，在他看来，“只有由受过教育的人民组成的国家才能保持自由”。他认为他一生致力于反专制、反暴政，致力于建立民主、自由的政治制度，如果人民没有受到好的教育，国家不是由受过教育的人组成，他的努力和梦想都将成为泡影，或者如同沙上建塔，顷刻倒塌；或者如海市蜃楼，终究是幻境而已。他一生对教育的重视以及他的教育思想，可以说奠定了美国教育的基本理念和基本框架，美国今天的教育之所以成为世界之强，饮水思源，其发轫之初就得益于杰弗逊总统。

杰斐逊的教育理念把美国教育提升到了与美国民主、自由密切相关的境界。杰斐逊曾反复说过，一个国家的民主、自由只有教育才能得到永久保证，反之，由没有受过教育的人民组成的国家是专制、暴政的温床。而美国的后继者又不断地丰富和发展这一教育理念，成为社会和民众普遍认同的价值；这一理念影响了美国教育两百多年，这一理念使美国教育具有天生的独立性和社会良知，使美国永远没有专制和暴政的藏身之地。

（四）追求教育公平和教育机会平等

美国从 1776 年 7 月 4 日宣布建国至今 228 年的历史中，始终忠于美国开国者们赖以立国的正义、平等、自由的理想，孜孜不倦地追求人人生而平等的目标。虽然在此过程 中，走过多少坎坷之路，并为此付出过很多牺牲，但美国人特别是一大批致力于此的志士仁人对这个理想的追求是虽九死而犹未悔。今天，“保证教育机会均等，提高教育质量”这两句话，作为美国教育部的座右铭镶嵌在教育部总部的大理石的墙壁上，作为一种教育理念已经深入人心。

在美国的历史上，存在着种种的不平等，特别是美国存在着严重的种族歧视，少数美国裔黑人是受歧视的主要人群，在各方面与白人谈不上有什么平等的权利，更谈不上有相同的教育公平和教育机会均等的权利。但随着20世纪后民权运动的发展，联邦最高法院通过了一系列判决，宣告南方各州的种族歧视法律违宪而无效，直接推动了1964年国会通过《平等权利法案》，从此以后，种族歧视问题在法律上得到了解决。美国人认为，教育公平和教育平等是社会公平和社会平等的核心，而且是一个长期追求的目标，直到今天，美国政府和美国人民在追求教育平等和教育公平方面，采取了许多有效的措施，也取得了很好的效果。

另外，美国民间也与政府相呼应，从经济效益和社会效益的角度大声呼唤教育公平和教育机会均等的好处。美国著名的智囊机构兰德公司，在1999年的教育研究报告的主要结论是：教育公平，能够给政府创造巨额的财政收入，给社会带来巨大的经济效益。

这种政府和民间对平等、自由、机会均等的长期不懈的追求，使美国今天的教育更趋于公平和机会平等的目标。倡导教育机会平等和教育公平而由此形成美国教育的多元性、开放性（向不同层次学习能力和经济条件的人开放）、国际性、灵活性（种种不同性质的学校满足不同目标的人的需要，国家没有统一的教育制度，五十个州就有五十种教育制度）的特点，使美国教育既能满足不同人群、不同层次的人们的需要，确保教育公平和机会均等，又能满足并充分发挥不同受教育对象的个性特点，使教育充满活力和生机。

（五）教育的目的在于培养合格的公民

美国人认为，从整体上讲，学校培养不出天才，而是要培养公民，公民培养好了，人才也就有了。影响美国这一教育理念的有两个教育家，一个是纽曼，一个是杜威。两位都主张教育是培养社会的好公民。约翰·亨利·纽曼生于1801年，逝世于1890年，是英国的宗教领袖和教育家。他在《大学的理念》（有的翻译为《大学的理想》）一书中主张教育的目的是培养社会的好公民。杜威是美国实用主义的教育思想家，他的教育思想教育即生活、学校即社会的教育思想，深深地影响了美国教育。其实，杜威还是一位平民主义的教育家，他坚决主张教育是培养合格的平民。他宣传平民主义教育思想，提出平民主义教育的两个要素：发展个性的智慧和养成协作的习惯。他大力提倡教育要培养富有个性精神和合作精神的平民和公民。

美国一些著名大学的校长们也纷纷拥护这种主张。如前哈佛大学校长巴布博士的观点认为高校有八个功能，即高校教育的目标是：提高交流能力；培养分析能力；加强解决问题的能力；培养价值判断的能力；提高社会交往和互动的能力；培养对个人和环境的理解能力；改善个人对当今世界的了解能力；培养艺术和人文学科的知识。这就是美国“开明教育”（或译“自由教育”）的观点。这种观点认为，教育的出发点是人，归宿也还是人；教育有为社会服务的责任，但最终目的是为人服务；而迈阿密大学前校长玛莱特博士则进一步认为“开明教育”的根本责任是为了“人”和“公民”。

（六）十分注重人文精神的培养

美国人认为，人文精神本质上是一种自由、自觉、批判的精神，对善恶、美丑、是非的判断能力，宽容精神，尊重人，合作精神等，甚至包括人与自然的和谐相处，都是人文精神。我所学习和采访的美国学校和美国教授，包括美国家庭，都对培养小孩的人文和人文素质十分重视。在 19 世纪，美国曾经一度学习德国的洪堡大学的办学原则和大学精神，洪堡大学在欧洲就是十分重视对学生的人文精神培养的一所著名大学。直到今天，洪堡大学还是把人文科学以及培养学生的人文精神摆在十分重要的地位。洪堡大学吸取第二次世界大战的教训。第二次世界大战期间，希特勒煽动民族仇恨，大肆屠杀犹太人，杀了 600 万犹太人。洪堡大学的一些著名科学家甚至帮助希特勒杀人，同样毫不手软。因此，一个人，一个科学家，仅仅有科学学术专业水平还不够，还要有社会的良知，还必须具备人文精神和人文素养。

美国家庭、学校，很多家长和学生都会对一些著名的文章认真阅读，比如我们上文提到的《我有一个梦想》；比如还有一篇文章，就是荷裔美国人、著名学者房龙于 1925 年出版的《宽容》。美国人认为，《宽容》及其《序言》就是一篇培养宽容精神的美文。该《序言》中，房龙总结了人类前进的历史，阐述了人类思想发展的历史，畅言思想的解放，主张对异见的宽容，谴责镇压新思想的罪恶。美国人认为，孩子们读了这篇关于宽容的文章，多少会留下一些关于宽容的印象，可能会影响他一生。一位斯坦福大学的教授说，宽容精神是一个人必需的人文精神，比自由更重要。

（七）独立思考，质疑一切

美国教育认为，自由是创造之母。美国人特别是美国学校和教育教授们认为，独立思考、质疑一切是美国教育的灵魂。这里不妨引用 2004 年 1 月 24 日，中央电视台第二频道“对话”栏目关于耶鲁大学校长莱文先生与北京大学许智宏校长对话材料。从耶鲁大学莱文校长对学生和老师的要求可以看出美国的教育理念是非常注重独立思考和质疑一切的精神的。

莱文先生说，“对学生来说，首先就是要对任何事情都提出质疑，不管是你从这个学校的老师，还是从同学那里学到的，或者是你从书上读到的。我刚才提出了关于好奇心的问题，你应该愿意对你听的进行挑战。第二点是学习，虽然你应该先提出问题，但是需要学习读书，得到更多的信息来回答这些问题，努力学习。最后独立思考得出自己的结论，学会如何独立的思考。”

当新生进入耶鲁大学的时候，莱文先生说：“我刚出版了一本书，包括了我最近

10年所做的最好的演讲，其中包括了我每年对大学新生的讲话。根据不同的文学，每个讲话都用了不同的比喻。基本上都传达了同样的信息，就是我在三条警语上写的，质疑一切，努力学习，独立思考。”

耶鲁大学莱文先生的这种鼓励学生要独立思考、质疑一切的教育理念，已经不仅仅是耶鲁大学及其校长的教育理念，已经成为美国人普遍认同和认真实践的一种教育理念。美国人认为，让孩子们具备批判性思维，他们才会增强独立思考的能力，才能孜孜不倦地追求真理，做到“吾爱吾师，吾更爱真理”。

美国教育这一独立思考、质疑一切，敢于创造创新的精神，已经是由来已久而被全社会接受的美国教育之魂。

第三节　中美高等教育比较

一、中美高等教育体系比较

中国全日制普通高校教育体系基本上是一个模式，即由国家独立投资，政府拥有对高校的审批权，专业设置权，生决定权等诸多权力。目前的高校层次结构，专业结构设置不能适应社会发展的需要。尽管在办学层次上有高职院校、一般性大学和综合研究型大学，但是在为生产第一线、中小企业和农村城镇服务的人才培养方面还是存在短缺，毕业生集中在大城市，需要人才的地方没有人去。作为发展中国家，经济能力有限，教育经费不足，要把我国1千余所普通高校都办成学术水平高、研究能力很强的大学，既不现实也不可能，并且没有必要。要在短期内把国民素质都提高到大学水平，是不切实际的幻想。我们既需要数以千百计的高级人才，更需要亿万高素质的劳动者。社会分工有自身规律，不同分工对人的能力要求亦不同，不能都要求高水平人才。把高级人才安排到普通能力要求的岗位上就是人力资源的浪费。目前我国一是人才不足，特别是高水平有世界影响的人才严重缺乏；二是人才使用浪费严重，很多招聘岗位都要求本科以上学历，加剧了本科层次以下教育的萎缩。高校与企业有诸多不同，但适应和满足社会需要，社会需要什么，我们能做什么，做到什么程度是完全相同的。如果只看到社会需要而不顾自身能力和实力，培养的学生有其名无其实，毕业后没有竞争力，必将导致该学校身败名裂，就像企业产品上市无人问津一样，早晚只有关门了事。

当今的高等教育是大众化教育而非精英教育。高等教育的层次和专业结构必须按照社会需要进行调整。20 世纪中后期，学习成为人类生存发展的第一需要，在全球范围内，教育开始由精英教育向全民教育转变。高等教育的大众化必然要求形式的多样化。我国高等学校层次不清，世界一流大学没有，全日制普通高等学校几乎都在争“大学”牌子，把本不具备真实意义上大学的几个学校名义上合为一体也就获得“大学”招牌了。

美国高等教育体系一般分为政府投资、地方投资和社会集资办学。办学层次可分为三个层次：基本层次是社区学院，中间层次是州立学院和州立大学，最高层次是有博士授予权的研究性大学。 社区学院是全美覆盖面最广在校就读学生人数最多的一种主导类型。社区学院的宗旨是满足全民的教育需求，为美国经济发展发挥了重要作用。社区学院学制最长两年，课程有两类：一类是文理科课程，相当于四年制大学一、二年级，毕业后可以转入四年制大学继续学习；另一类是职业技术教育课程，毕业生直接就业。中间层次的州立学院或州立大学，学制一般四年，向毕业生授予学士学位。最高层次是综合性大学。综合性大学实力雄厚，设备先进，具有高水平的研究能力，担负着向高校和社会输送教学和研究人才的使命；对美国的科学发展起到了极为重要的作用，使美国科技发展始终处于世界领先地位。美国有数千所大学供学生根据自己的经济能力、职业需要和学术水平选择。美国教育部在提供有关高等教育信息的同时提醒希望进入大学的申请人争取进入一所自己的大学，不要盲目申请知名大学。

二、中美高校管理模式比较

（一）美国高等教育管理模式

1. 美国高等学校管理基本模式是董事会，董事会掌握管理大学的基本权限

大学在法律上从属于董事会，校长由董事会选举产生，根据校长提名由董事会聘用副校长和部局长（或称为委员会执行结构代表），执行董事会决议或委任的权限执行大学管理任务。董事会不参与日常事务管理，但涉及财政、学校机构和教育方面的重大决策与变化，均须得到董事会同意才能执行。董事会是学校最高权威机构，其主要职权是：决定大学财政方针；任命校长；制定长期教育规划并实施；对学校事务享有最终决定权；确保大学管理高效与财源；教职工管理人员的任命权。董事会为了有效地行使权限，设置十来个有决议权的常识委员会处理日常事务。其管理机制是：“董事会→校长”、“管理部→教授会→学生”。教师、学生均有权向董事会、管理部反映意见，董事或管理职务者与师生代表定期召开座谈会，实现大学管理民主。

2. 大学管理机构的中枢——管理部

（1）校长是学校的主要领导人对董事会负责，负有管理的全部责任，统辖教授。

校长本身也是学术带头人，在各种仪式中代表学校的发言人。(2) 教务长是仅次于校长的领导人，他经校长提名董事会选举产生。教务长只对校长负责，指导全校教学工作，所有的在院长、委员会主席和其他教学管理人员均向他汇报工作。(3) 副校长由校长提名董事会选举产生，协助校长管理学校，一位主管行政与财务，另一位主管学校发展与校友会工作。(4) 大学秘书也由校长提名董事会选举产生，统管董事会记录，学校出版物等日常工作。美国教育界有句老话“教授就是大学”。教授参与大学决策，推动教育政策实施的“主要力量”，发挥重要作用；但教授会是咨询性机构，非决策机构。

（二）中国高等学校管理模式

1. 中国高等学校体制基本上是国家所办，财产所有权是国家所有制

全民所有制企业实行两权分离后，高等学校仍是政府直接管理。政府与高等学校的关系是：政府处于主导、决定地位，高等学校处于从属与服从的地位；政府对高等学校有绝对权威性，政府行为对高等学校发生直接地促进或限制作用。所以《高等教育法》中“依法自主办学”的实现还有待政府职能转变。政府代表人民的根本利益，依据法律对高等学校实施宏观管理，对教育经费实行管理和控制，对高等教育进行评估和监督。政府不直接管理和控制高等学校内部运行环节与过程，不在学术领域使用行政命令。随着社会的不断发展，高等学校与社会相互依赖程度越来越强。政府也应该像对企业生产产品种类和数量由企业按市场自行决定那样，由各高等学校根据社会需要设立专业、决定招生数量，政府实行宏观调控，不具体规定。改革二十余年来社会大市场，自我发展，自我约束。政府行政机关对高等学校管得过于具体细致，教授、副教授上课都有明确规定，使“依法自主办学”受到严格限制。

2. 中国高等学校基本按行政机构方式设立管理机构

校长由国家行政机关任命或委派，校长是权力和级别的代表，对委派机关负责。学校采用党委领导下的校长负责制。学校机构由各校设置并确定相应职数和级别。正如黑龙江大学校长依俊卿教授所言，中国高等学校长期以来实行的官本位的干部制度，行政化的机构设置和后勤管理体制，不仅办事效率低下，服务功能不强，而且常常自我膨胀，喧宾夺主。干部能上不能下，职数不足设置调研员，甚至为了“稳定”队伍还要提升级别安排为调研员，助长“跑官”“要官”发生 。

3. 中国高等学校的封闭性

一所高等学校就是一个小社会圈，什么都管，什么都办，大大削弱了完成核心和主要任务的力量。近年高等学校不同程度地开展机构调整，干部和人事制度改革，后勤管理制度改革，使教学和科研的中心地位开始从体制上得到确立。

三、中美大学的课堂教学比较

（一）教学模式

美国大学的课堂教学主要以小班上课为主，上课形式不拘一格，学生可以随便向老师提问题，以启发式教学为主，课堂气氛比较活跃。一般上课之前，老师都会布置学生先看书，要求学生一自学为主。美国大学的教学模式课堂教学与小组讨论为主，更多的是让学生自主学习。这样一来，学生就会有更多时间利用学校图书馆查找资料。

中国大学的课堂教学基本上以课堂教学为主，学生较多，一般都有三四十人。有些大课一百人以上是很正常的，尤其是专业课，课堂教学也主要以老师的教授为主，学生通常很少问问题，课堂气氛比较沉闷。学生到图书馆看书查阅资料时间较少，据相关数据显示，近年来高校图书馆学生的借阅率每况越下，人数减少相当严重，就连北大、清华一些大学也出现学生借阅下降现象。中国的教学模式是灌输式，大学生只有老师布置写论文时才到图书馆查找资料。

（二）课程体系

美国大学的课堂教学讲究知识的系统性、灵活性、实用性，注重对学生能力的培养。在课程设置过程中，充分考虑课程与课程之间关系和衔接。美国大学的师资力量比较雄厚。

中国大学的课堂课教学以知识点的教授为主，注重对学生知识点的掌握，知识的系统性和灵活性相对不足，对学生的能力培养相对较差。中国大学的师资普遍短缺，尤其是普通高校好的师资都跑到更好的大学。

（三）课堂测试

美国大学课堂教学的一个显著特点就是经常有课堂测验（Quiz），测验的试题灵活多样，重点考察学生的基础知识和应用知识的能力。所以，留美回国的大学生普遍反映，美国大学更注重的是平时的课堂测试。在美国大学学习要比在中国大学学习紧张，学习任务也重，经常泡大学图书馆查找资料，看书学习。

中国大学的课堂测验很少，或者说基本没有。一学期就是期中考试和期末考试，学习任务并不重，平时也不用去学校图书馆，考试时只要背背课堂笔记或者书本重点就可以过关。

（四）课后答疑

美国大学有专门的时间给学生答疑，一门课有好几个助教（Teacher Assistance，TA）来辅导解决学生的问题，TA 通常由博士生担任。教师上课也要认真回答学生提出的问题，即使学生问一个非常愚蠢的问题，老师也要认真回答。

中国大学的课堂教学的答疑时间通常安排在考试以前，提出的疑问大多数和考试有关。

美国的课程的显著特点就是作业多，一节课结束以后老师会布置大量的作业，学生需阅读大量的参考书。学生需要独立完成作业，作业很灵活，需要在对知识理解的基础上灵活运用，往往一次课的作业，学生要花几天甚至一周以上的时间。中国大学课程作业不多，大学生抄作业的现象比较普遍。

（五）考试形式

美国课程的考试形式灵活多样，重点考查学生运用知识的能力，因此美国的大学生需要认真学习，否则无法参加考试。中国大学课程结束考试形式单一，重点考查学生记忆知识的能力，因此中国的大学生平时可以不上课，考试可以突击。

（六）学习态度

美国的大学生学习态度较好，认真作业，诚信，以诚实获得高分为主。作弊是不可想象的，一些考试都没有监考教师。客观的讲，中国的大学生认真学习的不多，诚信较差，以通过考试为主，考试作弊时有发生。

美国大学的一门课程结束以后，学生真正掌握了知识，获得了解决问题的能力。中国大学的一门课程结束以后，学生只是获得了考试成绩和学分，应用知识的能力相对较差。

第三章　中美高校图书馆比较：管理篇

第一节　美国高校图书馆管理

一、图书馆管理理念

（一）管理理念及图书馆管理

“理念”，顾名思义，即理性的概念。“管理理念”即管理在理性方面的概念。“管理理念”的提升就是对管理的进一步认识，简而言之，就是对管理的重新定义。企业的管理理念中有五大内容是不可或缺的：(1) 高水平的道德标准；(2) 在事实基础上决策；(3) 环境作用力；(4) 按业绩评判个人；(5) 对竞争的紧迫感。

上述有关管理理念的定义，我认为也适用于图书馆管理方面。尽管图书馆不是一个以赢利为目的的企业单位，但是在日常的图书馆管理中，同样需要有一种理念来指导，图书馆同样也追求自身的价值和社会效益。图书馆通过自身的努力和提供的服务，同样可以为社会和个人做出贡献，产生社会效益。所以，在图书馆管理方面同样需要有一个较为明确的管理理念和管理方法。而管理理念对一个单位或一个企业在进行管理的过程中是至关重要的。它直接影响到管理的结果和成效。美国大学图书馆这么多年来一直都能走在世界前列，就在于他们有一个较为合理的图书馆管理理念。

（二）美国图书馆管理理念

美国图书馆的管理理念从近代到现代是一贯的、延续的，这是受美国的历史和文化影响，也是美国图书馆事业长期稳定发展造成的。

我们将这些图书馆管理理念归纳起来大致有以下几个方面：

1. 开放性和公共服务理念

美国是一个移民国家，1776 年自国家成立的那天开始就在其《独立宣言》就明确写明："人生而平等，造物主赋予他们若干不可让与的权利，其中包括生存权、自由权和追求幸福的权利。"如今自由、平等、民主、科学成了美国文化的重要组成部分。这条信念无论在美国的任何地方、任何一个行业都得遵守。图书馆作为一项公共事业理当对社会开放，为公众服务。所以，从图书馆开馆之日起，美国几乎所有的图书馆都对大众开放，没有理由拒绝任何的读者。这种理念深入图书馆的各层管理之中，无论是领导对员工的管理，还是员工对文献资源使用的管理。因此，美国的图书馆是一个开放的、公共服务的场所，在美国图书馆美誉度比较高。

2. 平等、注重人权理念

尽管美国社会在某些方面也存在不平等、不公正地方。但是作为一个自誉为民主自由的国家，作为一个十分重视人权的国家，在图书馆管理上面还是有所体现这种平等和人权的。在图书馆管理中，只要有员工或者读者提出的建议对图书馆发展有利，作为图书馆领导一般会采纳和支持。本人 2008 年 7 月在美国伊利诺伊大学香槟分校，参加一次中国图书馆员暑期培训班，其中就遇上一件很有意思的事情。当时还是伊利诺伊大学香槟分校消防图书资料室的一名员工，根据本人的研究和调研，申报了一个建立香槟分校消防中心图书馆的项目。没想到很快得到学校图书馆和消防中心领导支持，并且积极帮这位图书馆员一起努力争取建立图书馆项目。经过努力，不久该项目争取到了州政府的大力支持，投入两百多万美元的资金，终于将消防中心图书馆建立起来。此外，在美国培训考察期间，我还发现美国大学图书馆还比较关注大学生的阅读需求。当时，伊利诺伊大学香槟分校有一个本科生图书馆，馆里面的地下层里竟然还给大学生提供玩电子游戏的场所。在他们看来提供这些服务也是尊重大学生，同时也是一种智力开发服务。

3. 重视制度和法律理念

美国是一个契约型的社会，经过两百多年来的发展，法律体系比较健全，公民的法律意识也比较强，美国也是世界上最早制定图书馆法律的国家之一。1848 年美国马萨诸塞州议会通过在波士顿市建立公共图书馆的法案是世界上第一部公共图书馆法。不久又出台了美国联邦政府的图书馆法律，随后美国各州也根据本州实际情况，相应出台了各自的图书馆法律。英国议会于 1850 年通过《公共图书馆法》，规定每 1 万人的地区设一所图书馆，地方政府应对本地区的成人和儿童提供图书馆服务，经费从房地产税中提取这是世界第一部全国性公共图书馆法[①]。美国效法英国的做法，并在各个州制定自己的图书馆法，有了图书馆法就保证了图书馆事业的正常发展。除了图书馆法，美国各图书馆也制度自己的相关管理制度和规定，如图书馆官长任命、馆员聘任、

① 刘朱胜：《美国公共图书馆法研究》，《图书馆》2012 年第 4 期。

经费使用以及图书馆事业发展等等一系列内部管理制度和规定，有了这些制度和规定就能确保图书馆的顺利发展。

4. 竞争和效益的理念

美国十分注重实效的一个国家，实用主义是在美国土壤上生长的一个哲学流派，它于19世纪70年代在美国露头。1871—1874年间在哈佛大学进行活动的“形而上学俱乐部”被认为是美国第一个实用主义组织。俱乐部的主持人是后来被认为是实用主义创始人的皮尔士。参加者有哲学家、心理学家赖特（C.Wright 1830—1875年）、律师霍尔姆斯（O.W.Holmes 1841—1935年）、历史学家费斯克（J. Fiske 1842—1901年）以及后来成为实用主义最大代表之一的詹姆士等人。他们各在自己专攻的领域表述了实用主义的一些基本思想。到19世纪末20世纪初，通过詹姆士以及美国实用主义另一个最大代表杜威等人的活动，实用主义发展成为在美国影响最大的哲学流派。20世纪40年代以前，实用主义在美国哲学中一直占有主导地位，甚至被视为美国的半官方哲学。实用主义的根本纲领是：把确定信念作为出发点，把采取行动当作主要手段，把获得实际效果当作最高目的。

美国的这种实用主义思想，在图书馆管理理念中体现出来的就是讲究竞争意识和注重工作实效的思路。竞争有来自图书馆之间的竞争，做到人无我有，人有我强；也有来自图书馆内部之间的竞争，做到天天向上，年年创新，赢得更多的读者赞誉和支持。图书馆的效益就体现在读者的满意度上。一个图书馆越有特点、越有个性就越有竞争力；一个馆员越勤奋、越有创造性就越有竞争力。而有竞争力，有读者的满意度，这个图书馆的工作就越能产生效益。

5. 协作联合，资源共享理念

当人类进入知识经济时代和互联网时代后，文献资源的采购对图书馆已经构成了严重困难。任何一个图书馆都不可能将所有的文献资源都采购到自己的图书馆内。为了解决资源采购上面临的问题，美国图书馆率先提出了图书馆协作和资源共享的思路。19世纪80年代，美国的图书馆杂志刊登了有关图书馆合作的文章，建议图书馆联合起来共享他们的资源。从此，美国图书馆界对于合作的兴趣就没有减退过，美国图书馆协会（ALA）为此设立了合作委员会。1901年，美国国会图书馆开始对其他图书馆实行外借服务，并对大约400家图书馆提供印刷目录卡片。

美国高等教育界最早的大学图书馆联盟之一则是建于1933年的“三角研究图书馆网络”。随着图书馆联盟的不断发展，1965年至1970年之间产生了大量的以大学图书馆为中心的地区性文献资源共享网络。进入80年代，美国大学图书馆联盟的新增数量有一个相对平稳的阶段。但从1985年开始，尤其是到了90年代以后，大多数图书馆已经建立和完成了本地的计算机系统和网络；书目数据共享、图书馆自动化集成系统已形成了一定规模，印刷型文献的价格直线上涨，迫使各种类型的图书馆都开始考虑“降低成本”、控制“合适的规模”，新的媒体技术和数字化文献资源异军突起，无论是其昂贵的价格还是其使用方式，使得各级政府和图书馆负责人都开始寻找各种机构和实体之间的协作或合作，特别是因特网络通讯的发展为打破各机构自给自足的模式带来了现实可能性和操作空间。因此，联盟再次成为许多机构解决难题的有效办法，整个九十年代这段时期再度成为美国大学图书馆联盟发展的辉煌时期。

二、图书馆管理体制

按照《辞海》的解释，“体制”是指国家机关、企事业单位在机制设置、领导隶属关系和管理权限划分等方面的体系、制度、方法、形式等的总称。简言之，管理体制就是指的是国家机关、企业、事业单位等的组织制度，如：学校体制、领导体制、政治体制等。这里我们探讨的图书馆管理体制就是指，图书馆在运行过程中的相关法律制度的建立和完善，图书馆的领导构成，图书馆队伍的建设和管理以及建立的相关制度。下面我们就美国高校图书馆的管理体制进行分析。

（一）图书馆法制建设

美国图书馆的发展如同这个国家的发展一样，虽然只有两百多年历史，但是美国图书馆体制和机制相当健全。尤其是美国的图书馆法制建设相当完备，这是因为美国图书馆法的制定和发展却比较早。从美国历史文化上看，美国是一个比较重视法治建设的国家，被英国政治家誉为是一个契约型的国家。无论是美国的高等教育，还是高校图书馆都会有一部相关的法律，来规范和促进他们的发展。早在 1925 年，美国就制定了《图书馆法》，规定美国各级政府都要建立图书馆并且要为图书馆征税，征来的税收用于图书馆发展和建设。此外，美国图书馆法还对图书馆的行政管理人员提出要求，馆长要由政府行政长官指派的图书馆委员会任命，负责图书馆的经费控制、行政管理和财产管理等工作。美国国家制定的这些立法保障了图书馆生存的合法性和延续性。同样，美国高校对图书馆长的聘任也是有严格的规定的。一般都是公开招聘，而且对学历、职称、专业和工作经历都有要求。美国重视图书馆建设并制定相关法律法规是有延续性的。1956 年美国总统艾森豪威尔亲自签署了国家级普通图书馆法《图书馆服务发案》，60 年代又出台了《图书馆服务与建设发案》等一系列图书馆法规。1970 年尼克松总统批准建立图书馆与情报科学全国委员会；1997 年美国政府颁布了“图书馆服务与技术发案”，主要日的是促进图书馆之间以及与教育性机构之间的网络化建设，对享受不到图书馆服务的人，特别是对贫困家庭中七岁以下的少儿提供图书馆和信息服务。各州立法机构制定的普通图书馆法是大多数公共图书馆、学校图书馆和州立图书馆的法律基础。由于美国图书馆方面法律体系完美，法规制度健全，图书馆活动完全置于法律的保护之下，因此，美国无论是公共图书馆，还是高校图书馆一直都在稳步发展。

美国1925年就制定了《图书馆法》，在各个有关高校的法案中也都包含有图书馆建设的条款。从1862年《莫雷尔赠地法案》到《国防教育法》到历次的《高等教育法》都有专门的图书馆建设条款。美国高校图书馆体制大致由四个要素组成，即国家、社会、市场、学校。其中，国家不直接干预高校图书馆，而是采用法律和拨款等形式间接调控高校图书馆。由于宪法的“保留条款”把教育的职责放在各州，因而高校图书馆的管理也是典型的地方分权制，各州在高等教育发展规则中都有图书馆发展规划，各州之间还设有一些委员会来协调各校图书馆之间的发展。在拨款方面，由于联邦政府在高校的拨款中占有相当的份额，因此，联邦政府亦通过对高校经费的控制来达到对图书馆建设与发展的控制。社会与市场对图书馆的影响主要表现在两方面：一是社会资助与团体、企业、个人的捐款。来自民间的捐款是美国高校经费来源之一，而捐款中用于图书馆的经费往往占很大比重，因此，这成为社会对高校图书馆发展的一种制约因素和动力机制。二是读者市场需求状况对学校图书馆的设立、规模、层次和办馆方向起着决定性作用。市场化的运作方式将图书馆完全推向市场，由读者与用户来决定其信誉与经济收入。

美国大学图书馆多采用总馆为主、分馆为辅的管理模式，一个图书馆除主馆外，往往附有多个分馆及数十个系属馆。图书馆的最高管理机构是由校长指派的学校图书馆管理委员会，负责对图书馆工作的规划、政策、服务进行沟通和咨询，并负责任命图书馆行政管理人员。馆长由校长任命，通常采用全国招聘的方式产生。

美国大学图书馆标准规定：“大学图书馆的馆藏应具有足够的规模和广泛的内容，以满足学校的全部教学需要，促进学校的研究计划。”依据这个标准，美国大学图书馆的藏书规模宏伟，哈佛大学图书馆高居美国高校图书馆藏书量之首，馆藏1400万册；耶鲁大学等名校图书馆，藏书也都超过1000万册；在全美公立大学综合排名约五十位的堪萨斯大学图书馆，馆藏亦达350万册。

（二）图书馆馆长任命

从管理体系上讲，前面我们在讲到美国大学管理体制的时候就说到，美国大学的管理体制是董事会领导下的校长负责制，当然还有评议会的参与。美国大学的校长基本上都是社会公开招聘的，最后由董事会任命。美国大学图书馆馆长人选也一样是需要经过推荐、公开招聘的程序。并且，对图书馆馆长的人选还有学历、专业背景和实际工作经历的要求。我们曾经对美国一些知名大学的图书馆馆长人选做过一个调查，结果发现无论是哈佛大学还是耶鲁大学，或者是斯坦福大学等知名大学，图书馆馆长均有图书馆专业方面学科的背景，或者是具有图书馆工作方面的经历。而且这一点也是列入了美国高等教育的明文规定。例如，康涅狄格州桥港大学 2009 年图书馆副馆长（Associate University Librarian）资格要求：图书信息专业硕士，五年大学图书馆管理工作经验。并且，一旦被聘为图书馆馆长后任期不限，有的还可以是终身馆长，所以美国的大学图书馆馆长在图书馆待的时间比较久。

再举几个美国现任的大学图书馆馆长的例子，来说明美国大学对图书馆馆长职位的重视。例如：温斯顿·泰伯（Winston Tabb），男，霍普金斯大学图书馆馆长。1972 年进美国国会图书馆，1992 年担任国会图书馆副馆长。曾在国会图书馆许多部门工作过，并担任领导岗位，有丰富的图书馆管理经验。

裘狄斯·鲁塞尔（Judith C. Russell），女，佛罗里达州立大学图书馆馆长。美国天主教大学毕业，图书馆硕士学位。1998—2003 年为美国国家图书馆与情报委员会副主任。2003 年至 2007 年，在美国政府出版局工作，为第 22 任文件档案的主管。

裘迪斯·娜得乐（Judith Nagler），女。芝加哥大学图书馆馆长。娜得乐在芝加哥大学从事图书馆工作 31 年，先后担任外文编目工作，编目部主任，任图书馆副馆长 11 年。目前为芝加哥大学图书馆馆长。

卡琳·特雷讷（Karin A. Trainer），女。普林斯顿大学图书馆馆长。从 1996 年就在该校图书馆工作。她是普利斯顿大学 1746 年建立以来的图书馆的首位女馆长。1978—1983 年在美国纽约大学图书馆任自动化技术部主任，1983—1996 年任耶鲁大学图书馆副馆长。现在是普林斯顿大学图书馆馆长。

（三）图书馆工作人员聘任

美国图书馆协会（ALA）2009 年颁发的《图书馆员核心能力》要求所有拥有图书信息学硕士学位的人员必须掌握和运用以下基本知识：图书馆专业基础知识、信息资源、知识和信息整理、技术知识和技巧、参考咨询和用户服务、研究、继续教育和终身学习以及行政管理。根据 ALA 网站上刊登的公共图书馆和大学图书馆不同职位招聘启事，对图书馆员招聘和晋升情况加以分析说明。美国公共图书馆通常都纳入某地区或某城市公共图书馆系统，例如纽约这样的大城市拥有三个公共图书馆系统，共包括 200 多个研究型图书馆和分馆。总馆各部门负责人称为“manager”，分馆负责人称为馆长（Director），也有不少称为“manager”。“负责人”和馆长大多从本系统图书馆员中提拔，但职位空缺必须事先以某种方式公示，所以 ALA 网站上刊登的招聘启事实际上也可视为图书馆对馆员职务晋升的具体资格要求。我们可以列举以下的几个例子作进一步说明：

例 1：纽约城市大学研究生院图书馆参考咨询馆员（Reference Librarian）资格要

求：图书信息硕士学位，三年以上专业工作经验，至少有两年获得硕士学位后在大学或研究图书馆工作的经验。

例 2：康涅狄格州桥港大学图书馆副馆长（Associate University Librarian）资格要求：图书信息专业硕士，五年大学图书馆管理工作经验。

美国大学图书馆的工作人员一般有两种：一种叫图书馆员（Librarian），一种叫工作人员（Staff）。对图书馆员的要求是具备图书馆专业背景的，他们在图书馆内一般从事与图书馆业务比较专业的工作，如分类编目、参考咨询、读者辅导等。而对工作人员则没有专业背景要求，他们在图书馆内一般从事图书馆业务性不是很强的辅助性工作，如阅览室管理、读者借还、图书上架整架等。图书馆员今后可以在职称或行政上都有晋升的可能，而工作人员则不太可能有这方面的晋升。美国高校图书馆采用公开招聘制，根据图书馆需要，制定出相应岗位要求，提出招聘条件。招聘对象一般都要具备图书馆的专业背景和相关专业的知识背景。

（四）图书馆经费保障

经费是图书馆建设和发展的基本保障。美国高校图书馆的经费主要来自三个渠道：一是国家和政府渠道。尤其是公办的高校，国家和政府拨款是主要的渠道，政府会根据社会的需求和政府的能力，每年按时给高校拨款帮助学校的发展和建设；二是社会基金提供。在美国各种各样的社会基金有许多，而大部分基金都是用于教育卫生和公共福利救济的，图书馆是提供社会教育保障的，美国不少高校图书馆还对外开放，或者直接为当地社会经济发展服务，因此高校图书馆还能够得到一部分社会基金的拨款；三是个人捐款，由于美国社会税收制度的完善，一些个人和企业乐于向社会提供捐款、捐物，当然也有部分是完全出于对学校和社会的回报，乐于捐钱、捐物给高校图书馆。他们往往会在某个时候将自己个人的收藏，或者十个人的资金捐献给图书馆。如哈佛、杰斐逊等。除了国家政府的拨款外，其他两方面的经费在很大程度上需要图书馆馆长去争取。所以，美国高校图书馆馆长平时的工作中，有一条是非常重要的，那就是要想方设法去争取社会基金和个人捐助，通过这种方式来得到更多的经费。而这个争取经费的过程，就是图书馆馆长要经常思考图书馆今后如何发展，长期目标和短期目标，图书馆应该立哪些项目，如何立项目。2007 年笔者在美国伊利诺伊大学香槟分校图书馆参加培训了解到，学校有各消防中心图书馆，它的建设项目并不来自学校，而是来自伊利诺伊州政府的项目拨款。因此美国高校图书馆经费渠道比较广。

一般来讲，美国的公立（州立）大学图书馆，其图书经费基本来自政府拨款。而私立大学图书馆的购书经费则主要来自私人和社会捐款。社会捐款即来自企业或个人的捐款。除了私立大学图书馆外，公立（州立）大学图书馆也可能得到部分社会捐款，前提在于该校图书馆在当地发挥的作用与贡献。社会捐款取决于企业或个人对图书馆的感情或印象，然后以捐款或捐书等形式来表现。其他还有项目经费，或来自政府，或来自企业。通过项目争取经费在美国高校图书馆是比较普遍的现象。2008 年 7 月，笔者在美国伊利诺伊大学香槟分校了解到，伊大图书馆的消防培训中心资料室申请到了伊利诺伊州政府的资助项目，一次性获得 200 万美元，足以让消防培训中心建设一个小型图书馆。中国高校图书馆缺乏相应的社会氛围和运作机制，经费来源只能依赖行政拨款。由此等、靠、要的被动情绪严重。

（五）图书馆人员队伍构成

美国高校图书馆人员有三部分组成：图书馆员（美国人称为 Librarian。要求是具有图书馆专业背景的人员）、工作人员（美国人称为 Staff。一般管理员，对专业背景没有要求）、学生工。例如，2009 年纽约城市大学研究生院图书馆参考咨询馆员（Reference Librarian）资格要求：图书信息硕士学位，三年以上专业工作经验，至少有两年获得硕士学位后在大学或研究图书馆工作的经验。在美国，没有图书馆学本科专业，只有研究生专业，所以图书馆的专业馆员多是硕士研究生以上学历。

在发达国家，合格的图书馆员不仅需要掌握图书馆学、情报学、目录学等学科专业知识，而且还要求熟悉学校不同学科、不同专业，能为学校不同研究领域的读者服务。图书馆职业的女性化已是一个全球性现象，在很多国家都普遍存在。

（六）机构设置

美国高校图书馆的机构或部门设置比较注重功能和实用，灵活性比较强，不同图书馆的部门设置或多或少。一般来讲，美国大学图书馆在馆长之下设两个部门：公共服务部和技术服务部。在公共服务部之下，再设流通部、参考咨询部、特藏部等；在技术服务部之下，分采购部、编目部、期刊部、馆藏发展部。也有一些图书馆是分三个部门的，即除了公共服务部、技术服务部之外，再设一个行政部。在行政部下面设有人事部、会计组和事务组等。当然还有其他的分法。如美国芝加哥大学图书馆，只设置了三个部门，它们分别是：信息与公共服务部、技术部和教学服务部。

美国高校图书馆由于体制上比较单一，行政化不强，一般图书馆都是设一个馆长，下面配一个助理，或者再加一个办公室秘书或主任之类。就连美国比较知名的大学，像伊利诺伊大学香槟分校图书馆一个馆长，一个助理，一个办公室主任。芝加哥大学图书馆一个馆长，一个助理，一个办公室主任，再加一个秘书，比较简单。所以，图书馆日常事务一般都是馆长决定，行政命令执行起来效率高，工作运行起来也比较顺畅。图书馆内部工作职责比较明确，图书馆员都知道各自的岗位职责，知道没完成任务的结果什么。在美国高校图书馆馆可以对工作不好的员工直接辞退，有较大的约束力。因而在美国高校图书馆，它的运行机制、动力机制和约束机制都能够较好的发挥。

三、图书馆管理机制

"机制"原指机器的构造和运作原理，借指事物的内在工作方式，包括有关组成部分的相互关系以及各种变化的相互联系。一般讲，管理机制指的是有机体的构造、功能和相互关系，泛指一个工作系统的组织或部分之间相互作用的过程和方式。从管理学的角度看，管理机制主要表现为以下三大机制，即运行机制、动力机制和约束机制。

1. 运行机制是指组织基本功能的活动方式、系统功能和运行原理。

2. 动力机制是指管理系统动力的产生与运作的机理。主要由三个方面构成，即利益驱动、政令推动和社会心理推动。

3. 约束机制是指对管理系统行为进行限定与修正的功能与机理。约束机制主要包括以下四个方面的约束因素：权力约束、利益约束、责任约束、社会心理约束。

在图书馆的管理活动中，我们同样也需要有一个合理的管理机制来保证图书馆的运行正常合理。根据上述管理机制的三大机制，即运行机制、动力机制和约束机制。我们还可以把图书馆管理机制细分为：决策计划机制、组织协调机制和控制监督机制等三个方面。这三个方面形成一个有机整体，发挥各个方面的功能和潜能，并以此实现图书馆最终管理目标的实现。

第一，计划决策机制：决策计划在管理的基本功能中处于核心地位。决策计划的功能又贯穿于管理的全过程，管理的决策、计划、组织、协调和控制功能是围绕决策来开展活动的。所以说，决策计划是管理工作的关键，决策计划的成功与否、有效与否，都会直接影响管理的绩效。决策计划不仅要求决策者恰当地运用科学的方法和程序，而且在很大程度上与决策者的心理素质、行为取向和组织协调有关。图书馆的决策者一般指馆里管理的群体，当然也可以是管理的个体或组织。决策者可根据馆里的客观条件及自身条件选择建构适合本馆发展的决策机制。美国大学图书馆在部门设置上，一般都设有发展研究部，其工作内容就是为图书馆决策层提供图书馆发展计划和发展目标的制定提供参考依据。除了专门的发展研究部每年给图书馆决策层提供决策依据，图书馆还要求其他各部门都要对本部门第二年的工作进行计划研究，并提出报告。有了这样的计划和决策，图书馆从上到下就能步调一致，共谋发展。

第二，组织协调机制：组织协调在整个管理过程中主要起到确保对决策计划的实施和落实的作用。是图书馆管理中不可缺少的一个重要组成部分。组织协调首先要确保决策计划的政令能够顺利执行和实施，在此过程中需要运用各种手段和方法，推动决策计划一步一步得以完成，要调动一切积极因素，协调各个部门和个人工作和利益关系，同时也要从个人和社会的环境因素出发，组织好图书馆员工共同完成图书馆的目标规划。

第三，控制监督机制：控制、监督、检查、考核机制，是管理机制中的重要组成部分，同时也是不可缺少的机制之一。在图书馆的正常管理中，其管理者往往重视工作目标的决策计划和执行，往往忽视控制、视监督、检查、考核的作用。所以，就谈不上建构科学合理的控制、监督、检查、考核机制，致使决策目标得不到很好的实施，或半途而废，或使管理最终失败。此种机制的建构，各图书馆都有其自己的办法。美国大学图书馆对员工管理方面已经有了比较系统完善的管理监督机制。尤其是对图书馆馆员的评价和考核已经有了一套稳定、行之有效的办法。例如，美国匹兹堡大学图书馆制定的“专业馆员任命、评价、提升和上诉条例”就是比较有代表性的一例。

一般来讲，图书馆员的续聘、解聘和晋升是由一个经过选举产生的“同僚评审委员会”负责进行的。该委员会成员是从已经续聘的专业馆员中产生。该委员会的职责就是对聘期已满、申请晋级的人员进行全面评估。根据已经制定的标准，如学历、任期、能力、研究成果、履行职责等情况，提出续聘或者不续聘、晋升或者不晋升的初步意见和理由，并将这些内容提供给馆长参考。评估委员会所依据的材料，有被评估人的自评报告、个人档案、同事评语、主管上级的评语，甚至本校院系领导的评语。馆长根据这个委员会的报告，对被评估人做出聘任、续聘晋升的决定。

第四，竞争激励机制：竞争激励机制是管理者根据人们的需要，激发人们的动机，从而调动人们的积极性和创造性的方式或方法。图书馆的竞争激励方法有：岗位竞争、评优竞争、职称竞争、目标激励、人才激励、理想信念激励、奖惩激励等。图书馆建构合理的竞争激励机制，必须坚持领导公平无私、竞争激励和目标相统一、奖励与惩罚相结合的原则，否则起不到激励的作用。

四、图书馆管理手段

从管理学角度讲，作为基本的管理手段主要有以下四种：

（一）行政手段

行政手段是指依靠行政组织的权威，运用命令、指示等强制性的方式，对下属施加直接影响的管理手段，具有快速、灵活、有效的特点。行政手段的运用，有利于在组织内部实现统一目标、统一意志、统一行动，获得系统整体的功能，实现对全局活动的有效控制。由于美国高校的图书馆长是通过公开招聘选任的，一旦被任命为馆长后，其行政权力有绝对的权威，图书馆内的事物以及发展基本上由馆长说了算。对工作中出现的问题，馆长有权直接处理，馆长可以辞退不称职的员工，可以认命部门主任，可以审批图书馆内的任何一个项目，图书馆长享有绝对权威。

（二）经济手段

经济手段是一种通过调节各方面利益关系，如通过工资、奖金、罚款、福利等手段，刺激组织行为动力的管理手段。经济手段的运用，有利于处理物质利益关系、调动各方面积极性、主动性和创造性。

（三）法律手段

法律手段是一种运用法律规范和具有法律规范性质的各种行为规则进行管理的方法，具有强制性、规范性、概括性、稳定性和可预测性。法律手段的运用，有利于稳定管理秩序、规范管理活动，并使之制度化。

（四）思想工作手段

思想工作手段是一种旨在提高人的素质的管理方法，具有目的性、科学性、启发性、艺术性、长期性。

美国高校图书馆由于其体制原因，一般来讲很少会因为下面馆员的工作失误而对其进行经济处罚，或用法律手段，最多也是馆长找去谈话。如果谈话没有效果，馆长可以直接辞退不合适的员工。美国大学图书馆工作人员的职业道德很规范、很有责任心和事业心。笔者 2008 年 7 月曾经在美国伊利诺伊大学香槟分校图书馆待过一个月时间，期间了解到一些有关伊大图书馆的管理情况。

伊大主图书馆馆长 Kaufman 女士一人负责全面工作，下面有三个副馆长分管 IT、服务和馆藏。图书馆下设 9 个部门，部门主任负责协调工作。组织机构已经从传统的金字塔状权威型转向扁平的新型团队结构。Kaufman 女士已经在伊大图书馆馆长的位置上工作了 11 个年头，她自己总结的三块工作是：第一，满足读者需求；第二，保证图书馆的财务和政治上的前途；第三，资金筹集，向领导要钱。她在对图书馆进行大刀阔斧的改革时，也遇到非议和阻力，但她注重从图书馆的文化和价值方面领导图书馆，制定发展目标，借助丰富的馆藏和优秀的馆员，追踪最新动态和前沿，提供、开发新的服务，使得伊大图书馆始终处于美国高校馆的领先地位。以读者为中心的服务理念体现在她所倡导的服务模式中：图书馆直接与读者对话，积极采纳读者建议，25 年后，将纸本馆藏转移，腾出更多空间为读者阅览和学习提供更宽松的环境。

第二节　中国高校图书馆管理

一、图书馆管理理念

中国近代图书馆事业发展起步晚，新中国成立后图书馆事业发展也走过了曲折的道路，改革开放后虽然出现了快速发展，但是图书馆管理理念还没有形成完全统一的、规范的、前后一致的体系。可喜的是经过改革开放三十多年来的探索和实践，中国的图书馆管理理念正在逐渐形成，概括起来有以下几个方面：

（一）开放性和公共服务理念已经日益受到图书馆界的重视

在我国，过去由于受传统观念影响，受管理体制的局限，图书馆实行的是条块分隔管理，不同类型图书馆之间几乎没有往来关系，高校图书馆之间也很少有业务往来。改革开放后，受形势发展的需要和图书馆自身发展需要，图书馆之间开始有了往来。尤其是到了20世纪80—90年代，图书馆之间合作的呼声越来越高。随着现代网络技术在我国图书馆领域的广泛应用和不断普及，图书馆间的合作与交流日益密切，图书馆之间的联合编目、馆际互借、资源共建等理念开始进入图书馆日常工作之中。人们越来越感到，在信息爆炸互联网的时代，光靠一个图书馆的经费已经解决不了自身读者对象的阅读需求，必须走联合协作的道路，必须走共同开放资源的道路，只有资源的共建才能让读者获取更大的享受。这种观念不光在整个图书馆界得到认可，而且在国家的层面也得到认可。前不久，我从中国法治图书馆网获悉，国务院法制办正在网上发布：中华人民共和国公共图书馆法（征求意见稿）。其中第六条规定：高等学校图书馆、科研机构图书馆以及政府设立的其他类型图书馆向公众开放的，国家给予必要的经费支持[①]。这就表明，今后不仅市公共图书馆对全社会公众开放，就连高校图书馆也有义务对社会公众开放。

（二）平等、注重人权理念日益在图书馆界和图书馆实际工作中得到重视

在我国，过去受历史和传统文化影响，图书馆中的服务意识，平等意识，民主观念，人权观念并不十分被人们所重视。图书馆的管理员并不是把读者看作是自己的服务对象，而是觉得读者来图书馆是有求于自己，服务态度怠慢，更不用说对读者平等相待了。图书馆内部，馆长与员工也存在着不平等，合理化建议不一定就会被采纳，更不用说注重人权的问题了。以前，很少会考虑到残疾人阅读需求，很少有图书馆设

① 来源：国务院法制办网站，http://www.law-lib.com 2015-12-9 16:56:16。

有残疾人通道，或者提供残疾人阅读的地方。

随着改革开放地不断深入，尤其是互联网的快速发展，人们的观念也在发生变化。作为公共教育事业的图书馆服务意识逐渐增强，“读者第一，服务至上”的观念开始得到普遍认同。平等意识，人权观念也日益受到图书馆界的重视。尤其是在对待残疾人服务上，新建的图书馆大楼都建有残疾人通道，各地都建有图书馆还开辟残疾人阅览室。比如，杭州图书馆自 2003 年起，开始对所有读者免费开放，包括附近的农民工，并且只要有身份证的乞丐也可以入馆阅览。

（三）制度和法律理念正在被图书馆界广泛宣传

尽管，新中国成立 60 多年来，我国国务院及图书馆事业的各主管部门先后发布和颁行了 40 多个法规、政策性文件、部门规章，逐步建立起图书馆事业管理的机制。然而，因为这些制度是条块分割、多头管理的产物，而具最高法律效力的《图书馆法》的制定迟迟未有结果，令这些制度缺乏核心指导显得混乱，以致效力不彰，影响和制约着整个图书馆事业的进一步发展。其主要表现有以下三个方面：第一，由于没有国家法律的认可，图书馆事业的社会地位不明显，滞后于社会发展。各级政府与部门对图书馆事业不重视、少关心、经费保证不到位，导致图书馆现代化程度较低，服务水平不高，难以满足社会发展日益增长的信息需求，进而使我国图书馆事业不发达，滞后于整个社会的经济、文化发展。第二，由于没有国家法律的确认，图书馆事业管理体制落后，制约事业发展步伐。长期以来，我国图书馆事业呈条块分割状态，没有形成统一的管理体制。在各个图书馆系统中主管部门说了算，在一个馆内，领导说了算。现有工作中的政策、条例、规章和标准难以很好贯彻和执行。这些问题在以手工操作管理为主的时代，或许并不突出，而一旦图书馆走上现代化之路，资源共享、网络组建、人才配置等问题应运而生之时，矛盾尤为突出。许多工作在体制的局限下无法开展，或开展后无法取得如期效益，导致资源共享不力，网络化水平低下，造成有限资源的内耗与浪费，进而制约图书馆事业现代化的发展步伐。第三，由于没有国家法律的支持，图书馆事业对未来挑战的应战能力不强。社会的信息化及信息的社会化进程的不断深入，图书馆从实体形态上、工作方式上都正在发生着深刻的变化，电子型、数字型信息的采集、存储、整理、传播对传统的图书馆工作是一项全新的挑战。同时，从整个社会发展来看，人们对信息的认识和要求也在发生着质的变化，一系列的新的问题浮出水面，如信息自由与信息保护、信息民主与信息专制、信息平等与信息歧视、信息富裕与信息贫穷、信息共享与信息垄断、信息爆炸与信息污染、信息网络与信息保障及终身学习与信息无能，等等。

正因为如此，中国图书馆发展是不稳定、不延续。高校图书馆也是如此，尤其是管理和经费问题成为困扰图书馆发展的重要因素，大部分高校图书馆存在管理不到位，购书经费远远达不到教育部相关规定。所幸的是，经过多年的呼吁，现在我们国家已经开始着手制定一部适合我国国情的图书馆法。

（四）竞争和效益的理念逐渐受到重视

计划经济时代，作为公共服务的图书馆行业无所谓竞争和效益，只要把读者接待好了，就算是工作做好了。而到了市场经济时代，情况就不同了，尤其在高等教育大发展的今天，高校之间也出现了竞争，从生源的竞争到资源的竞争，竞争给事业带来了活力。各个高校图书馆之间首先是从藏书量上进行竞争，看看谁的馆藏量达到评估指标；再看看谁的馆藏有特色，做到人无我有，人有我强。图书馆内部也出现了竞争，如创先争优活动、职称评审与竞聘工作，等等。此外，高校图书馆也开始注重自身的效益问题，如在学校内部的师生评价效益，校外服务的社会评价和社会效益。这些重视竞争和效益的理念正在不断地深入到图书馆日常工作之中。

（五）协作联合、资源共享理念开始被普遍认同

过去，由于我们国家图书馆之间是条块分隔，高校图书馆与公共图书馆缺乏联系沟通，高校图书馆之间也一样，各自管各自的图书馆建设，相对是比较封闭型管理和运作。但是到了知识经济时代，由于文献资源不断大量地涌现，任何一个图书馆都无法将所有的文献资源收集到自己的馆藏中，也没有足够的经费收藏更多的文献资源，于是出现了图书馆之间的协作和联合，通过这种协作和联合的方式达到资源共享。尤其是在互联网发展的今天，联合协作、资源共享成为一种趋势，我们国家在中央各部委、地方政府和一些重点大学图书馆牵头下，许多地区纷纷建立区域图书馆联盟，涌现出了一批运作较为成功的联盟模型。当前我国主要有全国性的专业图书馆联盟、全国性的综合图书馆联盟、地区性的专业图书馆联盟和行业性图书馆联盟等。从覆盖范围上看，全国性图书馆联盟最具代表性的有三个：一是中国高等教育文献保障系统（China Academic Library & Information System，简称 CALIS）；二是国家科技图书文献中心（National Science and Technology library，简称 NSTL）；三是中国数字图书馆联盟（China Academic Digital Library Alliance，简称 CADLA）。这是一个良好的发展势头。

二、图书馆管理体制

长期以来，我国高校图书馆的管理体制基本上是封闭的、平衡的结构。在“政府—学校—财政部门—政府主管部门”这一链条中间缺少市场要素参与，缺乏可调节性和灵活性，图书馆因沿袭着行政部门的传统，造成图书馆管理上的条块分割。除此之外，在高校图书馆内部管理体制上也存在一些值得探讨的问题。

(一)图书馆法制建设

我们国家图书馆的法治建设一直落后于包括美国在内的西方发达国家。尽管，台湾地区在 2001 年 1 月 17 日颁布了《台湾图书馆法》，但是，大陆至今还没有出台过一部有关图书馆的法律。当然，大陆自宣布中华人民共和国成立后 60 多年来，国家国务院及图书馆事业的各主管部门先后发布和实行了 40 多个法规、政策性文件。其中大学有《普通高校图书馆管理规程》，此规程曾于 1987 年 7 月 25 日发布过。2003 年又进行了一次修订并发布。公共图书馆也有相关的法规，如国家住房和城乡建设部、国土资源部、文化部于 2008 年 4 月颁布的《公共图书馆建设用地标准》，以及住房和城乡建设部、国家发展和改革委员会、文化部于 2008 年 8 月颁布的《公共图书馆建设标准》。此外，文化部还于 2009 年制定了新版的《公共图书馆评估标准》。2012 年 1 月国家质量监督检验检疫总局、国家标准化管理委员会近日批准发布《公共图书馆服务规范》(国家标准编号为 GB/T28220–2011)。该标准将于今年 5 月 1 日起正式实施。《公共图书馆服务规范》由文化部提出，全国图书馆标准化技术委员会归口，上海图书馆作为牵头起草单位，联合浙江图书馆、长春市图书馆共同起草完成。该标准规定了图书馆服务资源、服务效能、服务宣传、服务监督与反馈等内容，适用于县（市）级以上公共图书馆，街道、乡镇级公共图书馆以及社区、乡村和社会力量办的各类公共图书馆基层服务点可参照执行。

尽管如此，但是这些法规或政策一般讲还是一种条块分隔的管理模式，对整个图书馆事业的发展起不了真正的、具有约束力的作用，不能协调或促进整个图书馆事业的发展。好在现在人们越来越重视图书馆法的重要性，对图书馆立法的呼声日益高涨，自 2011 年十一届全国人大常委会立法规划中，将图书馆法列为“研究起草、条件成熟时安排审议”的项目以来，目前《中华人民共和国公共图书馆法》(法律草案)，已经到了国务院审查和征求意见的阶段，该法有望在稍晚时候正式出台。

(二)图书馆馆长任命

随着中国民主开放程度的扩大和法制建设的加强，在干部聘用上也推行公开竞聘竞争上岗。这些年来大学图书馆馆长人选也是通过干部竞聘、组织考核、校长任命几个环节。然而，在图书馆馆长的聘用过程中，一般看重的是组织考核后对应聘人员的领导能力和处世为人情况以及个人的学术地位、资历和名望，而对于图书馆专业背景和图书馆工作经历不怎么重视。还有一点值得一提的是，中国高校图书馆馆长人选比较喜欢选用学校里其他专业的教授，并不喜欢用图书馆内具有正高职称的图书馆管理人员。这点跟亚洲一些国家比较相同，比如日本、新加坡等。这种观念的背后就是忽视图书馆管理也是一门专业，不重视图书馆学的表现。至于图书馆馆长的任期，一般来讲一到两期，每期三到四年不等。有的图书馆每隔三年就换一个图书馆馆长。例如，中国的大学图书馆馆长任命是学校统一任命，任期一般三年一届。还有的现象是，目前高校提倡干部轮岗制，把图书馆岗位也当作一般的行政岗位进行轮岗。比如，浙江某工商高校一位副馆长，在图书馆已经干了近三十年，在副馆长的职位上也干了十多年，后来却轮岗到了学校设备处任处长。浙江某农林高校的一名馆长，到图书馆才干了一届刚有了感觉和思路，原本自己还想继续待在图书馆好好干下去，但是在学校新一轮干部调整时，却又被学校派到二级学院当院长去了。图书馆馆长的这种随意调整在高校比比皆是。图书馆馆长人选的频繁轮换对高校图书馆发展是极为不利的，严重影响了高校图书馆稳定发展和可持续发展。

（三）图书馆工作人员聘任

计划经济时代，高校图书馆工作人员除了极个别是图书馆学专业人员，绝大多数都是随调的家属或单位安插人员，这跟当时把图书馆看作为一个服务机构有关系。改革开放后，随着高等教育的发展，人们开始重视图书馆的队伍建设，逐步开始提高的高校图书馆进入队伍的素质，从本校或其他学校招聘相关专业的大学毕业生，来充实图书馆这支服务队伍。但是，由于图书馆工作相对单一，任务不重，尤其是借阅窗口部门，因此图书馆还是被认为是可以安排一些随调人员的地方。就目前情况看，中国高校图书馆工作人员至少有三分之一是随调家属或者是照顾对象，馆长没有选调进人的权利。难得学校会从图书馆专业毕业生中挑选一些人充实图书馆队伍，有时进人还是迫于一些关系调进个别应届大学毕业生到图书馆。在图书馆进人问题上很少考虑到图书馆建设和发展需要，总是把图书馆放在一个边缘化的部门。

中国大学图书馆进人制度，没有统一的模式，很少见到根据岗位需要向社会公开招聘。尽管这几年一些“211”和“985”大学已经改变了这种做法，在图书馆新进人员的问题上，基本上尊重图书馆的选择，实行公开招聘。目前，本科院校对图书馆新聘人员的学历要求是研究生学历。但是，其他一些大学很多情况下还是根据学校需求，将一些无法从事教学的人员，甚至是照顾性安排到学校的人员转交图书馆，因此，无法对进入人员提出专业和相关知识背景的要求。这种进人的方式严重影响了图书馆服务工作的质量，也影响图书馆服务工作的提升。

（四）经费来源

我国图书馆经费来源比较单一，基本依靠国家财政拨款，各种组织、机构或个人向图书馆提供的捐赠以及图书馆自身的创收在图书馆经费总额中所占比重甚少。图书馆经费在国民收入和财政支出中的比重远远低于国外发达国家和一部分发展中国家。新中国成立以来，尽管国家财政和社会各方面对图书馆事业的投入大幅度增加，但由于受文化传统、政治因素、经济条件和科学技术发展水平的影响，我国图书馆经费的增长仍然滞后于经济增长，图书馆经费总量相对偏少、结构不尽合理，制约了图书馆事业的健康、持续、快速发展。

高校图书馆也同样，图书馆经费基本都来自于学校的整体经费内拨款。由于经费来源渠道少，主要是来自政府拨款，所以我国的大学图书馆馆长长期以来养成一种等、靠、要的工作习惯，图书馆根据学校拨款多少来决定书刊的采购数量。拨款经费多就多干活，拨款经费少就少干活，无法考虑图书馆发展目标。学校在经费管理制度中，存在不合理之处。其一，图书馆有偿服务收入所得上交学校后返回的材料费比例太小。图书馆有偿服务的主要业务项目是文献查新、复印、磁带转录以及其他方面的创收等。但是这些服务需要大量的纸张、碳粉等消耗用品，还需要现代化设备。因此成本比较大，而学校每年返回材料费比例不多，远不能填补支出费用，更不用讲添置设备。其二，收费标准低。一般高校图书馆馆的收费都是按照上级部门或者学校相关部门规定收费标准。这几年，随着纸张、消耗器材价格上涨，成本上升，而收费标准未变，图书馆入不敷出，使本来短缺的图书经费雪上加霜。

高校图书馆经费管理体制不健全，基本上是与图书馆行政管理融为一体。宏观上讲，图书馆经费的来源受制于国家政策对高等教育投入的认识和重视程度；微观上讲，高校图书馆经费的分配和使用由主管领导一人说了算，这种缺乏有效的审议、监督、约束机制从某方面讲也制约了高校图书馆发展。

（五）图书馆人员队伍构成

美国大学图书馆的人员构成一般分三类：图书馆专业人员（图书馆员 Librarian）、图书馆工作人员（Staff）、学生工（Student）。除了对图书馆专业人员有学历和专业要求外，对其他人员一般没有特别要求。我国高校图书馆人员构成一般也分为三类：图书馆员（在编人员）、临时工（非在编人员）、学生工。需要说明一点的是，我们国内对图书馆人员没有专业的要求，从目前的情况看国内许多高校的图书馆人员有三分之一的人员是随调家属，他们来自各行各业。

而在我们国家由于种种原因并没有像国外那样对图书馆工作人员的学历要求如此之高。受近年来各高校人事准入门槛提高（至少为硕士以上学历）的影响，图书馆队伍学历结构变化也比较明显。随着图书馆个性化服务与学科服务向纵深方向的发展与延伸，高学历的专业队伍建设将成为发展的必然趋势。目前，高校图书馆工作人员主要包括三大部分：正式在编人员、合同工（包括校聘和馆聘合同制工作人员）和学生工。随着国家对人事聘任制度的改革，合同工数量在图书馆中呈现逐年下降的趋势，而学生工在图书馆管理中发挥着越来越重要的作用。聘用学生工对于图书馆来讲有几方面的益处：第一，可以有效节约成本。勤工俭学的学生工资以小时计算，同时，学校相关部门还会给予一定的资金补贴。与合同制临时工相比，图书馆用人费用支出一项就可以降低很多；第二，多数聘用的临时工多为低学历甚至没有学历，综合素质偏低，大学生素质明显高于一般临时工，有利于提升图书馆服务水平与形象；第三，学生工参与图书馆管理，为学生尽早步入社会、参与社会实践提供了合适的机会。因此，让更多的学生参与到图书馆管理与服务中来，是图书馆服务学校，配合学校做好学生思想与实践教育的一项重要工作。

（六）机构设置

与美国大学图书馆不同的是，中国高校图书馆的部门设置普遍套用机关相应的行政级别。一般高校图书馆的业务部门都核定为科级。所以图书馆部门管理者设置不仅要考虑业务能力，还要受干部人事级别安排的牵制。如上海交通大学图书馆设置了办公室、读者服务部、采编部、系统发展室、技术加工室等 5 个部门。而清华大学、北京大学、复旦大学、浙江大学、南京大学和中国人民大学图书馆的部门设置都在 10 个以上。如清华大学图书馆有办公室、资源建设部、编目部、流通阅览部、信息参考部、系统部、数字化部、特藏部、总务部、技术服务部、科技史暨古文献研究所等 11 个部门。这 11 个部门的设置中有些工作内容交叉部门，在设置过程中不能不说没有考虑一些因人设岗的因素。不过，这种问题在国内其他高校图书馆中也普遍存在。

此外，由于我国新建大学图书馆基本上以学校地标式的高大上形象出现在大学校园内，一个校区内很少有分馆出现，因此文献资源比较集中，管理人员相对集中，图书馆的部门多自然而然形成。但是这样一来，学校图书馆与下面各二级学院资料室又出现了工作上的重合，由于传统的管理观念影响，以往各系资料室与图书馆之间互不往来，更谈不上文献信息资源的统一调配。这实际上是一种资源重复建设和资金浪费现象，幸好这种情况现在开始有了改变。据了解，目前各大学真正将资料室统一兼并改组，实现总馆辖制分馆，由总馆集中调度全校文献和文献管理人员。目前，北京大学正在实施图书馆多馆系统管理，从 2002 年 9 月到 2005 年 9 月已经有 20 个院系资料室成为分馆。

三、图书馆管理机制

（一）计划决策机制

在国内，我们的大学图书馆由于管理体制上存在着不完善的地方，因此在计划决策机制上也存在着这样那样的问题。计划经济时代，高校图书馆的发展基本上就是跟着学校发展按部就班地进行，与外界和同类高校图书馆几乎很少接触。改革开放后，高校图书馆开始逐步地走向社会，开始与公共图书馆和高校图书馆之间有了联系和合作关系。同时在内部管理上也开始有了新的发展和变化，开始对图书馆未来发展进行谋划和规划。这种谋划和规划尤其突出的地方就是编制联合目录，开展馆际之间的交流互动。

特别是近些年来，随着高等院校越来越重视编制规划工作，高校图书馆也开始规范起来，也要求拿出合理的五年规划和每年的年度计划。在这种情况下，有条件的高校图书馆，尤其是“211”或“985”的高校图书馆就在图书馆内专门设置一个部门——图书馆研究发展部，专门来做此项工作。浙江大学图书馆于2008年在图书馆设立了单独的研究发展中心。这样一来，图书馆的计划决策工作就正常进行，时间长了图书馆这方面的机制也就慢慢建立起来了。

（二）组织协调机制

在图书馆的整个管理过程中，组织协调工作的主要任务就是要确保对决策计划的实施和落实。目前，此项工作在国内绝大多数的高校图书馆基本上是由馆长来完成，馆长的领导意识强，组织协调能力强，他就会努力调动全馆的力量，去贯彻落实已经做出的计划和决策。或者促成办公室来完成组织协调工作。如果馆长的组织协调能力弱，责任心也不强，对图书馆的计划只是纸上谈兵，那么这些计划和决策就会落空。因此，图书馆组织协调机制的建立，不能说靠一个馆长就能解决问题，而是需要有一个团队，需要有一套制度来完成。

（三）监督控制机制

监督控制机制就是需要一套完整的图书馆控制、监督、检查、考核制度，并且有执行和完成该制度的部门和责任人。监督控制机制是图书馆管理机制中的重要组成部分，同时也是不可缺少的机制之一。在我国高校图书馆的日常管理中，尽管各个高校图书馆也制定了各种规章制度，对员工的考核每年也进行一次。但是这种考核有时候往往流于形式，没有实际的意义。对考核较差的员工馆长最多也是提出批评教育，要求其进行整改，馆长无权对员工进行解聘。如果涉及批评对象的员工是某个领导，或者是引进人才的家属，馆长更要动脑筋做许多协调性工作，或者做其他人部门负责人工作进行安抚，或者将其调换到图书馆其他岗位，以此来解决这些问题。但是这种处理方式根本不会触动根本性问题，这样的考核也是十分无力的。相对而言，美国图书馆管理体制就赋予图书馆馆长有解聘员工的权利，一旦发现某图书馆员工工作考核情况差，经批评教育不改正的，图书馆馆长可以直接对其解聘，而且政令畅通，没有人会来说好话。

近些年来，随着我们国家高等教育从规模发展转向规范发展，各个高校都开始重视从制度上、机制上抓学校管理，开始制定适合本校发展的大学章程，这种趋势必将改变以往的管理模式，高校图书馆也将随着学校的规范建设也来越规范管理，管理监督机制也会逐步建立起来。

（四）竞争激励机制

前面已经提到，竞争激励机制是管理者根据人们的需要，激发人们的动机，从而调动人们的积极性和创造性的方式或方法。图书馆的竞争激励方法有：岗位竞争、评优竞争、职称竞争、目标激励、人才激励、理想信念激励、奖惩激励等。

从目前看，我们国家各个高校图书馆的竞争激励措施也有不少，比如高校图书馆每次馆长竞聘上岗后，都会在图书馆开展全馆员工的岗位竞聘工作。竞聘方式有自愿填报自己喜欢的岗位，然后由图书馆各部门负责人进行确认是否接受，最后馆务会议通过确定，实行的是双向选择办法。评优方面，图书馆根据学校安排每年都会开展“三育人”评优活动，并对评出来的三育人个人先进进行奖励；对职称也每年进行一次职称评审工作，在此过程中就会有竞争。上述这些方面的竞争激励对图书馆的发展是有力的。除此之外，对表现不好的人尽管做不到辞退，也会劝其换岗或者调离原岗位。总之，图书馆的这些措施和办法只是根据学校工作的布置开展的，还没有形成一种完善的制度和机制，要形成一种机制和完善的制度还需要我们继续努力。

四、图书馆管理手段

我们国家的管理体制与美国的管理体制不同，大学图书馆馆长在实施图书馆管理过程中其管理手段也有别于美国大学图书馆。在行政手段上，对于不称职的员工馆长可以提出批评教育，但是没有辞退员工权利，对各个部门主任的任命也是通过竞聘上岗。在执行图书馆规划和计划的过程中，馆长可以督促下面工作，但是没有较大的行政权力进行强制化执行，尤其在招聘和进人问题上，大多数高校图书馆没有自己的选择，而是由学校人事部门直接安排人员到图书馆。大学图书馆馆长唯一可以做的是社会沟通即思想政治工作。馆长可以直接把某些工作上存在问题的员工找来谈话教育，通过教育让员工认识到问题的严重和危害，从而迫使员工进行整改。对于员工的处罚，一般都是将问题提交学校，有学校职能部门进行处罚。

第三节　中美高校图书馆管理比较

由于体制方面和理念方面存在着不同，中美高校图书馆管理层面有较多的不同之处，在此我们有选择性的找几个主要方面的不同点进行比较。

一、法律保障比较

自新中国成立以来，大陆尚未颁布过一部专门的图书馆法。一直到了 2015 年 12 月文化部起草了《中华人民共和国公共图书馆法》，报送国务院审议。国务院法制办公室经广泛征求中央单位、地方政府、公共图书馆和专家学者的意见及地方调研，会同文化部对送审稿进行了认真研究修改，形成了《中华人民共和国公共图书馆法（征求意见稿）》，但是至今仍然还没有经过人大通过审议颁发。中国的图书馆由于缺乏法律的保障，生存相对艰难。高校图书馆经费经本从学校事业费开支，在经费紧张时期，高校的图书经费仅仅只能满足购置专业图书和期刊，不能完全保证师生多种阅读需求，有时连专业书都难以保证。大部分高校图书馆的购书经费达不到规定的比例，难以保证图书年购置经费占学校事业费的 5%。公共图书馆也一样，相当多的县级公共图书馆没有稳定的经费来源。

而美国早在 1925 年就制定了《图书馆法》，法律规定各级政府都要建立图书馆并为图书馆征税，图书馆的行政管理人员由行政长官指派的图书馆委员会任命，负责图书馆的经费控制、行政管理和财产管理等工作。这种立法保障了图书馆生存的合法性和连续性。美国的高校图书馆是根据州或市的法令建立的，由管理学校的董事会或管理委员会作为管理机构。学校图书馆委员会对高校图书馆工作的规划、政策、服务进行沟通和咨询。图书馆委员会任命的图书馆行政管理人员负责图书馆的经费使用、行政管理、财产管理等工作。馆内设图书馆咨询委员会作为馆长的咨询机构，审核图书馆所有的政策、计划和活动。

美国图书馆管理机制非常灵活，由于有一整套健全而又完善的法律规范，保证图书馆工作全面正常运作。1956 年艾森豪威尔总统亲自签署了国家级普通图书馆法《图书馆服务法案》，60 年代出台了《图书馆服务和建设法案》等一系列图书馆法规；1970 年尼克松总统批准建立图书馆与情报科学全国委员会；1997 年美国政府颁布了《图书馆服务与技术法案》，主要目的是：促进图书馆之间以及与教育性机构之间的网络化建设；对享受不到图书馆服务的人，特别是对贫困家庭中 7 岁以下的少儿提供图书馆和信息服务。各州立法机构制定的普通图书馆法是大多数公共图书馆、学校图书馆和州立图书馆的法律基础。法律体系完美，法规制度健全，图书馆活动完全置于法律的保护之下，因此，美国高校图书馆一直在稳步发展。而且法律保证了图书馆应有的地位。在美国，人们把图书馆看成高校的重要标志，被誉为“大学的心脏”，去参观美国的大学，图书馆是必到之处，他们认为办好图书馆就等于办好了大学的一半。

二、机构设置比较

根据传统的图书馆学理论，图书馆的主要功能有三个：即资料的搜集、资料的组织和资料的传播利用。无论是在中国或是在美国，为了实现这三种功能，所有的大学都要设立相应的部门：采访部实现资料的搜集功能，编目部实现资料的组织功能，而资料的传播功能一般由多个服务部门共同实现。这些服务部门的名称因馆而异，但一般都设有参考部、流通部，许多大型图书馆还设有分馆和特藏部等。但中美高校图书馆在部门设置上，尤其在读者服务部门设置上的做法有明显的差异，中国高校图书馆设置的部门数量一般多于美国。例如，中国重点高校图书馆下设部门一般有：办公室、采访部、编目部、典藏部、技术部、外借部、阅览部、参考部、特藏部、文科中心、视听资料部等。而规模相当的美国高校图书馆一般只设有办公室、技术服务部（含采访编目）、流通部、参考部、信息系统部（负责计算机应用系统）、藏书发展部。还有些美国图书馆不设上述部门，而直接由不同专业的图书馆员承担不同学科书刊的采、编、参考咨询一条龙服务工作。

中国高校图书馆部门设置多的主要原因是对图书馆功能划分过细。这些细分有些是合理的，如采访，编目的划分；有些是不合理但可以改善的，如借、阅、参分离。中国很多高校图书馆的外借、阅览、参考部门是分开设立的，借、阅、参往往又加以细分，如武汉大学图书馆阅览部下又按读者类型、学科、文种划分成 17 个阅览室。这样层层划分的结果既容易造成读者的不便，又容易造成人财物的浪费。相比之下，美国高校图书馆多采用“统仓管理方式”，整个图书馆只有一个进出口，除特藏文献和现刊外，其他文献不单设阅览室。文献资料尽量集中，按一个索书号系统排列。读者可以在整个图书馆内随意浏览和自由取书。

三、人事管理比较

管理的核心是人的管理。图书馆的人事管理包括干部的选拔和工作人员的配备管理。就干部的选拔而言，美国和中国具有很大差异。中国图书馆干部的决定主要采用任命制和聘任制，选拔的对象主要局限于图书馆内部。而美国高校图书馆的干部选拔主要采用公开招聘和直接任命两种方式。总馆馆长一般要通过全国公开招聘的方式产生。相比之下，中国高校图书馆的干部选拔一方面挑选范围太窄，另一方面干部的整体素质远低于美国。

美国高校图书馆对专业馆员的任职条件要求较高，图书馆员必须有美国图书馆学会承认的图书馆学或信息学硕士以上学位，如果要终生受聘还需要有第二硕士学位，在最初受聘的五年内必须参加有关的培训和学术会议，或工作有突出贡献，或在专业杂志上发表学术论文，方可长期聘用，若在五年之内得不到长期聘任就会被辞退或要自动辞职。其次是知识技能素养要求，图书馆员必须是学科专家、信息专家、知识管理专家、数据库生产者、信息资源的组织者、信息传播利用的导航者，能独立解决图书馆理论研究与实践中的重大问题，等等。美国高校图书馆对图书馆员的评价和奖罚已经形成了一套稳定的行之有效的做法。简单地说，图书馆员的续聘、解聘和晋升是由一个经选举产生的“同僚评审委员会”负责进行的。该委员会的成员从已续聘的专业馆员中产生，不得连任。该委员会的职责是对聘任期已到、申请晋级的人员进行全面评估，根据已制定的标准，如学历、任期、能力、研究成果、履行职责情况等，提出续聘与不续聘，晋升或不晋升的初步意见，供馆长参考，决定由馆长做出，他可以接受或不接受委员会的结论。如果被评价人不服馆长不聘或不晋升的决定，可以在规定期内上诉，馆长必须在规定期内说明拒聘或不晋升的理由，或将上诉直接交主管校长，校方召集一个由大学教授委员会成员组成的听证会，听取该人上诉，由主管校长做出最后决定。这在某种程度上体现了美国高校图书馆专业技术职务评定与竞聘的公开、公平性。

在中国，高校图书馆虽在工作人员的考核、晋升、聘任方面进行了一系列改革，但仍有几个问题没有得到根本解决：考核的指标和办法缺乏可操作性；馆员可以上诉，但做出仲裁的人仍然是原来的行政主管而不是另外的机构，难以保证仲裁的公正性；由于各种复杂的原因，应该解雇的人不能解雇，应核晋升的人不能晋升。

四、经费保障比较

美国高校图书馆经费主要来源一般为三种渠道，即政府拨款、社会基金、企业捐款和个人捐款。据 2004 年数据统计，美国大学图书馆共计 3653 多所。无论是公立的还是私立的大学图书馆其经费都主要靠大学财政拨付，而且拨给图书馆的经费与校内其他教学部门相比相对较少，每年用于公立大学图书馆还是私立大学图书馆的经费在学校事业经费中也不多。但是，在美国有不少慈善机构，他们的大量捐赠是大学资金的重要来源。

美国大学图书馆有时会收到一次性的大笔捐款，用作成立捐赠基金。由于美国大学图书馆是非盈利组织，可以向政府机构、公司、基金会、民间组织、慈善机构和个人筹措基金，而且大部分图书馆都设有筹措资金委员会。他们会通过多渠道、多种形式从社会上募集到一些基金会提供的基金。大学图书馆可以向社会公众免费提供馆藏资源借阅、互联网查询和专题讲座等公益性服务，使公众不需要自掏一美分即可获取这些服务，从而使图书馆成为帮助失业人群再就业的有效辅助工具。例如，伊立诺伊大学图书馆有如下社会服务：企业、政府情报参考咨询，中小学学生阅读服务，中小学教师科研服务，大众文化信息传播服务，大众健康信息传播服务。又如，华盛顿州立大学图书馆利用各种活动，为一至十二年级的学生提供课外学习活动。同时，一些社会服务还能有所收益，如西肯塔基大学图书馆举办的"南肯塔基图书节"活动通过旧书出售、图书节分成、作家联谊会募捐等方式筹集资金，为图书馆赢得了良好的经济和社会效益。

美国大学图书馆除了争取政府拨款、社会和个人捐款外，还积极通过馆际之间的合作，共同开发和利用现有的资源，也就是文献资源的共建共享，以此来解决经费上的不足。在美国，许多研究型大学都已经或正在将本校特藏资源数字化，这为全面保存、揭示和利用特色资源提供了重要途径。许多特藏数字化项目都是由图书馆联合开发的，因为联合开发既能减少不必要的重复劳动又能节约资金。加州大学数字图书馆利用美国博物馆和图书馆服务协会（Institute of Museum and Library Services，简称IMLS）基金建立了"加州历史数字资源"项目，其参与机构多达 65 个。联合型数字资源具有广泛的来源，其丰富的内容是任何单个图书馆或机构的典藏所不能比拟的。美国国会图书馆的"美国记忆"数字图书馆项目就很好地印证了这一切，"美国记忆"拥有 100 多个主题，所有的主题资源库现在都已经上网免费向全球开放。

对所有大学图书馆来讲，文献资源购置资金紧缺是共同面临的最大问题，因此共享与合作已成为大学图书馆发展的必然趋势。机构知识库联盟的发展给图书馆带来了难得的发展机会。机构知识库是收集、存放由某个或多个学术机构（如大学、研究所、图书馆、博物馆等）专家、教授、学生创造的、可供机构内外用户共享的学术文献的数据库。目前在美国有 30 余家类似的机构知识库，伊立诺伊州（以下简称伊州）的 HathiTrust 机构知识库联盟就是美国伊州大学图书馆联盟与信息共享的一个成功实践。HathiTrust 机构知识库联盟（http：//www.hathitrust.org/）是一个由 12 家伊州大学图书馆和 11 家加州大学图书馆组成的联盟。这些图书馆的数字资源存储在 HathiTrust 一个独立的存储库中，其资源开放给全世界的科研机构共享、保存和交流。

美国的大学图书馆十分注重通过提高科学管理水平解决学术资源的涨价问题。美国明尼苏达信息资源共享网（Minitex Library Information Network，简称 Minitex）利用所有加入共享网图书馆的资源，通过文献传递服务达到提高文献资源的使用率、避免重复购买、节省有限资金的目的。美国俄亥俄大学联合全州大学建立了 OhioLINK（The Ohio Library and Information Network，俄亥俄州图书馆与信息网络）系统，该系统以全州 70 多所大学联合目录为基础，建立采购、流通、检索集成系统，以实现全州大学图书馆的网上查询、资源共享和馆际互借，从而大大提高了工作效率和经济效益。

中国高校图书馆文献建设经费来源主要靠政府拨款，几乎很少有个人捐款或基金会赞助。在政府拨款的过程中，图书馆经费的多少完全由学校说了算，政府拨给学校钱多了，图书馆就可以多获得一些。有时候，学校为了某项建设首先想到的是减掉图书馆文献资源购置经费，似乎文献资源建设经费可多可少。高校图书馆经费不足是一个比较普遍的现象，只有遇到评估的情况下，图书经费才有点保障，学校会适当增加文献资源购置费。

在文献资源共建共享方面，中国高校图书馆之间的合作也是时好时坏，没有一个良好的机制和措施。当政府介入了，开始投资了，合作就会顺利进行；当政府没有投入了，合作建设也就停了下来。高校之间的联合与共建很少有成功的例子。就拿我们下沙高教园区内，各高校的数字化建设项目来讲就是一个比较典型例子。政府有拨款了，下沙七个高校则一起建设特色资源库，一旦政府没有钱投入了，合作共建也就被搁置下来。

第四章　中美高校图书馆比较：服务篇

第一节　美国高校图书馆服务

一、"图书馆服务"理念

正如图书馆的发展一样，"图书馆服务"理念也是随着社会的进步和发展而变化的。古代图书馆以收藏作为图书馆的主要功能，图书馆除了对少数达官显贵开放借阅，基本上不对外开放，平民百姓几乎没有看书的权力。到了近代，随着社会的进步和社会发展的需求，公民教育和文化知识普及被提到议事日程上来，在政府的支持和帮助下，公共图书馆发展迅速。图书馆成了公民教育和文化知识普及的场所，任何公民有权进入图书馆借阅图书和进行学习，公共图书馆精神和读者服务理念开始被接受。西方社会在这方面是走在前列的，直到今天他们的图书馆还是倡导这种精神和服务理念。

在西方，图书馆读者服务可以上溯到公元前 6 世纪至公元前 5 世纪。在雅典出土的古希腊一个图书馆的墙壁上，曾发现刻有"不得将藏书携出馆外"的阅览规则。直到 17 世纪上半叶，西方图书馆读者服务都处于封闭的状态，只为少数人和特殊阶层服务。17 世纪中叶，德国图书馆学家 G. W·莱布尼茨提出："图书馆头等重要的义务是想方设法让读者利用馆藏，配备完整的目录，延长开放时间，不要对出借图书规定太多的限制。"莱布尼茨的思想对后来西方图书馆读者服务观念的转变与发展产生了深远的影响，可以看作是现代图书馆"读者第一"服务理念的萌芽。

1931 年，被称为"印度图书馆学之父"的阮冈纳赞出版了著名论著《图书馆学五定律》，他提出：第一，"书是为了利用的"；第二，"书是为一切人而存在的"；第三，"给读者所有的书"；第四，"节省读者的时间"；第五，"图书馆是生长着的有机体"。阮冈纳赞的《图书馆学五定律》体现了"以人为本"、"读者至上"的思想，因此，自出版以来一直在图书馆学界有着广泛的影响，享有盛誉。

二、美国“图书馆服务”理念的内涵

美国是一个移民国家，从它建立国家的第一天起就以西方欧洲社会的方式来建设自己的国家，自由、民主、平等是美国人的追求和理想。

美国是世界图书馆事业最发达的国家，在美国图书馆服务的发展进程中涌现出了众多杰出的图书馆学家，世界最先进的图书馆服务理念源自美国图书馆学家在20世纪开辟的争取图书馆公共权利与社会民主的理性道路。他们卓越的思想为世界图书馆知识利用的自由与平等环境打下了基础，奠定了美国“图书馆服务”精神内涵。

（一）图书馆服务的传播精神

美国图书馆学家、信息学家兰开斯特，将图书馆服务的首要精神归结于图书馆最广泛的信息传播职能。兰开斯特早在1982年便提出了由电子介质信息替代纸质介质信息的图书馆未来信息的传播前景。就目前世界图书馆服务现状来看，兰开斯特的预测是非常精准的。20世纪60年代，兰开斯特便注重引进与发展信息技术，他坚持图书馆的服务价值即是基于情报学的信息资源利用与开发。1978年，兰开斯特写出了荣获拉尔夫·肖奖的《图书馆服务的测量与评价》，该书指出图书馆服务的一切目标都指向同一个基础，那就是信息传播。兰开斯特极富前瞻性地表示，未来的图书馆服务一定会建立在计算机情报存储、检索与传播应用之上。如今兰开斯特的构想成为现实，他作为现代图书馆网络信息服务的先驱人物，奠定了美国图书馆服务精神的传播内涵。

（二）图书馆服务的教育精神

贾斯汀·温沙是美国图书馆历史上绕不开的人物，这位曾担任哈佛大学图书馆馆长的图书馆学家、教育学家在图书馆公众教育领域做出了杰出贡献。贾斯汀·温沙一生都致力于提高图书馆的国民教育地位，他认为图书馆是教育的中心，没有什么比人们在图书馆阅览室更获益的事情。贾斯汀·温沙坚持图书馆服务必须以开启民智，唤醒和增进民众的受教育愿望、提升大众的教育水平为核心要求。美国另一位图书馆学家鲍士伟进一步阐述了图书馆服务精神的教育内涵，将教育划分为学校教育与社会教育两个大类，鲍士伟表示学校教育只教书不育人，且存在着文化的片面性与时间的局限性，而图书馆教育属于社会教育这个广义范畴，是没有围墙的学校，几乎可以弥补学校教育的所有短缺，是民众自我完善、终身学习的可靠保障。鲍士伟强调图书馆与读者知识文化交流的纽带作用，建议图书馆增设各种文学研讨会、辩论比赛以及文化推广活动，积极发挥图书馆的知识交际功能。他是现代图书馆讲座服务的先驱倡导者。

（三）图书馆服务的公益精神

美国图书馆服务的公益精神来源于20世纪美国图书馆服务理论的人本主义思想。

第一个提出图书馆公益服务理念的是美国图书馆学家、教育学家巴特勒。巴特勒在其代表作《图书馆学导论》中批评人们过于重视图书馆服务在技术层面的要求，强调图书馆人文精神建设的重要意义。由此，美国著名的图书馆学家、哲学家 J.H·谢拉正式在其《图书馆学引论》中引入了“图书馆公益服务”的概念，书中明确表示图书馆服务关心的应该是作为服务对象的人的主思想而不是其他任何物质实体。1931 年，J.H·谢拉继续在他的其他图书馆学论著中强调图书馆服务的人本主义原则，作者认为，“人有其书，书有其人，与人直接发生关系的服务才是图书馆服务的真正内容。”作者在书中呼吁尊重人的人格与权益，关注人的需要与感受，为世界图书馆事业翻开了针对弱势群体的公益服务理念的光辉篇章。

总之，美国图书馆学家提出上述的三种精神，即传播精神、教育精神和公益精神，其本质上讲就是一种为大众服务的理念。这种为大众服务理念已经深深扎根于美国图书馆界，并成为一项图书馆服务工作的宗旨和精神。

三、图书馆服务项目与服务内容

（一）服务内容

尽管美国所有大学图书馆提供的服务内容与我们国家大学图书馆提供的服务内容基本相似，但是从美国高校图书馆网页上看，你会发现美国高校图书馆服务一栏里列出的内容，几乎与图书馆的业务关系不大，一般都是一些学生的课程预定（Course Reserves）、图书馆技术培训和教育（Technical Training & Education）、学习小组和研究所（Workshop & Group Study）以及读者和用户的个人图书馆账户查询（My/Your Library Account）等。例如：伊利诺伊大学香槟分校图书馆，它的服务项目（Service）：My Library Account（我的图书馆账户）；Renewing（更新）；Borrowing/ILL（馆际互借）；Course Reserves（预定课程）；Technology（图书馆技术）。这与我们中国高校图书馆网页上显示图书馆服务的范围和内容有差异。

此外，美国大学图书馆还非常强调图书馆的服务效果，重视对图书馆服务进行评价，他们还专门制定了一套比较完备的大学图书馆价值的评估项目，并定期对图书馆进行评估。

美国高校图书馆服务价值评估 UVR 项目：即图书馆资源的使用程度（Use）、使用价值（Value）和投资回报（Return on Investment）。这三个项目是针对美国高校图书馆服务情况进行评估时，采用的一些标准。而在 UVR 项目中，图书馆服务被归纳共有以下 11 类：(1) 期刊、图书及其他出版物的访问服务；(2) 网络设备、视听设备等软、硬件设施的提供服务；(3) 馆际借入服务；(4) 馆际借出服务；(5) 参考咨询和学术研究支持服务；(6) 指导性服务，如嵌入课堂教学；(7) 公共宣传服务，如馆内电视宣传和实时通讯宣传；(8) 空间服务，如提供工作室和项目活动空间；(9) 客户端远程访问服务；(10) 复制和传送服务；(11) 对校外用户的敞开性服务①。

例如，美国布莱恩特大学和德雷塞尔大学引领的 UVR（使用程度、使用价值和投资回报）项目定义和计算了图书馆资源的使用量、使用价值和投资回报并对其进行了综合价值评估。该项目将图书馆服务划分为 8 类，并分别计算了每类服务的 UVR。在这些项目评估中，图书馆资源的使用程度 (Use)、使用价值 (Value) 和投资回报 (Return on Investment，简称 ROI) 向来是图书馆业内研究的重点。除此之外，我们还可以通过对美国高校图书馆网页的访问，来了解美国大学图书馆提供的服务项目和内容。

(二)社会化服务

美国高校图书馆服务内容里面还有一个非常重要的、不同于我们大学图书馆的做法就是他们的社会化服务。美国大学图书馆之所以能够成功开展社会化服务，与其完善的法律制度有直接关系。美国早在 1925 年就制定了《图书馆法》，保障了图书馆生存的合法性和连续性。1997 年，美国政府还颁布了《图书馆服务与技术法案》，其主要目的就是：促进图书馆之间以及与教育性机构之间的网络化建设；对享受不到图书馆服务的人，特别是对贫困家庭中 7 岁以下的少儿提供图书馆和信息服务。许多高校图书馆每年坚持在寒暑假期间举办读书活动，并向当地中小学生开放，借此"给孩子们一个好的印象"。而耶鲁大学更是树立一个理念：帮助纽黑文（耶鲁大学所在地）成为"人人读书的城市"，从理念到行动，完全成为社会化的图书馆。当然，国外大学图书馆为大学生服务、为教学科研服务是首要任务。

四、图书馆服务手段

图书馆服务手段一般讲有两种：传统服务方式与现代服务方式。传统服务方式诸如图书借还、报刊借阅、信息咨询等是指需要读者本人亲自到图书馆实现的，图书馆馆员通过手工操作来完成读者借阅，满足读者服务需求服务方式。现代服务方式则是机器操作、远程操作，不需要读者直接到图书馆就可以接受图书馆服务的方式。

计算机网络技术的发展使图书馆有机会给读者提供了极其方便服务，美国大学图书馆抓住了这个机会，率先在这个方面开展了极为有效的服务。他们通过利用计算机网络技术，积极推出个性化服务系统，来为读者和用户提供个人化的信息环境，将符

① Assessment of the Use,Value and ROI of All Academic Library Service[EB/OL].[2012-10-29].http://libraryassessment.org/archive/2012.shtml。

合读者用户需求的信息资源主动推送给相关读者用户；这样有助于图书馆与读者用户间的双向沟通，图书馆可以跟踪研究消费者的信息需求，不断地改进自己的服务方式和服务产品，从而改进数字图书馆系统，提高数字化资源的投入产出效益。下面介绍几种比较典型的、应用较广泛的技术。

（一）Web3.0

Web3.0 具备充分的智能性。它应用 Mashup（网络聚合应用）技术对 UGC（用户原创内容）进行整合和筛选性过滤，使得内容信息的特征性更加明显，并对精确地阐明信息内容特征的标签进行整合，提高信息描述的精确度，从而便于用户的搜索与整理。Web3.0 具备的智能搜索功能，不是单一的把用户所需要的信息罗列出来，交给用户自己判别和挑选，而是具备了相当的智能化，系统通过对各种资源的挖掘搜集整理，再进行判断过滤，根据用户的需要进行精确的信息提供，这样的信息，可以大大减少信息的冗余，减少用户的查询判别时间，满足用户的需求。

Web3.0 在对于 UGC 筛选性的过滤的基础上同时引入偏好信息处理与个性化引擎技术，对用户的行为特征进行分析，对用户的搜索习惯进行记录，得出最佳方案。个性化的搜索引擎对用户的操作和用户的搜索要求进行分析，从而得出用户可能感兴趣的内容，在对相关结果进行整合后，推送给用户，为用户提供个性化的服务。

Web3.0 可以使互联网实现与不同智能终端的兼容，用户可以通过不同的智能终端，如手机、PDA、机顶盒等与互联网相连，突破了 Web2.0 时只能由 PC 机和互联网相连的技术，这大大扩展了用户的使用工具范围。

Web3.0 技术的作用主要有以下几点：(1) 提供智能化与个性化检索图书馆充分利用各种信息技术，通过各种网上沟通工具为读者提供参考咨询服务，为用户的参考、决策提供帮助。而 Web3.0 则能智能化、个性化地为用户提供服务，体现了一种真正以用户为中心的理念。从获得的解答来看，和以往的参考咨询相比，通过 Web3.0，用户不仅得到了问题的答案，还通过对各种资源的挖掘搜集整理，再进行判断过滤，根据用户的需要进行精确的信息提供，这样的信息，可以大大减少冗余，缩短用户的查询判别时间。比如，用户想查找某研究内容在期刊上的相关信息，不仅能获得相关期刊文摘，而且可以得到检索的相关数据库的介绍，使自己了解掌握查找信息的途径和方法；再如，用户想了解某研究领域的现状，同时还可以获得该研究领域的发展方向、存在难题、注意问题等相关内容。用户也可以根据自己的兴趣和需要制作个性化的搜索引擎，得到信息的定期送服务。Web3.0 做到了真正的以人为本，为用户提供尽可能完备的信息，让用户掌握信息检索手段，充分满足用户各项信息需求；(2) 多种终端平台兼容应用。Web3.0 的开放兼容性特点，也迎合了用户获取信息随时性、及时性的发展特点。Web3.0 对于移动或智能终端的开放性，也大大有利于用户进行方便快捷的咨询服务。无论用户身处何地，地铁、机场、公交站台、公园、街头，用户只需通过随身携带的手机，就能够随时随地地进行搜索查询或者和参考咨询人员进行即时的沟通，解决碰到的疑难问题。(3) 建立咨询专家开放平台。在 Web3.0 下，网络资源将极大地整合，能够提供个性化和智能化的搜索功能，在这样的情况下，图书馆参考咨询人员的任务会由提供信息慢慢地转变为引导和培训用户获取信息的能力，提高用户的检索能力，让用户获取自己真正想要的东西。以往的图书馆参考咨询人员，限于图书馆自身的力量限制，从事参考咨询岗位的服务人员在专业、数量上有一定的欠缺。虽然后来开展的联合参考咨询服务，几家单位协作，扩充了服务人员的服务力量，能应对越来越多的咨询问题。但也有很多图书馆的馆员因专业限制缺乏某方面专业知识，对用户的专业性较强的问题不能做出理想的解答。而在 Web3.0 下，可以使参考咨询界面在统一的情况下，让更多的相关领域的专家充当咨询人员，这能够解决现有的参考咨询人员擅长检索但专业性欠缺的问题。图书馆咨询员的工作重点不仅仅是使自己努力成为学科馆员，同时也要逐步担当起把读者和专家咨询者联系在一起的管理馆员的角色。图书馆参考咨询人员的任务是不断挖掘和发现新的咨询专家学者，将专家学者与他们擅长的问题联系起来，不断充实图书馆咨询专家信息库。

（二）RSS 技术（Rich Site Summary）

RSS 技术是以建立开放、标准、简易的内容收集机制及频道描述框架为目标，一种可以共享新闻与其他 Web 内容的 XML 格式。因而，从技术本上来说 RSS 是一种简单格式的 XML 应用，根据用户的需求可将预定信息运用 RSS 传送到桌面，以此方便快捷地满足用户个性化要求。RSS 技术的基本应用流程包括三点：(1) 基于 XML 格式，提供方将各类信息内容以 RSS 种子文件的形式打包；(2) 在 Web 平台上用户可以根据兴趣和需求来预定相关的 RSS 种子文件；(3) 最后，用户所订阅的 RSS 种子文件会经由提供方将其传送给用户所在地的 RSS 阅读器软件。基于 RSS 技术的应用，用户可避免频繁登录不同网站去查阅信息，通过 RSS 阅读器软件可在桌面上直接查阅自己定制的需要内容。

五、利用 E-mail、OICQ、BBS 等网络技术和资源拓宽高校图书馆服务手段

数字化时代已经来临，互联网正在改变着人类生活，E-mail、0ICQ、BBS、WAP 以及网上聊天、网上直播等新生名词层出不穷。上网人数猛增，人们对网络的认识也与日俱增。因此，在广泛的网民基础之上，如何把这些网络技术资源运用到我们图书馆工作当中，拓宽服务手段，从而更好地为读者服务，是我们应该加以研究。

（一）E-mail的特点及在图书馆的作用

E-mail的特点。E-mail就是通常所说的电子邮件，是一种采用简单邮件传送协议（SMTP）和POP3协议的电子式邮政服务。通过它我们可以实现Internet为用户提供的E-mail传递与管理服务。E-mail具有如下特点：①速度快。可以在几秒钟内将邮件发送到世界各地。这是E-mail优于传统邮件的主要特征之一；②价格低。价格远远低于FAX和普通的邮件。它与地域的远近无关，只需支付普通的市话费用和少许的入网使用费；③效率高。只要知道收件人的E-mail地址，我们可以利用E-mail的抄送功能将相同的信同时发送给多个身在世界不同地方的人，所花时间和费用与发往一个人几乎没有差别；④使用灵活。

（二）OICQ即我们现在经常使用的QQ

ICQ是国际的一个聊天工具，是I seek you（我寻找你）的意思，OICQ模仿它在ICQ前加了一个字母O，意为opening I seek you，意思是“开放的ICQ”，它支持在线聊天、视频聊天以及语音聊天、点对点断点续传文件、共享文件、网络硬盘、自定义面板、电子邮箱等多种功能，并可与移动通讯终端等多种通讯方式相连。

（三）BBS的英文全称是Bulletin Board System，翻译为中文就是“电子公告板”

BBS最早是用来公布股市价格等类信息的，当时BBS连文件传输的功能都没有，而且只能在苹果计算机上运行。早期的BBS与一般街头和校园内的公告板性质相同，只不过是通过电脑来传播或获得消息而已。一直到个人计算机开始普及之后，有些人尝试将苹果计算机上的BBS转移到个人计算机上，BBS才开始渐渐普及开来。近些年来，由于爱好者们的努力，BBS的功能得到了很大的扩充。

高校图书馆把此项技术运用到图书馆服务上来改变了原来的传统服务模式，读者可以足不出户就知道图书馆最新动态和服务内容，从而向图书馆提出服务要求。

（四）WAP（Wireless Application Protocol）

WAP是移动通信与互联网结合的第一阶段性产物。这项技术让使用者可以用手机之类的无线装置上网，透过小型屏幕遨游在各个网站之间。而这些网站也必须以WML（无线标记语言）编写，相当于国际互联网上的HTML（超文件标记语言）。

通过WAP这种技术，就可以将Internet的大量信息及各种各样的业务引入到移动电话、PALM等无线终端之中。无论你在何地、何时，只要你需要信息，你就可以打开你的WAP手机，享受无穷无尽的网上信息或者网上资源。目前，此项技术已经在各个高校图书馆得到普遍使用。读者可以通过WAP进行书目信息查询、图书预约、图书续借等多种服务。

第二节 中国高校图书馆服务

一、图书馆服务理念

在我国，历史悠久的图书馆事业经历了从藏书楼到近代图书馆，再到现代图书馆的演变、发展过程。图书馆读者服务也经过了一个从落后封闭到进步开放的漫长历程。

在古代，由于长期受封建社会制度的影响和制约，无论是官家藏书还是私家藏书，“保存藏书”是藏书楼的主要功能。如宁波“天一阁”，其主人范钦死后，“封闭甚严，继乃子孙各房相约为例，凡客厨锁钥，分房掌之，禁以书下阁楼，非各房子孙齐至，不开锁”。连后代子孙都不能借阅藏书，其“读者服务”情况由此可见一斑。至于宫廷藏书，是皇家专有，更不可能向天下读者开放。我国图书馆读者服务理念的孕育、形成大约在清朝中叶以后。清乾隆时期出现的私家藏书“籍书园”“共读楼”和官家藏书“文宗阁”“文汇阁”等都有一定程度的公开。清末，随着国门被打开，西方科学文化的传入对我国图书馆事业的发展产生了较大的影响，读者服务的形式和范围都有所发展，但这一时期藏书开放的目的是“启迪民智”，读者服务的范围限于少数知识分子。

进入20世纪以后，民主、科学的观念得到广泛传播，并不断深入人心，中国社会开始步入现代化的进程，中国的文化事业在借鉴西方各国文明成果的基础上也融入了世界进步文化发展的洪流中。我国图书馆事业特别是图书馆读者服务工作有了突飞猛进的发展。20世纪初，各省公共图书馆建立，京师图书馆对外开放，“五四”前后担任北大图书部主任的李大钊提出“现在图书馆已经不是藏书的地方，而为教育的机关”。随后发展各大学图书馆，五六十年代提出“千方百计为读者服务”，“一切为了读者”，“最大限度地满足读者的借阅要求”，八九十年代又提出了“读者至上、服务第一”的口号。这样，一个以“读者第一”为最高理念的读者服务理念基本形成。“读者第一”这一口号最早是20世纪50年代西方国家提出的，而几乎与此同时，我国图书馆界提出了“一切为了读者”的服务宗旨。因此，20世纪50年代是世界范围内图书馆界以读者为核心的服务理念的正式形成时期。对于图书馆的各项工作，有人概括为三句话：“一切为了读者”，“为了一切读者”，“为了读者的一切”。它的含义是，图书馆是为所有的读者而存在的，读者的需求就是图书馆努力的目标，最言简意赅的表达就是：“读者第一”。我国图书馆界近二十年来，随着读者服务工作的发展和理论研究的深入，人们逐步接受了这一口号，并越来越受到广泛的重视。

我们图书馆的发展也跟国家的历史和国家的发展变化紧密相连。在长期的封建社会时期，我们的图书馆一直处在封闭状况，尽管古代藏书楼有着相当长的历史，也有一定的规模，但是基本上是不对外开放的，而是以收藏为主，更谈不上为公众服务。虽然到了近代社会，在西方文化影响下社会上出现了公共图书馆，但是服务范围、服务对象也是非常有限。新中国成立后，尽管图书馆事业有较大的开展，但是在计划经济的时代，由于管理上条块分割，没有打破彼此之间的界限，图书馆还是处于半开放阶段，没有上升到公共图书馆服务理念上，没有一种为社会服务，对社会开放的意识。

二、我国图书馆服务理念的形成大致经历的几个阶段

（一）从服务的封闭型到服务的开放型

长期以来，由于受传统观念影响和技术手段的限制，在我国无论是公共图书馆，还是高校图书馆，其服务对象和服务范围都是有限和封闭的。也就是说不同类型图书馆其服务对象也不同，公共图书馆为本地市民公众开放，高校图书馆仅仅为本校师生开放，根本不对外开放。跨地服务、校际之间服务很少开展。新中国成立后，尽管服务对象和服务范围有所扩大，可以适当开展跨地之间和跨校之间服务。但是，由于受到国家整个管理体制的局限，经费拨款方式不同，以及传统图书馆服务理念的限制，图书馆服务的格局依旧存在，条块分割，各自为政，互不往来现象依旧严重。既是在图书馆内部，其服务也是封闭型的，图书借还依旧是闭架借阅，读者只能通过填写借书单后交给管理人员才能拿到所需图书。这种现象和服务理念直到 20 世纪 70 年代后期开始有所改变。

改革开放以后，随着国内外图书馆之间对外交流的增加，国外先进的服务理念开始影响我国的图书馆领域，公共图书馆和高校图书馆的读者服务工作开始了由传统的封闭式到半开架以及全开架，从物理空间的服务发展到网络空间和社会空间的服务，由被动单一的一般性服务发展到主动多样个性化的服务，由浅层次、粗放型的服务不断向深化内容、拓展领域、专门特色、提高质量、注重效益的道路发展，任何时间、任何地点和任何方式的图书馆服务全球新理念正在逐步化为实践。不同系统、不同类型图书馆之间开始打破原先的壁垒，逐步开始建立联系和互动机制，不断推进图书馆合作机制，开展馆际之间的合作与交流，推出馆际互借、文献传递、资源共享等服务内容。全国各地公共图书馆只要凭本人身份证就可以自由进出图书馆，也可以查阅文献

资料。高校图书馆则通过文献传递，馆际互借形式进行资源共享。部分高校也开始逐步对社会开放，谋求社会合作和参与社会和地方的经济文化建设。这种开放型的服务理念和服务形式不但在国内图书馆之间进行，也逐步开始延伸到国外图书馆之间，整个图书馆的服务理念开始从封闭型走向开放型。

（二）从服务的有偿性到服务的无偿性

图书馆有偿服务或创收服务是20世纪80年代和90年代乃至21世纪初中国图书馆界颇为流行的一个词语。在这一特定的时期，为了弥补各级财政对图书馆投入的不足，几乎所有的图书馆均不同程度地对读者进行了收费服务。这种收费，有的是办证费，有的是借书费，有的是底本费、上网费和查询费，有的是专题咨询费，还有的是通过出租和经营餐厅、小卖部、书店、招待所等开展经营活动，其中的大部分收费服务是在各级政府对各类图书馆补助经费尚不到位的情况下图书馆服务的一种变态与变例，问题表现在图书馆，但其主要根源并不在图书馆自身。这种有偿的创收服务在一定程度上弥补了这段特定时期国家对图书馆特别是人力资源投入的不足，在一定程度上激发了一些图书馆服务的热情，推动了图书馆为读者、企业和政府决策的服务，提高了图书馆的成本和效益观念，也在一定程度上为读者提供了便利。

1984年11月，中国图书馆学会在安徽芜湖市召开了图书馆改革学术座谈会和图书馆改革研讨班，江苏南京的金陵图书馆和辽宁省图书馆等在会上介绍了图书馆开展信息服务的经验，这是较早地使用有偿服务的例子。而这种改革，反映了当时改“单纯公益型的社会服务事业机构”为“无偿服务”与“有偿服务”兼有型图书馆。1987年，文化部、财政部、国家工商行政管理局制定并颁布了《关于事业单位开展有偿服务和经营活动的暂行办法》，文件指出：“文化事业单位必须坚持为人民服务、为社会主义服务的方向，正确处理好社会效益与经济效益的关系，在努力做好本职工作、保证完成国家规定的各项任务的前提下，发挥各自的特长和优势，利用现有的人力、物力，把无偿服务和有偿服务结合起来。”这是图书馆行业较早使用“有偿服务”的政府文件需要指出的是，有偿创收服务的理念与实践在相当程度上违背了图书馆特别是公共图书馆服务的宗旨，许多图书馆将基本服务一并纳入收费的范围，这样既腐蚀了图书馆人自身的思想，也影响了图书馆服务的健康发展，并对图书馆的良好声誉造成了负面的影响，特别是损害了广大读者免费或基本免费享受图书馆服务的基本文化权益，并非图书馆服务科学持续的发展之道和发展之法。还有的图书馆和图书馆工作者在一段时期内将公共图书馆也纳入到文化产业的发展范畴，从而偏离了公共图书馆作为公益性文化事业单位服务的发展方向。

在图书馆的服务中，公共图书馆收取押金也成为一个颇具争议的问题。1987年10月，北京图书馆新馆落成，并向读者通告了办借书证收取押金的规定：中文借书证每证押金 20 元，外文借书证每证押金 100 元。之后中文借书证每证押金上升至 100 元，外文借书证每证押金上升至 1000 元。1993 年，文化部起草了《公共图书馆条例（草案）》，条例第 22 条明确规定："书馆办理借书证可适当收取保证金，对借书未还者按规定处以罚款。"这样，图书馆借书押金和罚款得到了政府和相应法规的认可。这种押金的收取，有它存在的合理性，但也在一定程度上提高了读者进入图书馆的门槛，个别公共图书馆已于近几年进行了取消押金尝试。此举是否可行，尚有待实践的检验。

2006 年 7 月，深圳图书馆在新馆开放之际，在全国率先提出了"开放、平等、免费"的服务理念，并付诸实践。2007 年 12 月，浙江省图书馆率先实行办证和续证免费，开省级公共图书馆免费服务风气之先。2008 年 2 月 7 日，国家图书馆进一步推出全面减免收费项目，包括取消读者卡工本费、读者卡年度验证费、读者存包费、自习室使用费、讲座门票费等，在全国引导推动了基本服务免费机制的普遍建立。如果说，图书馆为了体现公平、适度以及管理的要求，对于个性化的增值服务继续应当收取一定费用外（采用收支两条线政策），那么，图书馆向公众提供的基本服务，则应当免费提供。这一点，在国家增加投入的背景下，在图书馆业在图书馆业界特别是社会各界广大读者的期盼和监督下，现已基本实现。近年来，随着图书馆事业的大发展大繁荣、各级政府加大对图书馆的投入以及世界发达国家图书馆平等开放理念的深入人心，公共图书馆的免费服务共识已经形成。

（三）从文献资源的分享到文献资源的共享

1984 年 9 月，全国高校图工委秘书处在大连主持召开了藏书建设研讨会，会上首次提出了"文献资源建设"的概念，之后，围绕藏书建设和资源共享召开了多次学术研讨会，其中 1986 年 11 月由中国图书馆学会学术工作委员会在南宁召开的文献资源布局学术研讨会和 1992 年 5 月由华东师大图书馆学系等在西安召开的以"现代图书馆藏书建设与资源共享"为主题的国际研讨会具有一定的影响。

1987 年 10 月 22 日，由国家科委和文化部发起的中国"部际图书情报协调委员会"在北京成立，参加部委有国家教委、中科院、中国社科院、国防科工委、邮电部、机电部、国家档案局、国家技监局、中国专利局等 11 个部委局，其主要任务是研究发展政策、协调文献布局和计算机网络建设、组织协调联合统一编目等。"全国文献资源调查与布局研究"项目在中国各地广泛展开。

1994 年 3 月 14 日。上海地区文献资源共建共享协作网在上海成立，19 家公共图书馆、大学图书馆和科学院图书馆等机构在协议书上签字；1998 年 5 月，上海成立了由副市长为组长的市文献资源共建共享领导小组，制订了《上海市文献资源共建共享计划》，形成了跨系统、跨行业的文献资源协作网。

1998 年 10 月，中国国家图书馆与北京大学图书馆、清华大学图书馆、中国科学院文献中心签订了文献资源共建共享的合作协议书，实现了网络互连、馆际互借、数据交换、文献传递等服务。这些举措，开启了公共图书馆与高校图书馆以及情报研究所的共建共享服务的新路径。

全国文化信息资源共享工程（简称“文化共享工程”）是 2002 年 4 月正式启动的文化创新工程，由国家文化部、财政部联合实施。文化共享工程创新了图书馆服务的内容、图书馆服务的管理机制和图书馆服务信息传递的技术。以服务内容而言，“文化共享工程”加工并整合了各类文化科技信息，建立了各省级分中心上传信息的激励机制，并利用覆盖全国的网络实现跨地域的文化信息资源共建共享。以管理机制而言，从国家中心到省级分中心和各地市（区）、县的支中心以及基层服务点，都建立了管理制度，不少地方均能够实时了解读者服务的各类数据，人员培训形成了长效管理机制。以信息传递技术而言，全国县级支中心特别是中西部地区的省份，通过“文化共享工程”使计算机服务的硬件设施进行了空白填补和更新换代，大大提升了县级图书馆在信息环境下为读者服务的能力。广东、山东、上海、天津、浙江、江苏、河南、吉林、山西、广西、四川、辽宁等地在“文化共享工程”的服务方面均创造了许多经验，如广东的流动服务、上海的城市信息化结合推进服务、天津的延伸服务、吉林的跨行业的共享联盟服务、辽宁的进村入户服务等，成为新形势下构建全国文化服务体系、惠及千家万户的一项重要的文化基础工程。至 2009 年，中央财政累计投入约 12 亿元，数字资源已增加至 74.65TB，全国建成了 1 个国家中心、33 个省级分中心、1687 个县级分中心、4797 个乡镇基层服务点，与农村党员干部和农村中小学现代远程教育合作共建的服务点 75 万个，其中配备文化共享专用设备的有 31.5 万个。2009 年年底，“文化共享工程”的布点覆盖率在县级支中心将达到 98%，乡镇基层服务点将达到 40%，村基层服务点将达到 70%。

三、图书馆图书馆服务项目与内容

（一）借阅服务

借阅服务是图书馆最基本的，也是最主要的服务内容。读者到图书馆的主要目的是借阅自己想要看的图书。在计算机出现之前，读者到图书馆借书先要到图书馆的目录柜前，查找自己所要的图书，然后填写图书的索书号，再由图书馆员或读者自己按照索书号到书架上找书，最后办理借书手续。自从计算机技术被引入到图书馆后，读者便可以在计算机上查找图书，然后按照索书号直接去书架上找书，图书借还的手续也相当便捷。

（二）参考咨询服务

参考咨询服务是在借阅服务基础上，针对读者在利用图书馆资源方面开展一项服务。起初主要是回答读者如何借书，如何查找图书馆文献资源，以及如何向读者推荐图书，等等。随着读者的需求不断增加，参考咨询的范围也不断扩大，内容也不断增加。

（三）定题服务

随着读者需求的变化，图书馆也在不断地拓展服务项目和服务内容。定题服务就是图书馆在新的形势下，针对特殊的人群提出的要求而开展的一项服务。主要是根据读者特定的需求，图书馆有针对性地进行文献资源的搜索和查找，并将这些文献资源提供给读者，这些读者大多数都是科研工作者，或者大学的老师。

定题服务的方式也由原来被动的、等人上门服务逐步转移主动的上门服务和嵌入式服务。

（四）科技查新服务

科技查新是文献检索和情报调研相结合的情报研究工作，它以文献为基础，以文献检索和情报调研为手段，以检出结果为依据，通过综合分析，对查新项目的新颖性进行情报学审查，写出有依据、有分析、有对比、有结论的查新报告。也就是说查新是以通过检出文献的客观事实来对项目的新颖性做出结论。因此，查新有较严格的年限、范围和程序规定，有查全、查准的严格要求，要求给出明确的结论，查新结论具有客观性和鉴证性，但不是全面的成果评审结论。这些都是单纯的文献检索所不具备的，也有别于专家评审。

（五）推荐订购服务

为了方便读者在第一时间荐购需要的图书，达到图书馆的采购人员与读者之间及时的、有效的互动，进一步了解读者对图书采购的需求，从而保证图书馆采购的图书能符合读者的需求，并且能为读者提供优质的服务，图书馆特别提供了图书荐购这项便利服务。

图书馆会通过征订目录的不定期网上发布使读者参与到图书馆采访业务中来，请广大读者根据需求，推荐你想要看的图书，图书馆的采访人员会根据大家的荐购情况来进行图书的采购。

（六）用户培训服务

用户培训是图书馆的一项重要工作，随着图书馆工作现代化的进程，我们希望通过各种图书馆培训讲座、文献检索与利用课程教学、参观辅导等活动，帮助读者、用户了解图书馆、熟练使用图书馆各类资源，全面提高自己的信息素养。

根据南通大学不同用户群体的需求差异，图书馆信息咨询部拟通过多层次、全方位的培训服务帮助读者了解图书馆资源，充分利用图书馆的馆藏资源和网络数据库，提高科研效率。现阶段信息咨询部提供的用户培训服务包括图书馆院系专题培训、滚动培训、在线网络课堂和培训课件自助学习这四种类型：图书馆利用讲座、文献检索课、图书馆专题资源讲座。

（七）文印服务

清华大学人文社科图书馆为读者提供集打印、复印于一体的自助文印服务。自助文印系统与校园一卡通结合，实行全程无人化管理。读者只需在校园一卡通中充值，即可轻松自如地进行自助打印和自助复印。

读者可以在校园局域网内（宿舍、实验室、办公室等）的任何一台计算机上（需安装打印驱动程序）发送打印任务，三天内到图书馆内任意一台装有打印客户端程序的机器上进行打印，并在任意一台自助打印复印一体机上，方便地使用校园卡进行自助刷卡缴费，并取走所打印的文档。

（八）网络（电子）服务

实现网络图书馆的四个要素：通信线路和通信终端设备、有独立功能的计算机资源储备、网络图书馆软件支持、实现数据通信与资源共享的行为。网络图书馆，依旧残留着图书馆起源特性，即“保存记事的习惯、各类记载、藏书之所”等。只不过，图书馆从传统意义，演变为网络化，促进了人类曾经和正在创造着的优秀资源的共享。网络图书馆，空间无限拓展，不因地域偏僻而资源匮乏；时间无限压缩，不因岁月流去而拮据。目前，网络图书馆最主要的存在群体，还是国家或政府或大学的图书馆，资源完备。

（九）社会服务

所谓服务社会化，就是高校图书馆读者工作的功能社会化，即要求高校图书馆的读者工作在为本校的教学、科研服务的同时，走出馆门、走出校门，向社会开放，开展多种形式、多种渠道（有偿或无偿）的文献信息服务，以满足社会公众对文献信息的需求为出发点，使其能更好地适应社会各类组织以及个人等对信息的多元化需求。

接下来，我们通过对国内十所大学图书馆网页上提供的数据分析，看看有哪些服务内容。

1. 清华大学图书馆：馆际互借、代检代查、科技查新、学科服务、学科资源导航、教学与培训、文献调研、文献计量分析、专利信息服务、投稿导引、服务设施、信息共享空间、“酷”服务、校外人员、咨询台。

2. 北京大学图书馆：借阅服务、馆际互借、一小时讲座、科技查新、研究咨询（查收查引）、学科服务、阅读推荐。

3. 上海交通大学图书馆：借阅服务、教学支持（视听资料：为辅助教学活动，上海交通大学图书馆将教学相关视听资料进行搜集整理，为教学活动提供支持。如多媒体资源管理系统相关栏目：网络课堂，课件资源，外语学习等。电子教参服务：上海交通大学电子教学参考资源服务电子教学参考资源服务，简称电子教参服务。 电子教学参考资源服务，简称电子教参服务，是由上海交通大学图书馆、教务处、网络信息中心共同开发与建设的全校课程电子教学参考资源服务）、科研支持（科技查新、课题/专利申请前文献调研、课题申报分析、论文查收查引、定题服务、课题前沿追踪、专利分析报告、学术信息定制、学科发展态势分析、同行对比与跟踪、科研绩效评估、学术期刊分析与评价、创新交流社区、参考文献规范、特定课题服务、学科资源评估）、文化校园、新潮体验（手机短信服务）、空间设施（小组学习室）。

4. 复旦大学图书馆：图书借还、读者培训、文献传递、学科服务、服务预约、馆际互借、科技查新、移动图书馆、查收查引、学位论文提交、咨询台、信息检索与利用。

5. 武汉大学图书馆：证卡服务、借阅服务、阅读推荐、视听服务、预约服务、教学培训、文献传递、资源荐购、学科服务、论文收录引用、科技查新、国际论文分析及投稿指南、博硕士论文提交、移动图书馆、自助服务、咨询服务。

6. 浙江大学图书馆：图书借阅、自助服务、科技查新、查收查引、文献传递、用户培训、通知服务（为了多途径向读者提供图书馆的服务，增加信息的时效性，减少读者因为遗忘而逾期还书情况的发生，和及时借到预约的图书，图书馆已开通手机短信通知和邮件通知服务，愿意接受该项服务（包括今后通过短信接收图书馆其他相关通知的服务）的读者可以通过在"我的图书馆"注册自己的手机号码和 E–mail 地址，读者注册后可在图书到期前以及预约图书到馆时收到提醒信息，以便及时到图书馆办理借、还书手续。其中手机短信目前仅限于移动用户和联通用户，手机注册与短信接收服务对本校师生均免收费用）咨询服务、书刊推荐、书刊捐赠、投稿指南、情报信息服务、信息共享空间。

7. 中国人民大学图书馆：文献传递、科技查新、引文统计、多媒体服务、微服务（图书馆"微服务"是依托现代信息技术和多媒体服务空间为读者提供的一种全新服务形式，不同于传统信息服务的全新服务方式，体现了图书馆多元化服务的理念。它通过新颖、短小、细致、活泼的信息推介形式宣传图书馆的资源和服务，并充分发挥馆藏多媒体资源的优势和馆舍空间的文化功能，为读者营造一种快乐学习和真情互动的氛围；人图微服务通过微博、微信、微课堂、微电影、微记录和微刊等形式，让读者在图书馆体验到更加细微、时尚、精致和快乐的服务）、借阅服务、馆际互借、代查代检、学科服务、教学/培训、自助服务、论文制作。

8. 南京大学图书馆：智慧图书馆服务、参考咨询、科技查新、研究小间预约、自助借还、自助打印、馆际互借、跨校区借阅、Cash 文献传递、图书馆工具条、IP 地址段测试、图书馆微博。

9. 吉林大学图书馆：借阅服务、学科服务、科技查新、回音壁、学位论文提交、馆际互借与文献传递、预约多媒体、失物招领、移动图书馆、咨询服务 FAQ、自助服务、图书捐赠、教学与培训。

10. 中山大学图书馆：开馆时间、校区互借、读者培训、新生空间、毕业生指南、论文提交、无线网、复印服务、个人图书馆、科技查新、SSI/SSCI 收录、论文收录与引用、文献传递与馆际互借、大学城十校资源共享服务。

四、图书馆服务手段

随着我国科学技术的发展，目前我国高校图书馆服务手段跟美国以及西方发达国家大学图书馆服务手段基本相同，没有哪方面还存在落后的地方。归纳起来，我们的服务手段包括有传统服务手段的一面和现代服务手段的一面。传统服务手段的一面主要是指需要读者本人亲自到图书馆实现的，诸如图书借还、报刊借阅、信息咨询等。现代服务手段的一面是指读者不需要直接到图书馆就可以接受图书馆服务的方式。正如前面在介绍美国高校图书馆服务手段时所说，图书馆现代服务手段就是通过计算机网络系统和计算机相关技术，把图书馆的各种服务直接传递给每个读者。

目前，我国高校图书馆使用较广泛的计算机网络技术手段的有微博、QQ、BBS（网络论坛）、E–mail、My Library、微信以及在前面基础上的 Web2.0。

腾讯 QQ（简称"QQ"）是腾讯公司开发的一款基于 Internet 的即时通信（IM）软件，标志是一只戴着红色围巾的小企鹅。腾讯 QQ 支持在线聊天、视频聊天以及语音聊天、点对点断点续传文件、共享文件、网络硬盘、自定义面板、QQ 邮箱等多种功能，并可与移动通讯终端等多种通讯方式相连。腾讯 QQ，是中国目前使用最广泛的交流软件。

OICQ 早期并不是腾讯公司的主要产品。1997 年，马化腾开始接触 ICQ 并成为其用户，他发现 ICQ（I SEEK YOU）的英文界面和使用操作难度有碍中国用户的使用，于是马化腾与张志东用了数月时间，开发出符合中国用户习惯的 ICQ 类似产品。腾讯公司将新软件命名为 OICQ（Open ICQ），并将 OICQ 的客户端放置在自己的网站上，供用户免费下载。

微博，即微博客 MicroBlog 的简称，是一个基于用户关系的信息分享、传播以及获取平台，用户可以通过 Web/Wap 以及各种客户端组建个人社区，以 140 字左右的文字更新信息，并实现即时分享。图书馆开通微博的目的除了发布图书馆信息、宣传图书馆外，更重要的是与读者开展更为方便快捷的交流，因此“读者互动”话题的数量能从一定程度上反映图书馆读者服务的能力和水平。我们将读者互动话题划分为两类：一类是“参考咨询”，主要是图书馆与读者之间关于对图书馆书籍、数据库等提供的基础服务之间的沟通，如读者咨询数据库的使用、馆际互借的规定等；一类为“与读者交流”，主要包括图书馆与读者关于图书馆风景、开闭馆时间、硬件设施等方面的交流。

微信服务的主要内容有：(1) 提供馆藏书目查询服务高校图书馆将 OPAC 系统融入微信平台，用户可以通过指尖上的 OPAC 系统实时查询馆藏书目信息以及预约借书。(2) 发布图书馆信息通知。微信具有即时性、互动性等特点，大多数高校图书馆会通过微信平台发布假期开放情况通知，讲座、展览、读者活动等预告，新书上架、学术资源等信息。(3) 开展阅读推广。高校图书馆整合线下文献资源与线上信息资源，通过微信平台开展阅读推广活动，引导良好的校园文化氛围。(4) 开展参考咨询。很多高校图书馆利用微信平台开展参考咨询，打破了时空区域限制，用户可以随时随地进行咨询。

此外，还有 BBS、E–mail、My Library、WAP 等技术手段在我国高校图书馆均已经推出，这些在前面一节中已经讲到，这里不再赘述。而上述这些技术都属于 Web2.0。它主要包括：博客 (BLOG)、RSS、百科全书 (Wiki)、网摘、社会网络 (SNS)、P2P、即时信息 (IM) 等。

第三节　中美高校图书馆服务比较

中美高校图书馆在服务方面的不同可以从服务理念、服务内容、服务范围和服务手段等几个方面进行比较。

一、服务理念上的差异

与西方发达国家一样，美国高校图书馆在服务理念上一直奉行“读者第一，服务至上”“读者就是上帝”的服务理念。这跟美国的社会历史发展是密不可分的，美国从一个殖民国家独立后建立了美利坚合众国，一开始就进入了资本主义社会，一开始就提出“自由、民主”的口号，它建立大学和图书馆的初衷就是提高美国社会公民的文化水平，提供公民学习求知的欲望。所以，大学图书馆也一直把对教师和学生的需求放在首位，把服务放在首位，积极主动地为教师学生服务，重视师生对图书馆的利用。图书馆尤其重视师生对图书馆文献信息获取能力的培养，积极开展信息素养教育，教会师生掌握使用图书馆资源的能力。图书馆还会在学生中开设与学科有关的图书馆课程，有时还会把图书馆课与学科教学相结合，开展嵌入式服务；图书馆还会举办能够让学生亲自动手的学习班和培训班，或者编写信息指南与导航，为师生提供面对面的信息咨询服务等。

我国经历了漫长的封建社会，图书馆发展从古代藏书楼到现代图书馆也经历了漫长过程，而大学的建立也只是到了近代中国才开始出现。由于长期以来深受儒家教育思想的影响，从教育者的角度来讲，教育是“传道、授业、解惑”，从被教育者角度来看读书就是升官发财“学而优则仕”。社会上一直没有把图书馆放到一个适当的位置，只看到图书馆服务工作一面，忽略图书馆具有教育作用的一面。在大学日常的教学工作中，教师只注重自己的教学，注重在课堂上一味地向学生灌输知识，而忽略学生的课堂提问和课堂讨论，忽略学生的课堂参与，也很少布置学生课外阅读；学生则习惯于死记硬背教科书上的条条框框，只注重最终的考试成绩，很少去学校图书馆阅读。尤其到了网络移动时代，学生去图书馆的人数几乎是 20 世纪 90 年代的一半。在大陆，大学图书馆的进人或招聘一般都由学校说了算，由于对图书馆缺乏认识，校方往往把图书馆当作安插引进人才家属或学校领导家属地方，也有人称之为学校的后花园。无形之中就把图书馆的服务降低了，认为图书馆就是借借还还图书的地方，而图书馆队伍素质不高也影响了服务水平和服务质量提高。以前藏书楼的印象还没有彻底肃清，所以在服务理念上多少还停留在保守被动的一面。这就严重影响了图书馆在高校教学工作中的地位和作用。

二、服务内容比较

中美两国高校图书馆的读者服务在服务内容和服务方式上有许多相同点，但在许多具体做法上又有不同之处。美国高校图书馆在公共服务场所设有专门的参考咨询台，由专门的参考馆员教读者怎样查找资料，强调对读者的辅导。而中国高校图书馆一般是设一个参考咨询部，这个部门的职责主要是替读者查找有关资料。中国高校图书馆的参考咨询部虽然也有培训读者的任务，但在现场服务方面，他们更多的是为读者“捕鱼”，而美国高校图书馆的参考咨询部门则更注重给读者提供“渔网”，让他们自己去捕鱼。

20 世纪 90 年代以来，现代技术在中国高校图书馆得到迅速广泛应用，与美国的差距在迅速地缩小。大部分高校图书馆实行了计算机管理，网上通讯、缩微、声像、复印、防火防盗设备都有了一定规模。但与美国相比，仍有一定差距。主要表现在：数量少，不能满足读者甚至工作人员的需要；设备档次低；网络设施不完善，网上堵塞严重。服务意识不强是中国高校图书馆多年以来存在的普遍问题。例如读者强烈要求的开架借阅，在中国争论了几十年只到近十年才普遍实行。免费参考咨询至今未能充分实行。服务态度亟待改善。一个简单的例子可以说明中美两国图书馆在服务意识上的明显差距，那就是美国的图书馆里，一般是不能用“没有”两个字把读者打发走的。参考馆员对于前来提问题的读者，必须想方设法满足他们的要求，至少要告诉他们怎样能找到所需的资料。而在中国的图书馆，“没有”是打发读者的一个常用的词汇。

三、服务范围与服务对象差异（或校内服务与社会服务）

美国高校图书馆大多对社会公众开放，校外读者可以免费阅览，也可以凭有效证件借出馆外，不过要收取一定费用。同时承担部分地方性的社会服务，如伊大香槟分校图书馆为当地的农业建设服务，除此之外，还有其他方面的特殊服务项目，如伊大的消防中心图书馆藏有大量有关消防方面的资料，可以为当地乃至全国的消防培训提供服务。美国大学图书馆为当地的社会服务基本不收费，不以盈利所驱动，尽管这里有其社会原因，因为有些经费来自当地的纳税人，但是免费对社会开放服务已经深入人心。此外，美国大学图书馆还积极开展为社会残疾人群服务。美国高校图书馆网页上普遍设置残疾人服务一览（Services for Users / Person with Disabilities），包括服务内容。如介绍图书馆为残疾人服务的项目，以及各分馆，具体管理服务人员的联系电话等。

中国高校图书馆由于体制和经费渠道的原因，服务对象和服务范围一般都局限于本校师生，不对社会读者开放，与当地政府和企业联系也很少，很少承担当地的社会服务任务。所以说，中国高校图书馆的服务相对来讲还是比较封闭的，没有走向社会。在为残疾人服务方面，中国高校图书馆也存在缺陷，没有考虑到残疾人的需要，在高校图书馆网页上，较少找到为残疾人服务的栏目或项目。

四、服务开发

美国大学图书馆在资源开发方面一般都建立在本馆特色资源基础上开展工作。第一，美国大学图书馆非常重视本馆的特色资源建设和特色资源的功能发挥，这些特色的东西往往在图书馆主页上体现出来。如加州大学的“数字图书馆试验项目”，德克萨斯州立大学的“21 世纪的图书馆”，麻省理工学院的学科与课程栏目，等等。这些特色资源与学校的教学、科研以及具体课程紧密相连。第二，美国大学图书馆的数字化资料中有很大一部分是原生性特色，又使数字化资源具备了为开展创新研究提供素材的特色。第三，美国高校图书馆还十分重视收将与课堂教学相关的资料数字化后，提供给教师教学和学生做作业和写论文参考。这也是为何在美国几乎所有高校图书馆网页上都设有“课程预约”（Course Serves）。美国高校图书馆的服务体系中注意适时开展用户调研，调整服务形式和内容。美国高校图书馆在网上建立了各种与用户沟通的渠道，在有计划地广泛进行用户调查的基础上，制定出有针对性的措施。不仅如此，美国高校图书馆还注意研究用户的学术研究行为过程和方式，并有专门进行该类调查以对图书馆研究和服务项目选题进行探测性研究。尤其是对信息环境中其他信息服务及信息技术的提供者，他们能够做到与之相互支持，建立频繁的互动与合作关系。美国高校图书馆将学校教师、研究人员（尤其是信息技术人员、学生、出版社、研究机构、档案馆、博物馆、校外信息服务提供商乃至政府部门）等均视为信息服务开发和建设的伙伴，并有专门的机构和合作、沟通渠道，这种机制几乎在每一个数字图书馆项目中均有清楚的体现。显然，广泛的合作为高校图书馆服务体系提供了宽广的视野和强大的支持。

中国高校图书馆在这方面做得还远远不够，我以为主要有三个方面原因。第一，从高等教育发展历史看，我们国家起步晚，高等教育大发展也是20世纪八九十年代，高校图书馆发展亦如此。我们都知道图书馆的藏书建设需要一个积累过程，连自己的藏书规模都没有，很难形成自己特色。但是，经过三四十年的努力可以说我们大学的图书馆开始有了一定规模，藏书也开始丰富起来。第二，我们国家高校图书馆的文献资源建设费总是不足，每年的新书的购置相对较少，学校在确保生均每年拥有新书4册的情况下，很难有更多的资金投到资源开发上和技术开发上面。第三，我们高校图书馆普遍存在技术力量不足，缺少图书馆技术开发人员，计算机技术好的人图书馆难以留住。由于上述三个方面原因，所以我们高校图书馆的开发资源能力相对较弱。尽管，有时政府有钱了会设立一些项目来搞特色资源建设，但是一旦资金断裂就难以支撑继续做下去。浙江省高校在省教育厅的支持下搞过一个省内高校的数字图书馆工程，开始各个高教园区内的大学图书馆都积极参与，把各自馆藏特色的资源数字化之后，通过链接连到省高校图书馆统一的一个平台（ZADL=Zhejiang Academic Digital Library）。但是后续资金没有到位最后也不了了之。

随着计算机网络技术的迅猛发展，基于计算机网络的网上虚拟参考咨询服务在美国各大学图书馆被广泛应用，并逐渐成熟起来，出现了多种参考咨询服务模式并存的局面。美国现在大多数开展网络化的参考咨询或也称为联合参考咨询，而中国的大学图书馆大部分的馆开展了电子邮件参考咨询服务，少数馆有实时交互参考咨询。从调查中得知，中国实现馆际互借的联网图书馆比美国的要少得多，这说明各馆和其他馆，尤其是和国外机构的合作还没有深层次的展开，合作的力度还不够，还远远不能满足用户对国外文献的需求。美国的高校图书馆中都设有总参考咨询台，它一般都设置在图书馆大门入口处的显眼位置，而且总参考咨询台的服务时间与图书馆的开馆时间一致，都有参考咨询馆员在值班，随时解答读者的问题，让读者在进馆的第一时间里得到参考咨询服务。这一点在我校图书馆中是看不到的。读者进入图书馆往往不知道如何更便捷地查找到自己要找的资源。对于现代高校图书馆来说，“闭门家中坐，读者自上门”的服务方式已经远远不能适应时代的发展。主动推送信息，与读者保持良好的沟通，是做好服务的重要前提。

美国高校图书馆在网站的链接层次上比中国图书馆要多。中国高校图书馆在链接时，大多数能链接到两层或三层，极个别的可以链接到四五层。而美国高校图书馆除了由于用户权限的限制不能链接外，基本上都能为读者用户链接到所需的网站或网址，链接层都超过了五层，读者用户可找到自己所需要的任何信息资源，真正实现了可以在网上自由的学习和检索。中美大学图书馆在服务项目的设置上相差不是很大，其中，检索、咨询、在线预约续借、文献提供、网络导航是这些图书馆所共有的服务。美国大学图书馆优势的服务在于：传输课件服务、为残疾人服务、图书馆职位要求服务，另有哈佛大学图书馆的新服务——引文链接服务。在调查中，笔者发现，美国图书馆为用户服务的观念或意识比较强，在每项服务中，都可以链接到其他服务，而且每项服务都有相应的FAQ或咨询，帮助用户使用。从提供服务功能的多样化和完备性来看，美国大学图书馆的系统明显具有个性化服务功能多的优势。笔者总体感觉是美国图书馆有这样的服务特点：以方便用户的利益为主，能处处为用户的需求设想；重服务，轻技术，技术始终服从于服务；重使用，轻馆藏，收藏服务于使用。相比较而言，中国高校图书馆为用户服务的观念较弱。每个馆的服务设置都不同，而且每个页面只提供本服务，大都不能链接到其他服务。而且有的虽然也列出了相应的服务项目，但却是空页。各馆目前只是在建设本馆的馆藏，努力拓宽本馆的馆藏量，对各项服务的具体使用介绍不是很详细。尤其是我们农业图书馆，在服务功能和服务质量上还远远落后于其他图书馆。

五、服务手段

正如前面所讲，图书馆服务手段一般有两种：一种是传统服务方式，另一种是现代服务方式。传统服务方式需要通过人工操作来完成的图书馆各项服务，比如图书借还、报刊借阅、信息咨询等，需要读者本人亲自到图书馆才可以实现的，图书馆馆员则通过手工操作来完成读者借阅、咨询等，最终满足读者服务需求服务的方式。而现代服务方式则是通过计算机操作、远程网络操作就可以完成，不需读者要直接到图书馆就可以接受图书馆各项服务的方式。

过去，由于我们国家经济落后，科技不发达，在图书馆服务手段上与美国和西方国家相比存在较大差距。但是，随着我们国家科技水平的不断提高和信息网络技术的普遍运用，高校图书馆的服务手段已经基本跟上美国以及西方发达国家高校图书馆普遍运用的现代化服务手段，正如前面一节中提到的 Web2.0 技术中的微博、BBS、E–mail、RSS、WAP 以及目前使用较多的微信公众号等，此处不再赘述。

第五章　中美高校图书馆比较：技术篇

第一节　美国的科技发展以及图书馆自动化发展沿革

一、美国科学技术的发展概况

美国是一个移民国家，直到19世纪末及20世纪初，美国才开始涌现了大批的新产品和新技术，但这些发展都是以欧洲国家先进的基础科学和工程学为依据的，其主要目的是为了解决实际生产中的一些具体问题，缺乏具有革命性意义的技术创新。

1930年以后，由于希特勒和德国法西斯排挤和迫害犹太人，迫使欧洲大批优秀的科学家流入美国，壮大了美国科学研究队伍，有力地推动了美国科学研究的发展。随后，第二次世界大战爆发，又给其基础科研的发展以强烈的刺激。现代战争的发展，使科学技术发挥着愈来愈重要的作用。为了在战争中取胜，美国政府加强了它在基础和应用科学方面的研究。然而，最根本的原因还在于，当时美国技术发展已日臻成熟，不仅使它具备了进行广泛的基础科学研究的能力，而且也有了独立发展自己的基础科学研究的要求。从此以后，美国科学技术的发展进入了一个新的阶段。

1940年以来，美国在加强自身研究的基础上，迅速地吸收了20世纪以来其他国家在自然科学方面取得的重要成果，产生了如原子能利用、电子计算机、晶体管、空间技术等具有划时代革命意义的新技术。这不仅使美国的科技发展进入了空前繁荣的创新性发展阶段，而且导致了近代科学技术史上的第三次技术革命。基础科学研究的加强，促进了科学技术的发展。而新的技术手段的产生又深刻地改变着现代科学研究的技术和方法，促进了基础科学研究的发展。由于战争期间对抗生素生产的需求急剧增长，推动了对遗传物质的基础研究，而物理、化学和数学的新成就、新方法的渗入为生物学方面的重大突破提供了条件。

从20世纪40年代到50年代初，美国科学家在DNA双螺旋结构和DNA是遗传信息载体的发现，以及遗传密码的破译等方面的重大成就，使生物学的研究进入了分子生物学的研究阶段。在40年代末，美国科学家经过长期酝酿，几乎同时产生了控制论、信息论和系统论这三门崭新的横向科学。它们从不同的侧面揭示了客观物质世界的本质联系和运动规律，为现代科学技术的发展提供了新的概念和方法。之后，美国不仅在技术发展方面，而且在基础科学理论发展方面开始在世界上居于领先地位。这点可以从美国20世纪以来获得的诺贝尔奖的人数上得到印证。1901—1931年的30年间，全世界在物理、化学、生物学这三个领域中共有93人次获奖，其中德国为27人、英国为15人、法国为11人、美国仅6人。而在1945—1975年这30年中，共颁发该奖166次，其中美国获奖者为80人次、英国34人次、联邦德国为27人次、苏联和法国分别为7人次和5人次。从以上情况看来，战后美国不仅在经济上，而且在技术和科学方面都已跃居世界前列，从而完成了它由经济大国向科技大国的过渡。

在“二战”后到60年代初的这段时期，美国的科学研究与发展费用增加得特别迅速。1940年，美国用于研究与发展费用的总额仅为3.4亿美元，到1950年增加为28亿美元，1960年增为137亿美元。1980年则达到的540亿美元比，比1940年增加170多倍。战后美国的科研经费不仅就其绝对量来说增长得十分迅速，而且同其经济实力发展相比，科研经费的相对量也有较大幅度的上升。1940年，美国的研究和发展经费在国民生产总值中的比重仅为0. 3%，1950年为1. 0%，1960年最高达2.97 %，1980年为2.3%。美国研究与发展经费的充裕同它的科研活动受到多方面的资助有关。联邦政府和工业公司是研究与发展工作的最主要的支持者。

在60年代中期以前，联邦政府提供的科研经费约占全部研究与发展费用的65 %，工业公司提供33 %。此后，联邦政府的比重虽然有大幅度下降，但到了1979年联邦提供的经费仍占50%，而工业公司则为46 %。其余部分则由大专院校和非盈利性机构提供的。研究与发展经费的多种来源表明，科学技术活动在国民经济中发挥着重要作用。每个部门都有进行研究和发展的要求。它不仅使全国的科研活动有可靠而充裕的资金，同时这种多来源的资助还可以防止单方面控制研究与发展的重点，从而避免忽视某些重要领域的探索活动。美国不仅在科研经费上超过其他国家，在从事科学研究的科技人才方面的实力也最为雄厚。“二战”期间，美国一方面通过优惠待遇，大量吸引外国优秀科学家和工程师到美国工作。另一方面又大力培养本国科技人才。因此，战后期间，美国科技人员的数量增加得很快。

1954年从事科学研究和试制工作的科学家和工程师为23.7万人，1980年达到65.9万人，其中博士级的科技研究人员占一半左右。如果从每万人中从事科研工作的科学家、工程师的比重来看：1977年美国的这个数字是26人，日本为24人，西德为17人，英国为14人，它们都低于美国。而这些国家拥有的科技人员的绝对量与美国的差距就更大了。然而，美国科研人员不仅在数量上占优势，更主要的在质量上也超过其他国家。这点可以从诺贝尔奖奖金获得者的人数上反映出来。从1901—1978年，全世界获得诺贝尔奖奖金的共有262人次。其中美国有118人次，占35%，英国63人次，占19 %，德国51人次，占15 %，法国20人次，占10 %，苏联仅有10人次，占3%。而美国获奖者主要集中在第二次世界大战以后，从1949—1979年的三十年中，(这一时期全部获奖人数为192人) 美国有98人次获奖，占总人数51%，英国有37人，占19 %，苏联8人占4%。德国和法国在此期间获奖人次则大大少于上半个世纪。值得注意的是美国获奖者在物理学和生物学、医学方面表现得最为突出。在此期间美国获得物理奖的有43人，占全世界总数的37 %，生物医学奖者53人占42 %，都远远超过其他国家。这一点说明美国不仅在20世纪的带头学科——物理学方面占据优势，而且在未来科学技术革命的带头学科——生物学方面也走在世界前列。

美国发表的学术论文和拥有专利数量在一定程度上反映了科技资源的质量。据美国科学基金会统计，70年代在世界有影响的2100份刊物上刊登的科技论文中，美国提出的论文占38%—39%。1976年美国、英国、法国、西德、日本、加拿大和瑞士七国共颁发专利235119次，美国拥有82977次，占35.3%。其中在本国获得44162次，占6 2. 9%，在外国获得38815次，占23.5%。另外，据经合组织的一份报告统计，战后到1968年以前产生的104次主要发明中，有60%源于美国，15%源于英国，10%源于西德。大致与它们各自在经合组织的总产值中所占的比重相同。

一个国家的科学技术能否发展，不仅取决于该国拥有科技资源的数量和质量，更重要的是国家政策的导向，有一个健全的科学研究体系来合理地分配和使用这些资源。美国科学技术的迅速发展是同它完整强大的科研体系分不开的。美国科研体系主要由四部分组成。即工业部门中属于制造业或非制造业私营公司的研究中心、研究所或实验室；联邦政府的研究机构；公立和私立的高等院校；非赢利研究机构（主要是私营科研机构的一种特殊形式。根据法律其收入应当用于进一步发展科学研究）。应该指出，早在18世纪末期亦即合众国成立初期，美国科研体系中的主要部分就已产生，而整个科研体系的形成大体是在20世纪初期。这个时期还产生了美国高等学校、联邦政府和工业公司的第一批研究机构。在20世纪的前半世纪，美国科学研究机构发展得十分迅速，并愈益复杂化了。但是它基本上是在已经形成的传统范围内发展的，并且高等院校通常具有两种职能：教育和研究。但是大学和学院的科学研究工作，主要集中在基础理论研究方面。从60年代以来，大学和学院中用于基础理论研究的部分在它的科学研究经费中的比重一直占68%以上。在60年代初期到70年代初期甚至超过了77%。如果从科学研究人员来看，70年代初期，美国从事一般理论研究的科学家和工程师中有三分之二左右集中在大学和学院。尽管这个时期全国的科研投资中用于高等院校的部分是 13.4%，但是高等院校承担的基础理论研究工作相当于全国的二分之一。在 70 年代后期，这一比重还有所增加。非营利的研究机构主要从事于应用研究。

在 1955—1965 年期间，非赢利机构在应用研究方面的费用占它的科研经费的 42%—46% 左右，此后它的科研方向逐渐向发展研究转移。70 年代后期，应用研究的开支下降为 35% 。而发展研究和基础理论研究，则由 1965 年的 28% 和 30% 上升为 30% 和 32 % 工业公司的科学研究集中在发展研究方面。在 1955—1975 年期间，工业公司的全部科研投资中用于发展研究的部分一直是在 76%—78% 之间。它们所承担的发展研究工作在全国总量中占 83%—85%。同时，工业公司的研究机构在应用科学方面也进行大量工作，长期以来由工业公司进行的应用研究工作的比重一直占全国 55 % 以上。政府的研究机构主要是大型的军事科学研究企业和民用部门的一些实验室。它们是通过咨询、鉴定与各种宣传工作，在生产实践中普及和推广科技成果。因此政府的研究所和实验室主要是进行发展方面的研究。此外，政府的研究机构也进行了相当数量的应用研究。通常情况下这两项研究工作分别占用其科研经费的二分之一和三分之一以上。

二、美国图书馆自动化发展概况

美国是世界上图书馆自动化的领先者。自 1954 年海军兵器中心（NOTS）建成世界上第一个图书馆计算机应用系统以来，图书馆自动化系统发展经历了四个阶段：20 世纪 60 年代中期至 70 年代上半期是起步阶段或者说试验系统与基层系统阶段。70 年代下半期至 80 年代是协作系统与联机实时理阶段，或者说是集成化系统年代和网络化发展阶段。90 年代至今是高度网络化和集成化时期。21 世纪是数字图书馆阶段。随着计算机技术和通信技术的迅猛发展以及多媒体技术发展的应用，图书馆自动系统正朝着向高度网络化方向发展，已处理日益增多的数字资源。下面分别来叙述美国图书馆自动化大致经历的四个阶段：

（一）60 年代中期至 70 年代上半期图书馆自动化受当时大型机算计影响及限制，有集中发展趋势

60 年代中期，美国国家医学图书馆首先使用计算机建立医学文献分析及检索系统（Medical Literature Analyses and Retrieval System—MEDLARS），紧接着，美国国会图书馆也开始设计及推广机读式编目的标准格式（Machine Readable Cataloging—MARC—format），将图书馆编目的资料用机读编目的格式做成磁带，分送大型图书馆试用。随着机读编目的发展，在美国俄亥俄州的一些大学图书馆借此机会设立了俄亥俄学院图书馆中心（Ohio College Library Center），并以合作的方式，聘请了当时

的图书馆自动化专家 Mr.Frederic Gekilgo 来主持这项工作。当时该中心购买了一部大型计算机，开始合作编目，同时利用国会图书馆的磁带目录及其机读编目的标准格式，加上参与馆输入的编目资料，建立中心目录库。先是机外作业，然后开始联机作业。1971 年 8 月 26 日。俄州大学图书馆向 OCLC 输入了第一条由成员馆编制的书目记录，首次使联机联合编目成为现实。在图书馆自动化的历史上写下浓重的一笔，由于当时中小型计算机还处在雏形时期，而大型计算机价格偏高，适合图书馆使用的软件还非常稀少。因此，在图书馆自动化方面一般认为应集中发展，不宜个别单独进行。OCLC 的成立为图书馆自动化，尤其是合作编目、建立联合目录开辟了一条可行的途径，很多图书馆都纷纷申请加入。由俄亥俄州扩展到邻近各州，进而在短短十年时间里，发展成为一个全国性的系统。到 1977 年 OCLC 的简称已不再代表俄亥俄学院图书馆中心。它的新名称是 OCLC 图书馆计算机中心（OCLC=Online Computer Library Center）。这时，申请参加的图书馆已由当初俄亥俄州 54 所大学与学院图书馆发展到四千多所各类型的图书馆。

根据 1992 年 6 月的统计，OCLC 的成员已超过 1.53 万所图书馆，分布在美国各州及世界 47 个国家和地区。OCLC 的经费已由最初的一年 6.4 万美元增加到 9500 万美元．工作人员也由最初的 4 人增加到近千人。OCLC 最成功的服务项目是合作编目联合目录及馆际互借 OCLC 的目录资料库目前居世界之首，并每年以 200 多万条新目录递增。参与图书馆在编目时可以很容易地在 OCLC 的资料库中发现约有将近 94% 的新书已经编好了。因此，不用重新编目。只需做 6% 的原始编目。这种人工及时间的节省，不仅降低了图书馆在图书编目方面的费用。而且大大地改善了图书馆对读者服务的形象，使新购书刊能够很快地上架以便于读者利用。因为 OCLC 的编目资料库越来越丰富，自动化程度也越来越先进，使得找书非常容易。OCLC 在 1979 年开始提供全国性的馆际互借服务系统，将过去的人工作业的诸多不便及缺点，进行了划时代的革新，效果非常卓著。

在美国，除了 OCLC 的发展外，在 60 年代另一个大进展是很多出版文摘和索引的机构。如美国的化学文摘社等，也开始使用计算机作业，以缩短人工整理资料及排版的时间。由于大批的资料贮存在计算机内，联机检索服务随之产生大规模的资料库服务中心也应运而生。目前，因通讯网络的发达，分布在世界上各个角落的图书馆都可经由多种卫星通讯通道直接检索近千种资料库。除了目录资料外，很多资料库还贮存了文献、数据及其他资料，检索便捷，大大提高了资讯的有效利用率。

（二）70 年代下半期至 80 年代中小型及微型计算机兴起并逐步普及

70 年代下半期，随着中型计算机的问世，拓宽了图书馆自动化的领域。OCLC 虽然在合作编目建立全国目录库，及馆际互借上为图书馆提供了极大的方便及革新。但在发展全面性图书馆自动化系统方面，还不及一些图书馆或个别厂商所发展系统的成效显著。例如，至 1988 年年底，OCLC 的全国目录还不能提供主题标目及关键字的检索。因此无法完全取代传统式的目录卡片。在提供图书采购、流通及期刊控制系统方面，OCLC 亦显得步调迟缓、不够积极了。因此，在 70 年代末 80 年代初期，很多图书馆除了仍使用 OCLC 做合作编目、联合目录及馆际互借外。在其他方面则开始使用自己设计或一些厂商设计的适用于中型计算机系统来实现图书馆的全面自动化。1992 年，据美国图书馆系统市场调查报告，有 29 家厂商在美国及世界各地的 6459 所图书馆中装置了他们的系统。其中 3664 图书馆是在美国。80 年代初期，除了中型机大受一般图书馆欢迎外，微型机开始出现相应的软件系统亦大量增加，为一些小型图书馆提供了自动化的有利条件，微型机除促成小型图书馆自动化外，因其价格便宜在中大型图书馆中也被普遍采用。这些微机除了用在联机检索之外，还用在文书处理、小型资料库的建立、采购、会计等方面。OCLC 也将微机装成联机作业的工作站。到了 80 年代中期以后，密集光碟开始进入美国图书馆市场，渐有取代人工检索印刷出版目录的趋势。因为密集光碟的储存量大、造价低、机器检索方便，具有可供使用者自己动手检索等优越条件，受到图书馆及读者欢迎。除光碟之外，电讯传真也在 80 年代后期因技术的改进及读者对文献传递的需要很快地普遍化。

（三）90 年代图书信息服务因新技术的不断更新而继续加速发展，俄亥俄州乃至全国范围的信息使用网络诞生

由于馆藏文献的大量增加，许多图书馆馆舍面积日趋紧张。在这种情况下，一些州立大学除向政府要求建立新馆舍外，着手建立一个全州范围的图书馆与信息网络，以解决联合采购、联合查询及馆际互借等问题。其网络分为三层：即校园网络、全州范围的图书馆与信息网络和全国与国际信息网络。它既具备单一图书馆的局部管理功能，又可以开展全州范围的馆际合作，还可以进行全国以至国际范围的信息检索。其宗旨是实现大范围图书馆文献资源共享。读者面对的不再是一个本校、本地区图书馆系统，而是一个全州、全国乃至更大范围的大图书馆系统，本校、本地区图书馆只不过是这个大图书馆系统的组成部分。

信息合作网络的建立，其优越性主要体现在三个方面：一是目录查询方面，不但扩大了读者可以了解利用的文献范围，而且为各成员馆更合理有效地发展馆藏创造了条件。例如：Ohio-LTNK 的中央目录数据库汇集了成员馆的五十余万种文献，最终将达到 700 万种以上，其中，60% 是各成员馆独有的，有些只有少数馆收藏。读者不仅可以查询中央目录数据库，而且可以查询其他成员馆的目录。二是在馆际互借方面，极大地提高了成员馆之间馆际互借的速度和可靠性，OCLC 系统虽能提供馆际互借的功能，但其联合目录中并不反映成员馆的馆藏复本和流通状况，读者为了借到一本书有时需

依次向几个馆查询，每个馆答复的周期为四天，再加上传递时间，这本书要两个星期左右才能到达读者手中。而在信息合作网络中，读者在发出借阅申请之后的48小时之内就可以收到所借文献。三是在检索各种信息数据库方面，由于信息合作网络集中购买多种专业的数据库用于网上检索，从信息网络中心即可检索到各种各样的信息，从而节约了各成员馆重复购买这些数据库的费用。

（四）21世纪信息资源共享的发展方向使若干图书馆正在进行数字化图书馆的建设

数字图书馆建设代表着21世纪的图书馆自动化技术，它能使读者以最快速度获取所需资料，并使图书馆之间能做到最大限度的资源共享。这些图书馆均参加了美国国家科学基金会的数字图书馆计划；密歇根大学图书馆参加了Elsevier科学电子杂志计划，提供文本和图形的信息服务；人文和环境科学资料数字化并提供服务；一批古埃及资料、美术图像数字化并提供一万多幅图像的查询。它重点研究建立数字图书馆的结构模型和文本、图像的检索技术。卡内基－梅隆大学与匹茨堡电视台合作，研究声像资料数字化及其存储、检索、传送技术，电视节目数字化及其新的服务。伯克利加州大学为全国建立电脑、通讯的信息科学数字图书馆，将美国80多个图书馆的电子资源用SGML、HTML、ASCII、page image等方式集成起来，提供服务；还在进行历史档案、杂志和书的数字化技术等15个子项目的研究。斯坦福大学进行数字图书馆基础结构模型研究，各种信息系统的接口、标准、协议、版权及计费系统的研究，自然科学和社会科学等文献数字化，特别是地图的数字化研究等。IBM公司和中国国家图书馆、西班牙博物馆、印第安纳大学音乐图书馆、梵蒂冈图书馆等合作，进行馆藏数字化和检索系统的研究与试验。目前美国一批图书馆已发起建立数字图书馆协会（Digital Library Association），成员馆每年要交5000美元会费。对于图书馆自动化今后的发展趋势，美国图书馆界抱有多种不同看法。但多数人认为，图书信息服务的发展仍会因新技术的不断更新继续加速，并对图书馆的动向有决定性的影响。21世纪的图书馆不管是以什么形式出现，在促进知识发展、信息传递、提高生活素质和文化水平上将担当更重要的任务与使命。

三、美国图书馆自动化系统状况

美国图书馆自动化系统发展迅速，到90年代已形成3.77亿美元产业。由于计算机技术与通讯技术的飞速发展，各公司在图书馆自动化领域竞争日趋激烈，为了立足市场，纷纷对产品更新换代，在传统的老五块基础上加上其他信息服务模块，以适应社会对开发系统的要求。在这些公司中占世界市场份额最大的有Innovative、Dy nix、Geac/CLSI、NOTIS、VILS、DRA公司。接下来对这些系统公司的产品以及基本系统和操作系统做一个简单介绍。

（一）Innovative 系统

产品名称为 INNOPAC。基本系统为：编目、流通、公共查询、采购、期刊管理、典藏管理。操作系统为 UNIX。MARC 支持能力为 USMARC、UNIMARC、CMARC。

（二）Dynix 系统

产品名称为 Dynix Horizon（Marquis）。基本系统为：编目、流通、公共查询、采购、期刊、指定参考书、视听媒体管理。操作系统为 VMS，UNIX。MARC 支持能力为 UNIMARC，CSMARC，CMARC。

（三）Geac 系统

产品名称 Libs 100PLUS（PLUS）。基本系统为：编目、流通、公共查询、采购、期刊、器材预约管理。操作系统为 UNIX。MARC 支持能力为 UNIX。

（四）NOTIS 系统

产品名称为：Horizon。基本系统为：编目及权威，控制、流通、公共查询、采购及资金结算、期刊、报表生成。操作系统为 UNIX。MARC 支持能力为 USMARC，CANMARC。

（五）VILS 系统

产品名称为 Easy PAC。基本系统为：编目、流通、公共查询、采购、计划控制、收藏管理、关键词、财务管理等。操作系统为：UNIX。MARC 支持能力为 USMARC。

（六）DRA 系统

产品名称 DRA System。基本系统为：编目、流通、公共查询、采购、期刊、报表生成、权威控制、典藏。操作系统为 UNIX、VMS。MARC 支持能力为 USMARC。

四、美国图书馆自动化系统特点

美国图书馆自动化系统有以下几个特点：

（一）积极应用新技术和新标准、开发各种附加功能模块

现代新技术，特别是网络技术和计算机技术日新月异，发展迅速。美国自动化系统（简称 LAS）厂商在激烈的竞争中，竞相采用新技术，开发新产品。如 Innvoative 公司为庆祝其成立 25 周年而开发的 Millennium Silver，可通过 XML.Harvester 存取数据（OAIPMH）进入 Web OPAC，在流通模块中引入了电子商功能和 Mobile Collection 功能。特别是 Ex Libris 公司开发的 OpenURL，已成为美国有关数字资源整合的一种国家标准协议，得到了广泛应用；Dynix 则积极参与了 NCIP（流通接口协议）和 SIF（学

校互操作框架）等标准的制定。美国较大的LAS厂商都开发了扩展功能模块，且各种模块可与其他厂商的集成系统无缝链接。如Ex Libris除开发了Digi Tool、SFX和Metalib等附加模块外，还开发了数字资源管理、数据仓库、馆际互借、资料预定、联合目录等扩展功能模块。用户可根据自身规模和类型选用真正适合其需要的系统模块。

（二）与其他公司合作开发产品

美国LAS厂商的一个显著特点是与其他公司合作，特别是和信息内容提供商积极合作，使系统和内容整合起来。以Ex Libris为例，2001年6月，Exi Libris和ABLETM联合开发了ALEPH图书馆管理系统和姗LE图书馆装订系统之间的信息接口。2003年1月，Ex Libris和Syndetic Solutions建立了伙伴关系，为使用ALEPH500（16+版本）或S狱的客户提供Syndetic的丰富选项。2003年6月，Ex libris又和Net Snippets签订了一项技术集成与合作协议，为个人及合作信息管理提供综合性的解决方案。该公司还与SF–systems、Sun和WebCT等多个厂商有合作项目。

（三）与用户交流频繁

LAS厂商为用户提供售前、售中、售后服务，积极听取用户意见。例如，通过遍布世界的代表处，Ex libris提供24/7/365的电话、传真和E–mial服务。在通常情况下，分公司和服务代表处在第一线为用户服务，必要时，该公司总部的主力支持团队也参与为用户服务；Ex libris的技术专家能随时回答ALEPH500系统运行和编码方面的问题；客户还能收到一份季刊，了解自己使用一线支持服务的相关信息。Dynix则把客户服务分为综合服务、维护服务、培训服务和专家服务四类。厂商还定期、不定期召开各种用户会议，费用一般由厂商支付。

（四）在系统运行过程中参与维护

LAS厂商积极参与系统维护，一方面，可以提高服务质量；另一方面，可以增加收入。图书馆可能在很长时间才会购买新系统，但系统的维护是时时需要的。

（五）大型系统是技术的领先者 ARL（Association of Research Libraries）

主要由美国大型高校图书馆组成，目前有123个成员馆。ARL成员馆所用的系统是LAS中的高端产品，它代表了LAS的主流市场。ULC（Urban Libraries Council）主要由美国大型公共图书馆组成。目前有136个成员馆。ULC成员馆所用的是以LAS大型系统为主的，每个图书馆服务的读者人数至少在10万以上。

除上述特点外，美国自动化系统发展过程中还有以下几个方面的特点：

一是系统集成化与公司兼并：美国图书馆自动化集成系统除了老五块子系统，有些非传统文献处理模块也被集中到系统中来，如全文数据库查询、目次表浏览、影像等多媒体信息查询、全球图文超文本查询（WWW）等。同时这些集成系统公司以市场经济为导向，购买别的公司或购买别人的模块，然后结合到自己的产品中，出现了公司兼并和产品兼并的动向，如 Geac 购买 CLSI 公司，DRA 购买 INLEX 公司的产品等，开始形成由集成系统到系统集成的模式。

二是系统网络化与国际联网：网络化是图书馆自动化集成系统的发展方向，从介绍的几个自动化集成系统看，没有一个图书馆搞封闭系统，都以网络为系统的核心，支持各种网络互连协议。有的系统形成自己的网络，但大多数 UNIX 系统和非 UNIX 系统均采用 TC P/IP 协议，国际网络 OCLC 和 Internet. 国际标准化组织（ISO）提出开放系统互联网 OSI，为不同系统联网提供了标准，TCP/ IP 协议可实现异机种互联。OSI 和 TCP/IP 两种协议将是今后系统互联网络的主要标准。

三是标准化与开放系统：Z39.50 协议是近年来在美国建立的图书馆自动化检索命令标准。大多数图书馆以 Z39.50 协议结合集成到图书馆自动化系统中，所介绍的几个系统都支持 Z39.50 协议，每个系统都通过自己的 OPAC 功能，查询任何支持这个协议服务器上的资源。UNIX 操作系统被认为是开放系统的操作系统，因各厂家都有自己的 UNIX 版本，在一种 UNIX 机器上能够运行的软件不能在另一种机器 UNIX 平台上运行，所以也需要逐步统一标准。今后 UNIX 是广为推行的操作系统，以上介绍的几个系统都基于 UNIX 平台运行。

四是用户界面图形化与多媒体应用：图书馆用户界面 GUI 是推动界面技术的真正动力。以上介绍的图书馆自动化系统有的能提供所有模块的 GUI 界面，有的系统界面虽是 CUI，但其 OPAC 模块实现了 GUI 界面。由于它们都基于 Windows 软件，很容易与 Windows 下的数据库等各种软件进行数据共享。GUI 符合用户的习惯，大多数公司都采用微软公司的 Windows 界面技术。另外也符合多媒体信息应用，由于光盘网络化，多媒体技术加上新型图形界面技术的发展，多媒体在图书馆自动化系统中应用更加广泛，有的系统已有多媒体信息查询模块，如 VTLS 公司。

第二节　中国科技发展及图书馆自动化发展沿革

一、新中国成立以来科学技术发展历程

新中国成立以后，党和政府在不同时期制定科技发展战略，并做出了对发展科技的各项决策，为科技的发展提供了可靠的保证。按时间的先后顺序，我国科技发展大致经历了三个阶段：第一个阶段是新中国成立到 1955 年。这个时期新中国科技事业有了较全面的发展。新中国成立以后，党和政府高度重视科技工作，不久就建立科研机

构。1949 年成立了中国科学院，逐步建立了由中央各部门、高等院校和地方组成的科学研究体系。第二个阶段是 1956 年至“文革”之前。这个阶段国家制定科技发展规划。1956 年 1 月，制定实施了中国科技发展的远景规划（即《1956 年至 1967 年科学技术发展远景规划纲要》）和“十年规划”（即《1963 年至 1972 年科学技术发展规划》）。两个规划的实现，使我国科学技术有了较全面的发展，为我国科学技术现代化奠定了基础。第三个阶段是文化大革命时期到 1976 年。这个阶段我国的科学技术事业遭受严重破坏，但取得了突破性进展。这一阶段所取得的科技成就有：第一颗导弹和氢弹爆炸成功；南京长江大桥落成；“东方红 1 号”发射成功；杂交水稻育成等。第四个阶段是 1976 年“文革”以后。这个阶段我国的科技事业进入了一个蓬勃发展的新时期。1978 年是我国社会主义建设的一个转折点，也是我国科技事业发展的一个分水岭。1978 年 3 月，中共中央召开了全国科学技术大会，制定了全国科学技术发展规划纲要；1985 年中共中央做出了《关于科技体制改革的决定》；1995 年，党和政府提出“科教兴国”战略，进一步推动了科技与经济的结合，科技进步促进了生产力的发展，经济的发展也推动科技事业进入了一个日新月异的新阶段。

第一阶段，1949 年到 1955 年。这一时期是我国科技研究机构创建和科技事业初步发展时期。新中国成立初中央研究院仅有 20 多个研究单位，科研人员 30 余人，设备极其简陋，工作条件极端困难。新中国一成立，党就把科学事业作为一项重要任务列入议事日程。《中国人民政治协商会议共同纲领》第 43 条规定：“努力发展自然科学，以服务于工农业和国防的建设。奖励科学的发现和发明，普及科学知识。”1949 年 11 月 1 日，中央文化部成立了科学普及局，组织和发动科学工作者，利用一切形式，进行科学知识的宣传教育，扫除迷信与愚昧，为人民群众学科学，用科学创造了条件。同日，中国科学院正式成立，它团结广大科学工作者参加中国科学院的创建与研究工作，并卓有成效地争取海外的爱国科学家如钱学森、赵忠尧、李薰等远涉重洋，毅然回国，成为新中国重要科学领域的开拓者和组织者。此后，一批新的研究所及图书馆、出版社、东北和西北两分院等机构相继建立。这对改善国家科学事业条件和布局，具有重大意义。

1955 年 6 月，物理学数学化学部、生物学地学部、技术科学部和学社会科学部成立，从全国优秀科学家中遴选出 235 位学部委员。学部的成立标志着科学院创建阶段的大体完成。同时，在建立研究生制度，设立自然科学奖金，初步确定学术职称，创办《中国科学》和各个学科的学报、整理和厘定科学名词等方面做了大量工作，并与苏联和东欧各国科学院建立了正式合作关系，开展了一定的国际学术交流活动。第一个五年计划期间，从苏联引进 156 项工程，包括冶金、机械、煤炭、石油、电力、航空、电讯和汽车等。建立了一批新兴工业，提高了自治能力，打下了我国工业化的初步基础。

此间，科学院协调和组了全国重大科技任务。诸如棉蚜防治、防旱、抗菌素、合成橡胶、粮食贮藏、湖泊的重点调和鱼病防治、东北及北方炼焦用煤的分类，等等。同时还开展了黄土高原、热带地区、橡胶宜林地带的综合考察，以及包头铁矿冶炼、球墨铸铁、无镍不锈钢等科研工作，并取得了成果，为我国国民经济的恢复和发展做出了贡献。

第二阶段，1956 年到 1966 年 5 月。这一时期是我国科技事业大发展时期。1956 年初，中共中央召开知识分子问题会议，毛泽东主席提出向科学进军、用几十年时间在经济上科学上迅速达到世界先进水平的任务。周恩来总理在会上就知识分子的作用、改善知识分子工作和生活条件等问题做了报告。接着在周恩来、陈毅、聂荣臻、郭沫若等主持下，制定了我国第一个发展科学技术的远景规划，即 1956 年到 1967 年的十二年规划。知识界备受鼓舞，全国出现了向科学进军的热潮，“规划”的主要任务于 1962 年提前实现。解决了我国经济建设中一批科学技术问题，填补了我国科技研究中一些重要空白，加强了某些重要基础学科，发展了原子能、电子学、半导体、自动化、计算技术、喷气和火箭等新兴科学技术。

期间，1957“反右”斗争扩大化，一部分知识分子受挫，使已经活跃起来的学术空气受到压抑；1958 年“大跃进”以阶级斗争为纲，用大搞群众运动的办法搞科研，打乱了科研工作的正常秩序。1961 年年初，党中央提出“调整、巩固、充实、提高”的八字方针，各条战线全面转入调整阶段。1962 年 2 月，全国科技工作会议在广州召开。周恩来、陈毅做了重要报告。明确指出，大多数知识分子已有根本的转变和极大的进步，和工人农民一样经得起考验，组成了一支为社会主义服务的队伍。同时，在聂荣臻主持下制定了第二个科技发展长远规划（1963—1972 年）。广大科技人员欢欣鼓舞，认真执行规划，1964 年到 1966 年年初，我国科技事业呈现出蓬勃发展的好势头。研制出了我国第一个晶体管、第一台通用数学电子计算机。光学精密机械仪器和高温合金、高温陶瓷、高分子材料等一批新型材料诞生了。特别是原子弹、人造卫星、人工合成牛胰岛素中许多关键科技问题得到解决。

尽管如此，这个时期我国开始从西方引近一些项目。第二个五年计划期间即引进 84 项。1962 年从日本引进第一套维尼龙设备，后又从日和本西欧等 10 个国家引进石油、化工、冶金、矿山、电子和精密机械等一批项目，填补了一部分工业空白。中国科技大学也就是在这个时期（1958 年）创办成立。

第三阶段，1966 年 5 月到 1976 年 10 月。这一时期，由于十年文化大革命的大动乱，使科技事业遭到严重的摧残。“文革”首先从知识界开刀。我国科技事业的大好形势被迫中断。林彪“四人帮”集团否定科学技术和知识分子的作用，诬称科技战线和科学院执行了“修正主义路线”，是“资产阶级的世袭阵地”、“知识分子是修正主义的社会基础”、“知识越多越反动”、“宁要无文化的劳动者，不要有文化的精神贵族”，对广大知识分子以“反动学术权威”罪名横加迫害，大批“理论风”，全盘否定基础研究和理论工作。结果是，秩序被打乱，队伍被打散，大批机构被撤除，大部分科研项目被迫下马。

科学院1973年比1965年研究单位由106个减少到53个，全院职工从6万人减少到2.8万人，其中还有很大一部分人被迫到干校劳动。“四人帮”对周恩来总理的要保护科技专家措施和要求科学院“在广泛深入实际的基础上，把科学研究往高里提”的指示以及胡耀邦关于重申党对科技工作正确政策的科学工作《汇报提纲》亦诬称为“刮复辟翻案风”进行批判。这个时期给我国科技发展带来较大的负面影响。比如，第四个五年计划期间引进技术367项，诸如大型化肥、化纤、石油化工、轧钢、发电、采矿及飞机发动机制造等工艺先进的技术设备，在“文革”中受到严重的干扰和破坏。

第四阶段，1976年10月粉碎“四人帮”以后，特别是党的十一届三中全会以来，我国科学事业进入了复兴和蓬勃发展的新时期。1978年党中央召开全国科学大会，邓小平做报告阐述了科学是产力的原理。阐述了科学是生产力的原理。指出实现四个现代化的关键是科学技术现代化，并明确宣布我国知识分子大多数是工人阶级的一部分，总结了党领导科技事业的基本经验。大会讨论了《1978—1985年全国科技发展规划纲要（草案）》。党在十一届三中全会后，认真落实知识分子政策，平反冤假错案，恢复全国科学机构，组织科技人员归队，使我国科技力量重新得到恢复和发展。1981年，全国科学院所属研究所已达116个，国务院各部委所属（民口）研究所900个以上。中国科学技术学会下属的自然科学专门学会100多个，大批的科技咨询机构相继建立，拥有科技人员38万人，其中大学毕业以上文化程度的约70%。全国科技人员达60多万。

随着我国改革、开放、搞活政策的贯彻，科技战线体制改革逐步展开。加强科技与经济的联系，从计划体制和经济政策上促进科技与经济结合，建立各种经济责任制，对科技人才的管理，实行了“招聘”和“定向流动”。1979年到1981年，我国又引进一批先进技术，其中主要项目有洗煤、电站、建材、炼油、化肥、化纤、石油化工、彩色显像管、集成电路和上海宝钢等。除了引进成套设备外，还引进单项技术和必要的单项设备，促进了原有38万个老工业企业的技术改造。并在沿海地区和城市设立经济特区，利用中外合资经营和外资独营企业，引进技术和人才。大力开展了国际交流合作活动，近年来，同近百个国家和地区建立了科技交流合作关系或技术贸易合作关系。向几十个国家派遣了几万名留学生、研究生、进修生，每年还有大批专家、学者和各部门负责人到国外行技术考察、参加学术会议和开发技术活动，有效地促进了我国科技事业的蓬勃发展。在新的时期里，广大科技工作者满腔热情地面向经济建设，认真组织科技攻关，大力开发和推广科技成果。仅1986年一年中全国就取得重要科技成果1万多项，其中大部分已应用于生产建设，获得比较显著的经济和社会效益。

二、中国图书馆自动化进程及概况

中国图书馆自动化建设从70年代末开始起步，大致经历了以下几个时期：

（一）70年代后期到1983年，为起步试验期

这一时期，主要探讨与图书馆自动化有关的问题及进行试验性工作。1979年，对于中国的图书馆来说，汉字的自动化似乎是唯一最大的甚至是不可克服的障碍。在西方我们都使用Qwerty标准打字机键盘，不用对大小字符集多作考虑。对于相类似的大小体字母A ~ Z、数字和特殊符号。现在大多数的计算机都使用信息交换的美国标准二进制表示ASCII（八位），它们在系统之间是可以兼容的，即在一个系统中的A在别的系统中也用同一位数串来表示。汉语的字符集约有四万个以上的单个字，大约有三四千个字经常使用。最首要的问题就是如何设计一个高效的输入键盘。然而到1985年，中国的输入输出以及内部处理基本上在不同的系统中解决了，实际上已大量地出现在中国和西方的市场上了。中国国务院1979年建立了一种双字节（16）位的国际码，因而实质上就只有这一种选择。这个结果使汉字和字母可结合使用，并且可用二进制表示在不同的系统中，因而建立馆际之间和国际之间的网络已经成为可能。

（二）1984年到1986年，为开发应用期

这一时期，各种类型的单项及多项计算机管理系统相继开发出来，有许多系统投入实际应用，实现图书馆业务操作，如采编、检索的自动化。中国有自己的图书馆分类系统，并且实际上至少有两种在广泛使用，一种是由中科院出版的，另一种是北京国家图书馆，后者出版的分类法几乎普遍地被各大学图书馆使用。目前中国还没有普遍地采用ISBN、ISSN，杜威十进分类法和美国国会图书分类号这些广泛使用在出版物和文献的分类当中的方法。因而，要想向这其中的某些系统进行转换将会是很缓慢的。中国的分类系统比较陈旧、不够全面。在某些领域也有不适当的地方。例如在计算机科学的类目中没有反映出世界范围内工艺水平的项目。中国图书分类体系将会在长期的使用中逐步完善，但是现在自动化仍可以进行，将来可通过软件转换成其他技术来解决。事实上，系统软件设计应该总是可以保持信息的特性以及对其他分类范例的转换的能力。

（三）1987年至20世纪90年代初，为集成系统发展初期

这一时期，中国图书馆自动化系统才算进入实质性研制与应用阶段。最早是在小型电子计算机上开发，随着微型机性能增强和汉字处理技术的成熟，许多图书馆开发了

实用的自动化集成系统，有的系统引进国外成熟的技术和自动化系统，加快了自动化建设的步伐，我国成功的自动化集成系统，中国科学院、文献情报中心传技整合性图书馆自动化系统、中国科学院上海有机化学研究所图书馆自动化系统、上海交通大学与包兆龙图书馆自动化集成系统、广东中山省级图书馆自动化系统、华东师范大学图书馆自动化集成系统、北京大学图书馆自动化集成系统。计算机应用由单项、多项应用向集成系统方向发展，逐步实现对图书馆所有环节自动进行管理、控制，构成整体图书馆自动化系统。根据对公共图书馆、高校图书馆、中科院图书馆和情报所的统计。截至 1991 年 6 月，共有 105 个单位应用单项管理系统，21 个单位应用多项管理系统；截至 1992 年 6 月，有 122 个单位应用集成管理系统，其中包括北京图书馆、北京大学图书馆、广东省中山图书馆。这一统计表明，在已应用计算机系统的图书馆，自动化发展已进入以集成化管理为主的阶段。

（四）数字化集成化发展时期

进入 21 世纪以来，我国的图书馆数字化集成技术有了很大进展，尽管与美国等发达国家相比还存在差距。我国图书馆自动化首先是建立一馆之内的集成管理系统，而不是在联机编目网络基础上发展集成系统。这是由于当时尚不具备建立图书馆网络的环境和条件。随着集成管理系统在越来越多的图书馆中的应用，已形成微机局域网系统、微机多用户系统、大中小型机系统与客户机 / 服务器方式并存的局面，并进一步向分布式网络发展。

目前，我们国家正在建设的代表性网络有：一是中关村地区教育与科研示范网络 NCFC（The National Computing and Networking Facility of China）。该网络上与国家数据交换网、全国科教网相连，外与国际 Internet 网互联，下与中科院 Casenet 网、北京大学 PUnet 网、清华大学 TUnet 网连接，终端联接到各所、局及院校各系。该网络的建设，将为实现中关村地区以至全国范围内的信息资源共享奠定基础。二是珠江三角洲地区公共图书馆网。计算机集成管理系统于 1991 年在广东省中山图书馆全面开通。迄今，该系统在深圳、佛山等图书馆也已全面投入使用。

三、中国图书馆自动化系统状况

中国图书馆自动化系统，是到了 80 年代后期才进入实质性研制与应用阶段。最早只是在小型电子计算机上开发。随着微型机性能增强和汉字护理技术的成熟，许多图书馆开发了实用的自动化集成系统。有的系统引进国外成熟的技术和自动化系统，加快了自动化建设的步伐。目前，我国比较成功的自动化系统有以下几种：

1. 中国科学院文献情报中心传技整合性图书馆自动化系统，产品名称：TOTALS

（二次开发）。基本系统：采购、编目、流通、检索、期刊等子系统、建有书目数据库、馆藏库、索引库。操作系统：UNIX。MARC 支持能力：USMARC，CNMARC。

2. 中国科学院上海有机化学研究所图书馆自动化系统，产品名称：SIOCL（一次开发）。基本系统：西文、中文、日文、俄文书目信息管理系统、期刊管理子系统、西文采编、流通管理子系统等十个子系统。操作系统：VMS。MARC 支持能力：USMARC，CNMARC。

3. 上海交通大学包兆龙图书馆自动化集成系统。产品名称：MILIS&UNIL（一次开发）。基本系统：采购、编目、流通、期刊管理、公共查询、资金管理 6 个子系统。操作系统：MPE&UNIX。MARC 支持能力：USMARC，CNMARC。

4. 广东中山省级图书馆自动化集成系统。产品名称：ZSLIAS&CN – LIMS（一次开发）。基本系统：机读数据库；中文、外文地方文献、中文期刊题录，广东省图书馆信息网等数据库。操作系统：OS/400(专用操作系统)。MARC 支持能力：USMARC，CNMARC。

5. 华东师范大学图书馆自动化集成系统。产品名称：HSULCIMS&ILIS – U（二次开发）。基本系统：书目、馆藏流通、读者采访等数据管理子系统。操作系统：UNIX。MARC 支持能力：USMARC，CNMARC。

6. 北京大学图书馆自动化集成系统。产品名称：PULAIS（一次开发）。基本系统：采购、编目、流通、咨询检索、数据库检索、国际联机检索。操作系统为 VMS。MARC 支持能力：USMARC，CNMARC。

四、中国高校图书馆管理软件开发公司情况

1. 汇文系统。成立于 1999 年 9 月的汇文软件有限公司，是由江苏省教育厅控股，南京大学、东南大学共同参股组建的股份制有限公司。该公司设计的江苏汇文文献信息服务系统（Libsys2000）以网络化、标准化、数字化、区域化为基本设计思想，使系统体现用户功能模块的完整性、界面的良好性、功能参数设置的灵活性等特点，并且具有强大的广域网环境应用服务功能，在数据库存贮级、应用检索级、用户界面级均实现了各种不同国际、国内标准与协议的应用。Libsys2000 系统采用分馆、总馆、地区中心三层网络体系结构模式，采用大型 ORACLE 关系数据库管理系统，使用 VB 、VC 、JAVA 等开发工具研制而成。操作系统提供选用 WINDOWSNT/2000 、UNIX 等；客户端的设备可选用 586 以上的微机，可运行于 WINDOWS95/ 98/ 2000/NT 平台下。产品支持多种格式存储，采用多种数据备份方式，采用 UNICODE 字符集，利用其开发的数据库一站式服务系统可实现联机跨库检索，实现对 Innopac 、Sersi 、ILAS 等系统

平台的访问。另外，该公司还开发了基于 GPRS 的图书外采系统、汇文电子阅览室计费管理软件、门禁系统等，并获得广泛运用与认可。

2. 北邮电信科技股份有限公司（简称“北邮电信”）。是北京邮电大学控股的高新技术企业，1992 年成立，2000 年整体改制为股份制公司。北邮“现代电子化图书馆信息网络系统”（Modern Electronic Library Information & Nets System，简称 MELINET S）项目是北京邮电大学图书馆承担的国家“九五”重点科技攻关项目。产品具有自主知识产权，是国内图书馆系统中唯一通过 ISO9001 质量管理体系的系统，先后获得国家信息系统优秀成果奖、邮电部科技进步奖、北京市科技进步奖等。该系统采用国际流行的浏览器 / 应用服务器 / 数据库服务器三层网络体系结构；具有多语种处理模块，支持声音、图像等多种类型体文献的处理。所有应用软件均建立在 TCP/ IP 底层协议基础上，实现网络资源共享；采用 ISO10160/10161 协议实现了网上馆际互借；采用 ANSI/NISO Z39 .500 协议实现网上信息检索，同时具有 OPAC 及 WEB OPAC 功能；系统采用 UNICODE 字符集，采用百度新一代信息检索技术，使用中文信息编目、公共检索系统的汉字录入、检索方便与准确；系统数据格式符合 ISO2709 标准，编目用户可自由定义 MARC 编辑模板和存储模板；可处理 CNMARC 、USMARC 、DBF 文件、TXT 文件等多种外部数据资源；可在多种操作系统环境下工作；在国内率先实现了汉字主题和名称规范控制的应用，使公共检索中的查全率与查准率大大提高；MELINET S 全套系统提示统一，各子系统的界面采用形象化的显示表现复杂的功能设置；在实用性方面，用户可根据情况设置工作参数，方便管理；MELINETS 具有完善的数据备份恢复机制，通过权限的划分使系统具有高可靠性；系统设计实现书目数据的联机编目、上传、下载、格式检查，以及数据传送的计费管理、收支统计、计费查询等功能；系统可实现文献和资料的访问权限的安全控制，实现了对文献安全性的规范化管理。北邮电信还自行设计开发了互联网资源采集与入库系统、异构数据库统一平台检索系统、数字文献处理系统（DIPS）（数字文献加工系统、数据合并模块、论文提交、文献推送、数据合并查重、文档格式转换）、数字资源内容管理系统（数字资源的发布与利用模块）、书商信息网络系统（可通过与书商信息网络系统的接口，实现书目数据的下载，进行网上订购，实现电子商务）等。

3. 北京丹诚第一代主导产品图书馆集成系统，DataTrans–1000。在国内率先定位于 Windows 平台和支持 Internet 网络环境上，率先将国内图书馆软件推进到 Windows 和 Internet 的时代，产品以高集成度、可配置、充分的 Internet 应用等特性，实现了图书馆采、编、典、刊、流、联合编目、WWW 查询等业务流程自动化管理。这一系统成为国内市场同类产品市场增长率最高的产品，至今已有合法用户 500 多家。丹诚新一代主导产品，数字图书馆系统 Data Trans–2000 ，在 DataTrans–1000 系统基础上，推出了多文种编目系统 IOE（Integrated Operation Environment），以简单易用的全新 MARC 编辑界面实现了 Unicode（多文种）编目，是国内第一家支持 Unicode 的编目系统。Data-trans-2000 系统全面支持 Unicode、支持全文检索、支持 Z39 .50 协议，软件配置体系全面采用 XML 技术。DataTrans-2000 系统通过 MARC 结构权限定义，实现了 MARC 记录子字段甚至字符级的权限控制。丹诚公司吸收国际先进的数据库开发理念，自主开发了非结构化数据库支撑环境，系统提供了基于 MS SQLServer 和 Oracle 等多种商用数据库平台接口，实现多种数据库底层组配方案。坚实的数据库底层技术基础，保证图书馆传统业务、特色数据库建设、联合编目、XML 和 DC 应用、数字资源管理等得以顺利展开。丹诚公司正由单一的图书馆集成系统软件扩展为网络信息发布平台软件、数字图书馆信息系统软件、书店管理系统软件、网络化书目数据生产加工等多种产品和服务的企业。

4. 深圳 ILAS（Intergrated Library Automation System）系统 [8]：1988 年，深圳图书馆承担开发了由文化部作为国家重点科技项目下达的图书馆自动化集成系统。其产品 ILAS 从 ILASV1.0—5.0，发展到 Client/Server 模式的 ILAS Ⅱ网络版，用户遍及全国 30 个省、自治区、直辖市，多次获国家级成果奖励。ILAS 系统采用自行研制的专用数据库，采用客户机 / 服务器（Client/Server）模式，主服务器采用 UNIX 平台，支持 GBK 字符集，客户端以 WIN98/WIN2000 为依托，以 Visual C++ 等为开发工具，使用 TCP/IP 通信协议，由管理程序控制多个相互独立的功能模块，形成一个多功能、多用户的集成系统。系统提供多层次安全保护方法，提供完善的日志记录，可进行系统运行历史查询，具有系统恢复和备份功能，及时诊断错误操作。全套系统操作提示统一，运行环境灵活，兼容多种形式的运行环境或机型。图书馆可按需设置参数，构造自己的业务环境，提供丰富的数据接口，可接收或输出 CNMARC、LCMARC、ISO2709 及多种定长格式数据。ILAS Ⅱ主服务器既可是图书馆业务工作的主机，又可是校园网、Internet 的 WWW 服务器。图书馆的读者在网络的任一工作站点都可以查到图书的馆藏信息和本人的借阅信息，在网上可进行预约或续借。提供对声音、图像、文字等多媒体信息进行全文检索的功能。

五、中国图书馆自动化集成管理的特点

1. 系统软件市场向系统集成和公司兼并方向发展。目前，在软件的选择上人们已形成共识："购买引进利大于弊"。因此，凡是早期由本馆自行开发的系统，其最终结局，或是转卖给商业性的开发机构，或是根本放弃。

2. 系统有稳定的体系结构。体系结构是系统的根基，先进而稳定的体系结构是

系统成功的基础。我国新一代图书馆自动化集成管理系统采用了先进的二层 Client/Server 或三层 Browser/WebServer/DBServer 或多层结构，这是一种分布式的计算机数据处理模式。

3. 系统逐步走向标准化。近些年来，我国图书馆自动化集成管理系统采用了国际上先进的技术与相关国际标准，并逐步实现与国际接轨。

4. 系统功能多样化。我国新一代图书馆自动化集成管理系统功能更完备齐全，更能适应网络环境下的发展，新一代图书馆自动化集成管理系统在图书馆业务管理自动化功能设计基础上，而且特别注重网络互联能力和网上服务功能的开发，另一方面根据国情拓展新功能。

5. 友好的人机图形化界面。人机界面不仅关系到系统的友好程度，更关系到了用户使用系统的效率高低。新一代图书馆自动化集成管理系统正从菜单式向视窗式发展，具有用户界面友好程度高、系统可操作性强等优点；使用户与电子信息的交互更直观，方便了使用，从而提高了系统的使用效率。

6. 安全性更强。系统安全措施是图书馆自动化集成管理系统正常运行的保障。为了保证数据的安全，新一代图书馆自动化集成管理系统在内部设置镜像功能。同时，系统选用了安全功能较强的数据库管理系统作为开发平台，以对不同类型用户访问数据库权限分别设置，并配以用户登录口令。

第三节　中美高校图书馆技术自动化比较

美国大学图书馆自动化技术比较成熟，已经形成一个比较完整的系统，称之为信息技术系统。它们开展的主要服务内容有：1. 图书馆集成管理系统，包括联机公共目录、编目、采购、期刊、借阅等分系统；2. 数据库，包括书目期刊数据库、文献数据库、用户数据库、多媒体视听信息数据库等；3. 计算机（包含主机与终端），以及附件准备的维护与更新；4. 图书馆网络系统。与此相比较，我们大陆高校的图书馆就没有这么齐全、完备，这里有许多具体的因素存在，接下来我们对两国高校图书馆自动化技术方面进行比较。

一、时间上比较

美国图书馆界早在 50 年代就引入了计算机，60 年代以来，开始了图书馆计算机自动化网络的研究。我们所知的OCLC就是由俄亥俄州54所图书馆组成的计算机中心，该中心于1967年创立，成为美国图书馆间自动化网络技术的肇端。1978年，RLIN（研究图书馆情报网 Research of Library Information Network）也开始了地区间及全国性的合作服务。到了90年代，随着美国政府对信息传输网络建设的日益重视，以及1993年克林顿、戈尔均发表有关国家信息基础的讲话之后，美国的计算机网络化工作进一步深化。目前，Internet广为普及，各州、地区，乃至全国的图书馆（当然包括高校图书馆），均组成联合体，如OhioIink（俄亥俄联通网），进行图书馆间业务及情报服务等工作。9 0年代中期，美国图书馆界试图创建一种新的图书馆网——ON（Organizational Network），ON中包括各类图书馆、电信企业、计算机公司等，力图使图书馆成为信息社会的重要物质部门。目前，美国图书馆界已真正实现了全国联网，TCP I/P协议下，所有图书馆均与Internet相连，实现了网上资源共享。

相对于美国来讲，我国计算机技术起步较晚，计算机网络建设只是近十几年来才开始着力研究开发的。起步时间虽晚，但我国信息网络建设也取得了一些成就，主要有：PSPDN网（公用分组交换网）、ISDN（综合信息服务网）、卫星网、广播电视有线网等，以上是基础公共信息网络设施。此外，还开通了数百个与Internet相连的信息高速公路终端结点，诸如中国科技信息网、中国经济信息网、中国教育科研网（CERNET），均与高校图书馆相联通。这些网络建设的成就成为我国高校图书馆计算机网络发展的物质基础和技术基础，正是在这种有限的网络基础之上，我国高校开始了高校间地区性乃至全国性的计算机网络建设。

二、技术比较

美国高校图书馆计算机网络化建设呈现出一种整体性特色，即所有高校图书馆均与Internet互联，各院校、系所均有各自独立的网上账号，各校图书馆之间可以通过Internet自由交流信息，实现了全国乃至全球性的网上资源共享。美国高校图书馆计算机网络建设已步入一种良性循环状态，基础框架已完成，进入更高层次的技术开发和设施完善阶段。

中国高校图书馆计算机网络化现状为：全国分为几大块，各块进行内部网络的建设和开发，尚未形成全国联通的计算机网。北京地区：1. 以中国教育科研网（CERNET）为中心，努力建成辐射全国的计算机网络。目前已有200多所高校人网，并与国内各大相关信息网及Internet相联通。21世纪内，CERNET将争取容纳全国大部分高校，建立起真正意义上的高校图书馆网。2. 以北大PUNET和清华TUNET为骨干的高校图书馆网与NCFC（中关村地区教育与科研示范网）相连，实现与国家数据交换网、全国科教网、中科院 casenet 及 Internet 相连的网络，首先实现中关村高校及高科技区的相连，进而达到全国范围的资源共享。3. 此外，北大、清华图书馆与中科院进行联网，已实现三者的网络化“ATTIJN”计划。目前，北大正在研制图书馆 PULAS 集成化系统。华东地区上海交大、复旦两校的“上海高校情报资源网络”计划发端于 20 世纪 80 年代初，十几年来，他们致力于华东各主要高校之间的计算机网的扩建工程。华南地区该地区中，各高校分别建立各自的图书馆集成化系统，为今后进一步实现地区内及全国性的网络化打下基础。例如，深圳大学研制了“深大图书馆计算机管理集成系统”。目前，该系统已移植到 Novel 网络环境下，功能更加完善；福建师大图书馆研制了“3 + 网集成化图书馆系统”；此外，湛江医学院图书馆、华南师大图书馆也分别建立了自己的集成化系统。其他地区华西医大图书馆、东北电力学院图书馆（整体化图书情报计算机管理系统）、成都科技大学图书馆（图书馆微机网络管理信息系统）等高校也在建立各自的集成系统。另外，中国高校图书馆还在各大部委牵头下，与各部委信息网相连，形成全国性的专业信息系统，如：“全国医学文献资源共享网络”即是由卫生部牵头，以协和医科大学图书馆为国家中心馆，包括上海医科大学图书馆、中国医科大学图书馆、北京医科大学图书馆、华西医科大学图书馆等 29 所医学高校图书馆为骨干构成的网络系统。

通过上述比较，我们至少可以看到以下两点：一是美国高校图书馆计算机网络化的最大特点是整体性。美国高校网已实现真正意义上的资源共享，各高校图书馆间的网上信息畅通无阻，为图书馆功能的发挥提供了坚实的物质基础，呈现出全国高校“一盘棋”的局面；二是我国则表现出“星星之火”的态势，即地区分割。全国分为几大块，各自进行内部互通，这无疑是由于全国经济实力不雄厚，资金注入及科研力量投入不足造成的，尚未实现全国高校的互联。此外，东西部发展不均衡，东部发展较快，已初步形成联通的基础，而中西部则尚无一个稍具规模的地区性高校计算机网络。整体上看，我国仍处于基础框架建设之中，要形成覆盖全国的高校图书馆网仍要付出巨大努力。

三、功能比较

美国高校图书馆计算机网络在物质设施上已很完备。因此，网络功能也逐步完善和深化，主要有：1. 资源共享：这是网络的基本功能，网上各馆互通信息，迅速便捷。2. 远程教学：利用网络远程通信的功能，可使教学突破时空界限，为师生提供便利的学习科研条件。例如，佛罗里达州立大学的数字图书馆可支持全州 2 万多名学生和 8000 名教师通过 Internet 互相访问信息，并且为用户提供拥有 2600 万条记录的目录进行查询和访问服务。又如，印第安纳大学音乐学院的BIM数字图书馆可使1500名师生收到音乐原声记录和乐谱，并提供珍贵音乐作品的共享服务。3. 图书馆业务工作：如网上进行联合编目以确保编目的准确性及节约人力；进行技术服务，回答用户咨询；为公众提供目录服务，如哈佛大学图书馆提供初级网络化信息服务，其馆藏目录可为公众利用；有的图书馆之间还通过网络系统进行馆际贷款、资金划拨；此外，还有接发E–mail的便利服务。4. 技术开发工作：高校图书馆网络所依托的是科研实力雄厚的各院校师生，他们可以站在学术前沿和技术前沿，对现行网络中的不足进行技术改造。另外，美国政府对技术的高投入也惠及各高校图书馆，使它们有物质基础来进行新网络的开发与研制。1993年，美政府投资4000亿美元进行全国信息基础建设。同年，美国国家科学基金会等联合发起，并投资2400万美元，在斯坦福大学等六所高校进行数字图书馆的分项研究。目前，许多高校图书馆已对馆藏文献进行数字化转换。

我国高校图书馆的计算机网络基础还不完善，影响网络功能的开发和利用。目前，现存网络功能主要有：1. 资源共享：进行文献情报的互通、查询。但内容单一，范围也不太广泛。2. 个别有实力的馆进行馆藏文献数字化改造，将它们搬上网络，如清华大学图书馆已着手此项工作。3. 代理国外图书馆网的业务。清华大学图书馆已代理OCLC业务，设立了全国性目录服务中心，并向全国各图书馆、信息中心提供检索。4. 代师生及其他用户接发E–mail。

通过以上比较我们可以看到中美高校图书馆之间有以下方面不同：1. 很显然，美国高校图书馆计算机网的功能较为全面、成熟，而我国尚处于初创阶段，无论业务范围，还是服务质量都有待于扩大和提高。网上信息资源的内容少，开发层次低，一般仅限于馆藏文献的检索，而对文献内容开发方面，如提供专题文摘、综述等较少。2. 我国高校图书馆网上资源的统一管理较差。许多高校网上资源配置重复，既造成用户的重复查检，又占用了内存空间。3. 美国各高校图书馆计算机网拥有一批能熟练操作计算机并有网络使用意识的用户群，这与其国内计算机知识的普及和网络设施的完备有关。因此，用户的积极使用可使网络的功能发挥较全面。而我国由于网络硬件少，计算机知识远未普及，导致网络用户群很小，加之培训工作落后，有的高校只有能力对博士生进行网络知识的培训，因此，网络的使用只是一少部分人员的“特权”，而网络的普及性教育、“平民化”推广和用户培训工作任重而道远。目前，我国正处于整体国力上升阶段。因此，我们高校图书馆应抓住这个契机，一面加强网络技术、通讯设施的改造与充实，同时还要注重对网上资源的配置、提纯和深加工，提高网上信息产品的数量、品种和质量，注重对用户“网络意识”的培养，使高校广大师生真正成为图书馆计算机网络的使用者和受益者。

第六章　中美高校图书馆比较：教育篇

第一节　美国图书馆学教育

美国图书馆学教育始于 1887 年，至今已经历了整整一个多世纪。在这一百多年的历史中，美国的图书馆学教育为美国图书馆学和图书馆事业的发展与繁荣做出了巨大的贡献。目前，美国已经成为全世界图书馆学教育最先进、最广泛的国家。美国现有各种各类型图书馆三万多个，其中三千个是大学图书馆和学院图书馆。据 1970 年统计，美国有 12.5 万名专业图书馆人员，每年大约有 8000 名图书馆专业毕业生。全美国现有 64 所具有图书馆硕士学位授予权的图书馆学院，大约有 25 所学院具有图书馆博士学位授予权。通常图书馆学院规定本科生学制为四年，硕士学位学制为三年，而华盛顿大学和加州大学洛杉矶分校在 1979 年规定硕士学制为两年。美国图书馆学教育的历史可以大致分以下几个时期。

一、美国图书馆学教育的创立与奠基时期（1887—1923 年）

美国图书馆学教育的产生是美国现代公共图书馆、学校图书馆和高等教育发展的必然结果。虽然美国在独立战争以后已出现了一些社会图书馆、私人图书馆和会员图书馆等公共图书馆的雏形，但作为现代图书馆运动的真正开始则是在 1850 年以后。自 1849 年新罕布什尔州第一个通过法案，授权各城镇拨款设立及维持公共图书馆以后，其他各州纷纷通过法案，使地方行政单位得以用征税来维持公共图书馆的发展。于是，公共图书馆开始了迅速的发展，图书馆的数量和藏书的数量有了显著的增加，图书馆学会也开始了迅速的发展。与此同时，南北战争以后，美国高等教育亦开始了迅速的发展。1862年莫雷尔法案（Morrill Act）① 获得通过，联邦以拨增公地的方式对职业教育学院提供补助，于是各州立学府的数量，尤其是师范学院、农学院和工学院的数量有了显著的增加。

随着高等教育的发展，美国各学区迫切需要学校图书馆的发展，这样加利福尼亚州于1854年和1866年均曾通过图书馆法案，由州政府补助学校图书馆，以加强学校图书馆对学生和教师的服务，至1875年，通过法案设立学校图书馆的州已达二十个，但此时学校图书馆的经费仍然没有完全保障，到1880年以后，美国各学校图书馆开始获得了正常的经费，学校图书馆开始了迅速的发展。公共图书馆和学校图书馆的迅速发展，使得过去从事图书馆工作的兼职馆员的数量严重不足（过去美国的图书馆工作一直是由少数非全日制的人员兼任），远远不能满足图书馆工作的需要。于是开始出现了一些全日制的专职图书馆管理员，但是，无论哪一种类型的图书馆员都缺乏必要的职业训练和专业知识，这样培全新的具有专业知识的图书馆员又成了一个迫切的需要，在这种历史条件下开始产生了美国的图书馆学教育。

（一）职业培训

最初，美国的图书馆学教育并不正规，绝大多数的职业教育就像师傅带徒弟一样，由富有学识和实际工作经验的图书馆馆长，带着本馆的职员一边工作一边传授业务工作知识和技能。1856年，美国19世纪最杰出的图书馆学家威廉·弗雷德里克·普尔（William Frederick Poole 1821—1894年）出任波士顿公共图书馆馆长，开始了对本馆青年职员的职业培训。普尔除在工作中向职员们传授必要的业务技能以外，还不定期地进行一些业务讲座。他在担任波士顿图书馆馆长的十三年间，培养出了一大批全美著名的图书馆学家，如：卡罗琳·休因斯、威廉·弗莱彻和查理斯·埃文斯，等等。普尔的这种职业培训取得了较大的成功，以至于许多19世纪以后的美国图书馆界领袖人物都将其所接受的图书馆学教育归功于波士顿图书馆。美国著名目录学家查理斯·埃文斯就把波士顿图书馆喻为“我目录学生命的母校”。随着这种职业培训的发展，到1870年以后，少数学院和师范学校亦开始开设图书管理课程，这些非正规的图书馆学教育的开展，无疑为美国图书馆学正规教育的产生开了先导。

---

① 美国国会于1862年颁布的《莫雷尔法案》（*Morrill Land-Grant Act*），是美国高等教育史上最早也是最重要的法案之一，它对美国甚至世界高等教育的发展产生了深远的影响。《莫雷尔法案》有时也译作《莫里尔法案》，该法案规定，按各州在国会中参议院和众议院人数的多少分配给各州不同数量的国有土地，各州应当将这类土地的出售或投资所得收入，在五年内至少建立一所“讲授与农业和机械工业有关的知识”的学院。后来这类学院被称为“农工学院”或“赠地学院”，这些学院是《莫雷尔法案》结出的果实，当时把联邦拨地用于独立设置农工学院的就有28个州，宾夕法尼亚等州是把拨地转给原有的农业学校，有的州是在州立大学增添农工学院。农工学院的发展为美国职业技术，尤其是农工业职业技术的发展培养了不少人才。

(二)正规教育的创立

1883 年，美国著名图书馆学家杜威受哥伦比亚大学之聘，担任哥伦比亚大学图书馆馆长，并照过去的模式亲自为本馆职员开设了图书馆学培训课程。为了推动美国图书馆学教育的发展，杜威在从事职业培训的同时，开始了创办正规图书馆学教育的设想。经过三年的筹备，杜威 1887 年 1 月 5 日创办了美国第一个正规图书馆学教育机关——哥伦比亚大学图书馆学院，并自任院长。该学院学制两年，首届招生 20 名，其中女生 17 名，男生 3 名，全部学员居住在哥伦比亚大学教堂的楼上，条件较为艰苦。然而，由于哥伦比亚大学一贯只招收男生，对于女生来说是一个禁区，而杜威又坚持要招收女生，并执意在图书馆使用一种读者登记表，于是在 1887 年以后的两年间，杜威与哥伦比亚大学的同仁们常常发生争执，以至于董事们对该学院能否继续开办持怀疑态度，并于 1888 年免去了杜威的图书馆馆长职务，仅让他负责图书馆学院的工作，美国第一所图书馆学院面临着夭折的危机。在此期间，杜威在纽约州立大学作过一次有关图书馆学教育的作用的报告，给学校当局留下了深刻印象，恰巧该大学正需要一名图书馆馆长，于是杜威受聘担任了纽约州立大学图书馆馆长，接着又兼任了该馆董事会秘书和司库、纽约州立图书馆馆长。新的职务为杜威继续从事图书馆学教育提供了便利，杜威利用这一切，于 1890 年以哥伦比亚大学图书馆学院为基础，在奥尔巴尼建立了新的图书馆学教育机构——纽约州立图书馆学院。从此，纽约州立图书馆学院经久不衰，成为美国图书馆学教育史上无与伦比的正规教育机关，并取得了辉煌的成就。

在此后 50 年中，纽约州立图书馆学院培养了一大批美国最杰出的图书馆学家，如：萨洛· 卡特勒、弗尔柴尔德、玛丽·赖特· 普卢默、凯瑟琳·露辛达· 夏普、艾丽斯、B. 克罗格、詹姆斯·T. 怀尔、查尔斯·维·德劳因、思德温·H. 安德森、卡尔·H. 米兰、查里斯·H. 康普顿、埃斯拉·M. 卡弗、约瑟夫·L. 惠勒、西德尼·B. 米切尔，等等，以至于美国二十世纪初的图书馆学家几乎清一色的都是杜威的弟子。格伦· 夏克斯曾作过统计：截至 1951 年，纽约州立图书馆学院的毕业生中已有 14 位担任过美国图书馆协会主席。不仅如此，纽约州立图书馆学院对中国近代图书馆事业的发展亦产生了十分重大的影响。20 世纪二三十年代，中国的著名图书馆学家沈祖荣、洪有丰、戴志骞、袁同礼、胡庆生、李小缘、李燕亭等一大批杰出人物几乎都毕业于纽约州立图书馆学院，由此可见纽约州立图书馆学院的影响是何等深远。杜威创办的纽约州立图书馆学院不仅培养了一大批杰出的图书馆学人才，而且更重要的是杜威坚持以招收女生为主要对象，从而对 20 世纪初妇女在图书馆的领导地位产生了较大的影响。

(三)正规教育课程的奠定

1893 年，正当纽约州立图书馆学院的学生毕业之际，阿穆尔学院院长弗兰克· 冈索勒斯请求杜威推荐一名美国最优秀的男士到阿穆尔创办图书馆学院，杜威却推荐了一名女生，他十分赞赏地说，美国最优的学生不是男士而是女士，她就是轻而易举地取得纽约州立图书馆学院第一名的凯琳· 露辛达·夏普。1894 年，夏普在芝加哥创办了美国中西部历史上第一个图书馆学院——阿穆尔图书馆学院。夏普制定了严格的招生制度，第一期学生全部是已取得中学以上文凭的妇女，除进行必要的入学考试以外，还必须进行口试，每个学生在入学口试中平均要正确回答 15 个题。在课程设置方面，夏普一方面极度地模仿纽约州立图书馆学院所设的课程，另一方面又听取阿穆尔学院院长冈索勒斯的建议加以改进。冈索勒斯认为，图书馆应该是培养图书馆助理员的实验室，而学生应在学院图书馆中从事实际工作。据此，夏普全面地制定了一个由普通讲演、图书馆技术教学和实习三位一体的一年制教学大纲。普通讲演主要有“图书与印刷史”，而“英国文学”、“比较文学”等基础理论课程，多由冈索勒斯担任。技术课程主要有图书馆书法、图书登记、图书编目、图书分类、外借服务、书籍装订、书目参考和图书排架等等，这些技术课程构成了全部教学的最基本专业课程。

为了使学生毕业以后能够较好地适应社会的需要，夏普还规定每个在校学生必须订阅《图书馆杂志》和《出版商周刊》，并加入芝加哥图书馆俱乐部。阿穆尔图书馆学院完善的教学体系亦造就了不少人才，如玛格丽特·曼、科尼莉亚·马文·皮尔斯和艾利斯·泰勒等后来都成了美国乃至世界图书馆界的知名人士。1897 年，夏普从阿穆尔学院搬入了伊利诺大学的香槟分校，阿穆尔图书馆学院亦随之迁移。夏普在阿穆尔图书馆学院的基础上又创办了伊利诺州立大学图书馆学院（即后来成了著名的图书馆学研究院）。在此期间，夏普积极倡导将教师、学生和课程三者融为一体的教学方式，开创了一种新型的专业化高等教育的先河。在教学中，夏普对在阿穆尔图书馆学院所开设的技术课程，如图书编目、图书分类等进行了大胆地改革和创新，开设了图书馆管理、各类型资料的研究、馆外流通特殊服务和地区网络技术等崭新的课程。这些课程的开设为伊利诺图书馆学院从只能招收三年制和四年制本科学生过渡到招收研究生奠定了基础，尽管夏普在任期间并没有实现建立伊利诺图书馆学研究院的愿望，但她的功绩则得到了杜威乃至整个美国图书馆学教育人士的普遍公认。并且其课程的设置对整个美国图书馆学教育产生了重大的影响，爱德华·G. 霍雷曾这样评述道：美国的图书馆学教育在 20 世纪大多时间都是沿着这种模式发展的。

（四）正规教育的成败得失

在这一时期内，虽然美国图书馆学职业培训和正规教育已取得了一定的发展，但其速度是较缓慢的，1902 年全美仅 6 所图书馆学院，到 1923 年图书馆学院的数目也只有 15 所。尽管如此，与其他学科的专业教育相比，美国图书馆学教育仍然处于领先地位，许多颇为重要的学科在当时尚未创办正规的教育。如法学，当时就没有正规教育，所谓的“学生”只是在司法部门一边工作一边攻读法学，并进行律师资格考试。再如医学在1920年以前，其教育仍然处于混乱状态，并未形成实实在在的正规学校教育。这些主要是因为当时许多学者主张大学应当继续采用传统的课程和中世纪的法律、医学与神学三位一体的教学，反对新兴的具有职业培训性的专业教育。在这种情形下，美国的图书馆学专业教育能够取得发展是非常难能可贵的。杜威所创立的图书馆学教育模式持续地发展了几十年，它基本上是一种由一年的在校正规教学和一年的训练期（毕业后一边工作、一边学习）二者兼而有之的两年制教育。虽然学生毕业以后，只要愿意并且能够承担学习的费用，就可以参加各地开办的培训学校和暑期学校的学习，但由于各种原因，实际上并非所有的学生都能够完成这一课程。在这个时期，正规图书馆学教育培养了一大批专业人才，据统计，到1921年时，16所图书馆学院毕业的学生已达4622人。他们有的取得了毕业文凭，有的获得了学士学位。但值得一提的是，在4622名毕业生中只有6 %的男生，而这6%的男生中竟有60%的毕业于奥尔巴尼纽约州立图书馆学院，也就是说有近一半的图书馆学院竟没有一个男生。`随着图书馆学教育的发展，研究图书馆学教育中存在的问题，制定统一的教学制度和教学课程等问题亦开始引起了图书馆界的关住。

1909年，美国成立了一个职业培训处，负责组织图书馆员召开探讨各种形式教育的讨论会。1911年，各图书馆学院的在校教师又创办了自己的圆桌会议，并于工1915年由10所图书馆学院联合成立了美国图书馆学院联合会（AALS）；到1921年，美国图书馆协会又成立了图书馆学教育委员会，负责图书馆学教程的评估与认可（到1956年图书馆学教育委员会最终成立了鉴定分委员会）。可以说，美国图书馆协会在20世纪20年代已为图书馆学教育的发展打下了“坚实的基础”。在此基础上，美国图书馆协会颁布了各项图书馆学教育标准，划分学校的类别，并通过了教学计划，为认可图书馆学校和教学课程奠定了基础。尽管如此，美国早期图书馆学院的共同特点是：招生人数不多，课程设置简单，师资基本上都由著名的图书馆员兼任，教科书和参考文献极少，教学大纲注重实用性，而且不断改变，处在摸索阶段。

二、美国图书馆学教育的发展与兴盛时期（1923—1941年）

（一）查利斯·C. 威廉逊报告的影响

威廉逊早年就学于威斯康星经济学家理查德·T. 埃利门下，后获哥伦比亚大学政治学哲学博士，他并没有受过任何图书馆学教育。自1911年威廉逊成为纽约公共图书馆馆员以后，他开始对馆员的培训与教育问题产生了兴趣，并于1918年至1919年间在《图书馆杂志》上发表了一系列有关图书馆教育的论文，其中许多论点产生了极大的影响，并被大多数人所接受。1919年，威廉逊担任纽约公共图书馆经济部主任，并作为卡内基基金会的成员，开始为卡内基公司研究图书馆学教育问题。为此，威廉逊先后于1919年、1921年和1923年写出了三个著名的调查报告。在1919年的报告中，威廉逊强调资金不应再用于馆舍建筑，而应用于馆员业务训练和服务质量的改进。在1921年的报告中，威廉逊通过对图书馆员教育问题的考察，认为图书馆人才的培养应通过大学教育而不能由公共图书馆来进行，图书馆学院应设立研究生级别的课程。在1923年的报告中，威廉逊则专门介绍了美国图书馆协会对图书馆工作者所开展的服务，并认为图书馆基本财政计划应着重在服务质量上的创新性改进，特别是应展开对乡村地区的服务。

在这三篇调查报告中，威廉逊系统地表述了一个重要的结论：美国的图书馆学教育质量欠佳，其课程设置过分注重具体的工作经验，而图书馆学校教育应把重点放在专业人员的理论教育上，而不是办公室的工作的描述，教员的质量与学生的质量极不相称。鉴于除纽约州立图书馆学院和伊利诺大学图书馆学院以外，其他学校均无实习工作，威廉逊建议在专业教育中应以完成学院的图书馆工作或相当的实习工作为基础。威廉逊的报告，虽然在当时并未提出什么新的东西，但是它全面地分析了当时图书馆学教育中存在的一切问题，而这些问题的提出则引起了同仁的极大反响。亚当·斯特罗曾这样评述过威廉逊的报告："图书馆教育这件事关系到我们的一切，有人说威廉逊博士没有告诉我们任何新的东西，这可能不尽然，这项工作除了威廉逊以外，还有谁做过呢？ 他已激发了我们大多数人的冷静思考，深深的关切和热切的希望，他已使蛰休的一切充满了活力，唤醒了我们。"

（二）卡内基基金的作用

卡内基公司是苏格兰移民美国著名钢铁工业商安德鲁·卡内基（Andrew Carnegie）创办的。早在1881年，卡内基就已在钢铁工人聚居的匹茨堡市捐建了一所免费公共图书馆。到晚年时，卡内基对捐款兴建图书馆甚感兴趣，曾语人曰："余以为免费图书馆是增进民众知识之最佳机构。因免费图书馆给予自助进取者以协助，必须耕耘，始有收获。济人于贫乏，成人之壮志，将书中宝藏公诸于世，喜读书者，鄙俗尽消。"其后，国内任何城镇只要能提出公共图书馆经常维持费者，卡内基皆捐赠馆舍建筑费用。到1920年，卡内基所捐建的图书馆已达2500栋之多，对美国现代公共图书馆的发展产生了巨大影响。自1915年起，卡内基开始注意到图书馆教育问题，在威廉逊报告的影响下，卡内基又为美国图书馆学教育的发展做出了巨大的贡献。1923年，在威廉逊报告出版的同时，弗雷德里克·W. 凯佩尔担任了卡内基基金会的第四任主席。凯佩尔凭着丰富的管理经验，并根据威廉逊的报告制定了基金会的方针和原则，以及他以后十八年任期中（1923—1941年）的工作计划。在凯佩尔任期内，卡内基基金会共捐赠了8600万美元用于图书馆事业建设。其中自1926年至1941年卡内基基金会每年平均提近83万美元用于美国图书馆协会的教育基金、图书馆学教育及学校图书馆的建设。在1926年至1936年的十年计划中，卡内基基金会拨款144万美元建设新的图书馆学校和加强现有的图书馆学校。为了办一所与霍普金斯医科大学和哈佛法律学院并驾齐驱的全美一流学校，卡内基基金会还专门拨款138.6万美元建立了芝加哥大学图书馆学研究生院。

（三）图书馆教育委员会的发展

在卡内基基金会的援助下，1921年成立的美国图书馆协会图书馆教育委员会（the Board of Education for Librarianship 简称BEL）才得以开展正常的日常工作。在美国图书馆协会助理秘书萨拉·C. 博格尔的领导下，图书馆教育委员会进一步制定了图书馆学校标准，发起组织了全体教员的暑期讲习会，组织了一个目的在于设计教学资料的教程研究，并认可了七种新的教材。BEL以顾问资格的身份为卡内基基金会服务，而卡内基基金会在“经济大萧条”期间又尽力支持图书馆学教育计划的进展，因而博格尔和基金会的成员们享有极高的声誉。

（四）芝加哥大学图书馆研究生院的崛起

卡内基基金会的巨额拨款下创办的芝加哥大学图书馆研究生院，在成立开始并未实现卡内基的初衷。在1928年至1932年间，由于该院领导的频频更换与不得力，以至人们开始怀疑图书馆教育是否需要设立研究生课程。在这种情况下，美国图书馆协会图书馆教育委员会委员路易斯·朗德·威尔逊自1932年至1942年担任了芝加哥大学图书馆研究生院院长。在任职期间，威尔逊率领所有教员为培养新型的图书馆员和不同类型的图书馆管理专家，做了新的开拓，并组织教员和学生从事图书馆事业与图书馆学的现实问题研究，创办了好几个专业学会，并以威尔逊主编的《芝加哥大学图书馆学研究》丛书来反映学会的各项研究成果。因而，威尔逊不仅赚得了图书馆同仁对芝加哥大学图书馆研究生院的普遍赞许，而且也成为此时期美国图书馆学教育上最具影响人物。

芝加哥大学图书馆研究生院不仅于1930年设置了全美第一个图书馆学博士学位，而且直到40年代后期，它一直是唯一的有博士学位课程的学院。因而，在美国图书馆学教育史上，纽约州立图书馆学院是以其历史悠久享誉全美，而芝加哥大学图书馆研究生院则以其研究生课程的设置而著称于世。在此后的二十年中，该院的很多研究生都成为各图书馆学院的院长，或者大型公共图书馆和大学图书馆的馆长。同时，其图书馆暑期讲习会和《图书馆季刊》对图书馆教育与图书馆学术亦产生了巨大的影响。

（五）经济危机对图书馆学教育的影响

随着图书馆学院数量的增长，图书馆员的数量也有了显著的增长。到20世纪30年代中期，尽管并非所有的学校都在提供五年制的图书馆学学士学位，但是，图书馆学院的数量却已增加了两倍，并且，卡内基公司和美国教育总署也对那些新办的图书馆学院给予了不少的资助与支持。然而，"经济大萧条"波及社会的每一个角落，它也正在迫使裁减图书馆员的数量，减少编制和缩短任期的压力也不断增加。在这种情况下，图书馆学教育委员会利用这个机会推动学校去提高其标准和改革教学计划，提高教学质量。但是，图书馆学教育委员会关于减少学校招生人数的建议却对第二次世界大战以后的图书馆事业产生了重大影响，以至于再度出现了图书馆员的奇缺。在这种情况下，几乎无人能够预言图书馆学教育将如何发展，仅仅依靠联邦研究拨款和按照GL法案提供的复员人员补助金而得以发展的高等教育不仅将会改变图书馆学教育，而月也将会改变美国未来十年的高等教育的性质。

三、美国图书馆学教育的低落与改制时期（1941—1956年）

（一）图书馆学教育的低落

二次世界大战以前，由于经济萧条的影响，使得图书馆员的数量出现过剩。但第二次世界大战期间，由于许多图书馆员从军，并且还有一些人放弃图书馆工作去从事待遇优厚的工业和政府部门的工作，同时，由于1941年凯佩尔退休后，卡内基基金会除支持"公共图书馆咨询处"以外，不再资助任何图书馆事业，这些使得图书馆学院的招生人数急剧下降，战后图书馆员的数量奇缺，由此在图书馆事业的发展中又出现了一系列亟待解决的问题。

（二）图书馆学教育的改制

图书馆学教育的改制实际上在前一个时期已经开始，在30年代末和40年代初产生的一些有关图书馆学教育调查研究报告和建设性论文已为战后时期的改制奠定了基础。进入这一时期以后，在1940年至1948年之间，美国至少召开了10次大规模的图书馆学教育会议，以探讨如何改变图书馆学教育的危机局面。伯纳德·伯瑞尔森曾这样写道："美国图书馆界的历史学家们将毫无疑问地把1940年至1950年写成这个国家图书馆学教育制度的主要修订时期，它或许与20年代时期具有同等重要的作用，且具有威廉逊报告和图书馆教育委员会与图书馆研究生院之建立的特性。"战后，美国图书馆学教育改制的主要内容是以硕士学位课程的设立和是否确定以硕士学位作为获得图书馆员职业的标准（或资格）证书为核心的。

在第二次世界大战以前，图书馆学学士学位一直是人们获得图书馆员职业的资格证书，而且绝大多数的图书馆员也只获得过图书馆学学士学位，因此，过去曾提出的获得图书馆员职业必须具备图书馆学硕士学位的建议一直遭到了人们的普遍反对。然而，第二次世界大战以后，由于图书馆事业的迅速发展，学士水平的图书馆员以胜任图书馆工作，于是，图书馆员学位头衔的变化以难以置信的速度向同仁们提出了要求。1945年12月，美国图书馆协会理事会就“究竟是以研究生课程，还是以本科生课程作为今后图书馆员的标准证书”问题进行了讨论。

到1946年，美国图书馆协会否决了以往依靠本科生教育来确定图书馆员标准的建议。这样就引起了自五年制的图书馆学学士学位到硕士学位作为达到图书馆员水平的学位课程的根本变化。从此以后，美国的图书馆学教育出现了重大的转折，从前的反对者从全面地反对转变为强烈地支持一年制的硕士学位课程。1947年丹佛斯大学开始推行一年制的图书馆硕士学位，1949年以后，30个认可的图书馆学院中已有27所已经开设或在准备开设图书馆学硕士课程。到1951年，美国图书馆协会在制定的标准中又进一步确立了这一既成事实：今后硕士学位将作为登记图书馆员的正式标准证书。硕士学位的确立，并不意味着本科课程的停止，很多学校仍然继续开设本科课程，以培养学院图书馆员。然而，究竟硕士学位课程包括哪些内容，尤其令人烦恼的是本科生和研究生的图书馆教育究竟应该如何连接起来，这些问题一直没有得到解决。

（三）博士学位的发展

在20世纪40年代后期，除芝加哥大学、密歇根大学和伊利诺大学的图书馆研究生院已开设了博士学位课程以外，其他各大学也开始出现了博士学位课程。到50年代，哥伦比亚大学、伯克利大学、西里泽夫大学亦开设了图书馆博士学位课程。像早期的图书馆学院的课程一样，图书馆学博士学位的发展亦是缓慢的：从1930年芝加哥大学第一个博士学位设立，到了1961年美国多所大学设立图书馆学博士学位，这三十年间全美国只有178人获得了图书馆学博士学位。

四、美国图书馆学教育鼎盛与黄金时期（1956—1976年）

（一）图书馆事业的鼎盛

第二次世界大战期间，图书馆事业的发展受到了极大压抑。战后，美国图书馆事业经过近十年的复苏，到1956年至70年代初期，出现了历史上著名的“美国图书馆事业的黄金时代”。各类型图书馆的巨大发展，图书馆舍和馆员数量的巨大增长，使得生活在美国图书馆界的每一个人都感到异常兴奋。在战后时期，高等教育注册的学生300万，猛增到1200万；高校图书馆、公共图书馆和专门图书馆的数量增加了两倍，学校图书馆的数量几乎增加了四倍，图书馆的数量从1995年的5.2万所发展到1960年已有8.5万所，1970年又达到12.4万所，美国图书馆协会会员从1945年的1.5万个增加到1969年的3.6万个，而1985年已达到了4.2万个，图书馆事业出现了空前的繁荣。

（二）教育法案的制定

第二次世界大战以后，图书馆事业发展的主要依靠力量由卡内基基金会转向了联邦政府。从1956年的《图书馆服务法案》到1958年的《国防教育法案》，再到60年代的《高等教育法案》和《初级及中级教育法案》的通过与颁布，图书馆得到了历史上无法比拟的联邦拨款。联邦政府拨款、州拨款和慈善，拨款的结合出现了图书馆建筑的复兴，用博金斯克的话来说：

“1945—1970年所建立的图书馆建筑的数量，远远超过了1889—1917年的卡内基图书馆时期所建立的2500个公共图书馆数量。”

（三）图书馆学教育的鼎盛

戏剧性的变化使图书馆事业获得了巨大的发展，为了适应图书馆的需要，1946年，美国图书馆协会认可的36个图书馆学校在70年代中期发展到了顶峰，总数已达到70个。而联邦立法又巩固了图书馆学教育，在1965年的《高等教育法案》的影响下，很多图书馆员又得以重返研究生院攻读博士学位。美国每年获得图书馆学博士学位的人数1960年5所学院共有21名，而到80年代24所学校每年毕业的人数已达60名。1983年秋季又招收了498名博生，其中183名为全日制博士生、315名是非全日制博士生。与此同时，社会的发展对黄金时代的美国图书馆学教育又产生了巨大的影响。一方面，在60年代和70年代期间所发动的社会力量极大地影响了图书馆学教育，新的资源、稳定状态的筹措资金和图书馆的特殊公民权利使得图书馆界的每一个人都不得不承认：我们已经赢得了一个真正的一体化的社会。另一方面，机读目录和计算机联机检索公用事业等新技术的出现亦对图书馆学教育产生了较大的影响。为了适应图书馆系统、图书馆网络和联机检索的兴起所引起的变化，图书馆学的继续教育在一些地方开始出现了。这种教育形式趋向于短期讲习会和专题讨论会，而不是正规教育，一般多由一些职业社团在一系列的会前活动中穿插进行，这种课程在70年代末期最为流行。

五、美国图书馆学教育的危机时期（1975—1987年）

（一）黄金时代的结束

20世纪70年代初期，美国图书馆协会通过了一个政策性声明，那就是“图书馆教育和人才”（即后来的“图书馆教育与人才利用”，又称the Asheim声明），它把硕士学位规定为所有图书馆员的第一职业学位，但“图书馆员”的头衔将不再用于称呼所有在图书馆工作的人。这是自威廉逊时期到现在为止明确规定各类型图书馆人才所需要的技术所进行的尝试的最高潮。同时，70年代初期，美国图书馆协会又制定了新的认可标准，并于1972年获得了通过。而正在此时，联邦和州政府又开始降低或稳定对图书馆事业的拨款，然而美国图书馆协会认可委员会仍在1972年的标准下继续认可新的学校和重新认可现有的学校，这样学校培养的学生逐渐开始超过了社会需要，一些研究生寻找工作出现了困难。到了70年代中期以后，招生人数开始下降，新的危机又出现了，黄金时代亦随之结束。

（二）部分图书馆学院的停办

由于一些原因，自1978年至1986年美国有十所学校已经关闭或濒临关闭。这些学校的关闭与招收学生的人数和资金的减少并没有多大关系，关键的是这些学校已与其所属大学分离了。一些教育家不知道这究竟是永久性的衰落，还是暂时的，人们猜测：70年代末和80年代初招生人数的急剧下降会不会导致以后再出现一个人才奇缺的时期？为什么会出现这种情形呢？这主要有两个原因：其一，以情报为基础的社会所需求的是具备计算机和情报技能的专门人才，美国各大学的系科和社团单位为配备情报工作人员竞相培养专门的人才，与图书馆学院展开了激烈的竞争，从而导致了一些图书馆学院的关闭。面对这个现实问题，四十多所图书馆学院用改名这一举动做出了肯定的回答，他们绝大多数在院系名称中加进“情报”或“情报学”这些字眼，以谋求图书馆学与情报学、档案学的紧密联系。其二是自各法院到美国人身管理办公室（the US office of Personal Management）对图书馆学硕士学位的抨击，它们认为以硕士学位作为图书馆员的标准证书是对人权的侵犯。美国人身管理办公室试图降低图书馆员在联邦服务行业中的地位，并由此减少其薪水，幸亏美国国会在这场争讼中发挥了作用，才终止了这种可怕的尝试。而各地法院的上诉也未能获得成功，在最高法院的正确裁决下，美国第五巡环上诉法庭最终判决：图书馆硕士学位是一个“合法的无差别的对待雇用学术性图书馆的标准”。

六、未来图书馆学教育的反思

一个世纪过去了，美国的图书馆学教育从兴起、发展到衰落，又由衰落到鼎盛，再从鼎盛转入了危机。如何改变目前的局面，为此美国图书馆界正在反思一个重大的问题：图书馆学教育在进入第二个世纪时将向何处去？

（一）未来的图书馆学教育机构

韦恩·威甘德通过回顾图书馆学校的社会化进程之后，认为：“在正规图书馆学教育之后的又一个世纪已经开始，图书馆学之学生可以被描绘成这样的研究生，他们在一个集文化和知识权威于一炉的公共机构内学习保持和提高服务技能所必需的专业知识。”尽管能否把这样一个公共机构继续看作是过去已有的公共机构或教育机构还存在许多问题，但仍然可以称之为“一个图书馆”。

（二）课程问题

劳雷尔·格罗特津格通过对基础课程的一百年历史的研究，指出：究竟哪些是基础课？哪些是专业课？威廉逊的报告没有解决这个问题，直到今天还没有解决这个问题。她曾赞许地引用T. R. 麦卡的话说：“职业学校可以合法地期望大学认识到：基本的知识、学问和理论对专职工作者来说是不够的，因为专职工作者还必须是本行业基本工作技能的主宰者。”

（三）女生与女馆员问题

玛丽·奈尔斯·麦克认为，妇女上大学这个运动，一方面对拓宽妇女的职业知识面，扩大和丰富其教学经验，以及或许对提高图书馆事业的一般地位曾产生过很多切实的作用；但另一方面，它也曾对妇女在图书馆学教育中的能力和地位起了反作用。尽管如此，如何更好地使用有的女职员仍将是图书馆学教育中的一个亟待解决的问题。威廉·L. 威廉逊指出：80年代的学生酷似其前辈，大约有五分之四以上的是妇女，并且这些妇女的平均年龄约为三十岁。而对于这些升入图书馆学院的女生来说，她们在本科阶段所掌握的知识也是比较片面的。她们中有百分之四十的人在本科阶段是主修英语或历史，另外的百分之五十的人则主修人文科或社会科学，仅有大约百分之七的人具备自然科学或数学基础。她们中的大多数是在本地上本科学校，而这些学生又自命清高，如此普遍地把一些地方院校当作伯利克大学和哥伦比亚学。同时，按照美国大学的标准，她们所就读的图书馆学院也是一些非常小而低档次的。在1974年顶峰时期，每个学院毕业的研究生平均只有120人，威廉·L. 威廉逊估计自1887以来大约有17万名研究生毕业，而1970年以来毕业的研究生差不多占了这个数字的一半。也就是说在未来的图书馆事业中，妇女所占的比例将仍然是很大的，如何解决这个问题已开始提到了议事日程之上。

（四）学生质量问题

美国的图书馆学教育像师范教育、新闻学教育和社会工作教育一样，经常受到人们的指责：图书馆学教育没有吸引最强的学生。21世纪以来已经出现了很多带有这种观点的论文，“不要把老弱病残的人给我们！”“让我们得到更多的男士进入图书馆同行吧！”“未来的书馆领导在哪里？”其论据通常比统计数字告诉我们的奇闻轶事更多。图书馆学院需要招收最优秀的学生吗？杜威作过肯定地回答：“你能够擦亮一个玛瑙，但你却无法擦亮一个南瓜。”品格和特长通常是雇主主要考虑的问题，但雇主们在表面上却又强烈地否认这一点。尽管人们普遍认为图书馆学院招收的学生质量太低，但没有人能够否认应以平均分数的高低来衡量入学学生的质量，而在过去的十五年中，图书馆学专业的研究生的入学成绩已有了一定的提高。

（五）培养方向

目前，在美国大学里的职业教育已呈现出两种趋向：一是对于职业来说需要培养有实际工作能力的人才；二是对于大学本身来说其目标则是扩大学生的基础知识面。那么，图书馆学院的全部课程，教学方式和科研究竟能否适应变化着的情报社会的需要呢？回答是肯定的。一个多世纪以来，图书馆学院的教师一直为满足各行业竞争的需要而奋斗，成功与失败兼而有之。今后，图书馆学教育将仍然沿着培养有实际工作能力的人才这个方向发展。但图书馆学院教师们在科研方面存在一些问题，人们批评教师们发表的论文，职业性的描述太多，而理论研究性的太少，这是千真万确的。尽管近几年教师们作了很大的努力，但仍然是专著太少，资料集太多，这大概是急于出书的缘故吧。

（六）未来的图书馆学教育

在今天的这个“信息时代”，今后十年，甚至在下一个世纪，美国的图书馆学教育将是个什么样子？劳雷尔·格雷特津格认为：“尽管教授的方法与方式仍受历史的影响，但实验设备的应用和个体化教学的手段将会自然的增加。在这个十年和下一个十年的学生将按照各种与1557年、1937年甚至1957年决然不同的方式与方法进行学习。”虽然，图书馆学的教学内容已用奇迹般的速度增添了新的高级尖端技术，但是讲课的方法和教科书仍然是高等教育广泛采用的东西。道理很简单：它们是学生步入社会谋求工作的最廉价的方法。情报学的冲击将会动摇图书馆学教育的基础，甚至改变其全部基础课程吗？对于这个问题美国图书馆界的绝大多数人是持怀疑态度的。莱斯特·阿希思认为：任何一个获得图书馆学学位的人都会懂得一些情报学的知识，比如，如何利用资料传递情报，用户对资料的需求与兴趣，以及获得用户情报的设备、方法、程序和技巧，等等。而对于情报学来说，其技术与知识自杜威和夏普到怀特和帕里斯一直是把它们作为图书馆学教育的基础课程。

关于图书馆学课程的变革，人们认为，尽管新的技术与管理方式等来自外界力最对图书馆学教育产生了巨大的影响，但是，全部修改的课程已经基本上能够适应社会环境变化的需要。并且，早在70年代以前就已经出现了酷似现代的图书馆学情报学教育。纵观美国图书馆学教育的一百年历史，我们不难看出：美国图书馆学教育始终是与图书馆事业的发展息息相关的。它的发展经历了由图书馆专业人才缺乏到图书馆学教育的兴起发展，再由图书馆专业人才过剩到图书馆学教育的低落，这样一个不断循环的过程。这一发展过程在世界上是带有普遍性的，它对于中国今天的图书馆学教育的发展具有借鉴意义。

第二节 中国图书馆学教育

中国图书馆学教育始于中国近代，其教育思想和教育模式深受西方国家的影响，尤其是美国的影响。中国图书馆教育受美国的影响可追溯到20世纪初。1913年，美国图书馆学家克乃文（Harry Clemens）在南京金陵大学主持图书馆工作时，曾在该校文科专业开设图书馆学课程。1920年3月，美国图书馆学家韦棣华女士创立武昌文华大学图书科（后单独成立“武昌文华图书馆专科学校”，简称：文华图专），这是中国图书馆学正规教育的开始。并在较长时期内，武昌文华图专和南京金陵大学图书馆学系成为中国图书馆学教育的重镇。后来成为武昌文华图专和金陵大学图书馆学系掌门人的沈祖荣和李小缘都是留美学习图书馆学的，因而美国图书馆教育思想在这两校影响至深，其中，美国图书馆专家杜威创办的美国纽约州立图书馆学校的影响，尤其不容忽视。如文华图专的办学模式，基本上就是仿照美国纽约州立图书馆学校的制度，重视教学设备与图书馆建设，重视教学与社会实践相结合，采取既办学，又办馆的方法培养人才。武昌文华图专先后向社会共输送图书馆学毕业生500余人、档案学人才300多人，成为民国时期培养新型图书馆人才的基地。

1925年8月，上海国民大学在教有科中设图书馆学系，由杜定友任系主任，实行学分制，授予学士学位。1929年广州职业学校开办图书管理科，这是我国最早的图书馆中等教育机构，1937年广州沦陷前被迫停办。此外，成都草堂图书馆、上海商务印书馆附设的东方图书馆、安徽省立图书馆、中华图书馆协会都举办过图书馆学专修班。北京大学图书馆专修科创办于1947年，附设于文学院中文系，1948年秋季独立招生。

新中国成立后，北京大学图书馆学系和武汉大学图书馆学系继续坚持办学，并实行图书馆学正规教育。1958年两校的图书馆学系均由专科改为四年制本科。1960年，吉林师范大学建立了图书馆学专修科，在东北三省内招生分配，1962招年停办。此外，中国科学情报大学和西南师范学院也曾开办过图书馆专科，在这期间，北京图书馆、中国科学院、辽宁省文化局和西安、长春、鞍山等地基层图书馆相继建立业余学校和进修班，对图书馆员进行业务培训。1978年以后，我国的图书馆学教育得到较大的发展，到1985年，专业教育点已发展到50多个。在校学生达4000多人，全国大部分省市都有自己的图书馆学教育点，初步形成一个多规格、多层次、多品种、多学制、多渠道的专业教育体制。具体地来讲，中国图书馆学教育的发展大致经历了这样几个阶段：

一、图书馆学教育的开端及第一个繁荣期（1920—1949 年）

图书馆学作为一门科学，它在中国的产生主要有两个条件：一是西方公共图书馆制度的传入，即新式公共图书馆的纷纷建立亟须图书馆学知识的指导；二是西方图书馆学知识在中国学术界的迅速传播，即一些美国图书馆学者、归国留学生在国内宣传先进的图书馆学知识。中国图书馆学是在 20 世纪 20 年代初开始形成的，其主要标志有三个：

1. 1920 年 3 月，韦棣华女士与其学生沈祖荣等仿照美国纽约公共图书馆学校，在武汉创办了我国第一个图书馆学教育机构“武昌文华图书馆专科学校”（Boone Library School），中国从此有了自己独立的图书馆学专业教育。

2. 1921 年前后，胡庆生、戴志骞、徐燮元、杜定友、洪有丰等接受美国图书馆学教育的留学生毕业后纷纷回国，在国内学术界崭露头角，兴起图书馆学宣传、研究活动。

3. 1923 年杨昭悊的《图书馆学》一书由商务印书馆分上下册正式出版，该书内容虽多取日、美两国现成内容糅合贯通而成，但已尝试用科学方法说明图书馆学原理及应用，开中国图书馆学通论之先河。

所以，从某种程度上也可以说，我国专门的图书馆学教育机构“文华图专”的成立，既有中国图书馆学教育正式起步的标志意义，也具有现代图书馆学在中国确立的标志意义。文华图专成立初期，经费主要依靠自筹，教员也以外籍为主，课程体系主要仿自美国图书馆学专业的课程设置。1928 年后，才逐步建立起中西结合的课程教学体系，形成了初步具有中国特色的图书馆学教育。如文华图专达到或超过 40 学时的课程主要有：中国目录学、中文参考书举要、西文参考书举要、中文书籍选读、西文书籍选读、西文书籍编目学（实习在内）、中文书籍编目学、西文书籍分类法、中文书籍分类法、现代史料、图书馆经济学、西文打字法、各种字体书写法、各种图书馆之研究、实习等。此外，学校还设“特别演讲”课（1933 年改为百科性的“群育讨论会”），专门邀请各科著名学者、教授为学生演讲学科的进展、提供推荐书目、开拓学生视野、引导学生阅读。文华图专注重教学实习，以自建的开架借阅和基本免费看书的公共图书馆“文华公书林”（Boone Library）为实习场所，办馆与办学融为一体，学生的动手能力得到了很好的培养。当时国内尚无达到一定水准的公共图书馆，因此，这种办学路径有利于培养专门的图书馆人才，有利于推动中国图书馆事业的迅速发展。

20 世纪 20 年代是我国图书馆学教育第一个繁荣期，除美国人韦棣华和沈祖荣创办文华图专之外，国内其他一些高校也积极创办了自己的图书馆学专业。1913 年，美国图书馆学家克乃文（Harry Clemens）在金陵大学开设了图书馆学课程；1921 年，广州市立师范学校增设图书管理科（杜定友为主任）；1925 年，上海的国民大学创设了图书馆学系（杜定友为主任，1926 年停办）；1926 年，成都的四川图书馆专科学校成立（穆耀枢主事，不久也停办）；1927 年，南京金陵大学建立了图书馆学系（李小缘为主任，以后停停办办）等。此外，这一时期图书馆学短期培训也纷纷出现。1920 年 8 月，北京高等师范学校应各省之请，开办暑期图书馆学讲习会，各地参加者 78 人，首开中国图书馆学业余教育之先例；1922 年，杜定友在广州开办图书馆管理员养成所，三周时间培训 52 名学员；1923 年夏，南京东南大学举办暑期学校图书馆讲习班，第一期听课者达 80 人之多（以后又连续三年开班）；1924 年，上海圣约翰大学图书馆也开办了图书馆讲习会，河南开封小学校教员讲习会设立了图书馆管理课程；1926 年，华东基督教大学在苏州东吴大学举办的暑期学校，专设有图书馆学科；1927 年，湖北教育厅在汉口举办了首届图书馆学讲习所；1928 年，上海商务印书馆开办暑期图书馆讲习班等。这些短期图书馆学专业培训，为解决图书馆专门人才之需、提高图书馆管理水平做出了贡献。

进入 20 世纪 30—40 年代，国内的图书馆学教育进入一个动荡发展时期。由于战乱的影响，国内图书馆学教育进入了一个低谷时期，办学机构减少，条件也越来越恶化。但少数办学机构还是努力坚持了下来。如 1938 年文华图专为避日寇迁校重庆，1941 年夏遭日军飞机轰炸，校舍片瓦无存，但师生坚持上课，共克时艰。此时期坚持办学的还有：1930 年江苏省立教育学院民众教育系成立的图书馆组（供学生三年级分组时选择学习）、1941 年在四川璧山开设的国立社会教育学院图书博物馆学系（学业四年，三年级开始学专业课）、1947 年于国立北京大学文学院附设的图书馆学专修科。其中北京大学图书馆学专修科是王重民向北大校长胡适建议并核准后，专门由美回国创办的，1947 年 9 月开始招生（当时只招收北大中文系、历史系成绩在 75 分以上的毕业生）。1949 年北平解放之后，图书馆学专修科从中文系分离出来独立，王重民任主任。中国的图书馆学教育事业自诞生之日起，就一直经受着国内动乱的考验，很多学校都只有短暂的图书馆学办学经历，有些学校甚至还没有招收到学生或学生还没毕业就被迫关闭。在如此恶劣艰苦的环境下，中国的图书馆学教育事业却培养出了一大批献身图书馆事业的杰出人才。以文华图专为例，截至 1953 年，文华图专并入武汉大学之前，有专家估计文华图专在新中国成立前后的三十三年中培养了专科、讲习班等各类毕业生约有 380 人到 400 人。他们其中不乏著名图书馆学家，如汪长炳（南京图书馆馆长）、李芳馥（上海图书馆馆长）、顾家杰（中科院图书馆副馆长）、桂质柏（四川大学图书馆馆长）以及后来去台湾的蓝乾章、沈宝环（沈祖荣之子）、严文郁等。还有一些毕业生在国外图书馆就职，如美国哈佛大学燕京图书馆创始人和馆长裘开明（1921 年毕业，后发明燕京图书馆汉和分类法）、房兆楹（1930 年毕业，在哥伦比亚大学执教）、童世纲

（1933 年毕业，普林斯顿大学东亚图书馆馆长及美国亚洲研究委员会东亚图书馆分会主席）等，他们在海外期间取得了巨大成就，获得了许多荣誉和奖励。

民国时期的图书馆学专业教育为我国图书馆事业的发展做出了不可磨灭的贡献。但此时期图书馆学教育模式基本是美国的翻版，即在专业内容设置上主要以图书馆实用技术为主，重视图书馆实习，在学生培养方式上强调学中做、做中学。这样的专业教育范式，优点是培养出来的学生与图书馆实际工作可以“无缝链接”，学以致用的成本低、效率高。缺点是培养出来的学生人文素养、科学基础比较薄弱，他们能胜任一般的图书馆业务工作需要，然而，对于一些学术图书馆来说，某些专深的知识信息工作甚至相应的学术研究却难以承担。一个典型的例子就是抗战前后中央研究院历史语言研究所图书馆缺乏馆员时，不断有人向研究所负责人傅斯年推荐图书馆专科学校的毕业生，结果都被他婉拒了。此外，图书馆学专业教育的“中国化”虽然有了一些进展，但还是仅仅在课程安排上增加了中文书籍的编目、分类、参考以及传统目录学的一些内容。在图书馆学专业的培养目标、课程体系、教材编写、学术研究等诸方面，还鲜有系统地、有机地、深入地探索与建树。早在 1921 年，杜定友先生于菲律宾大学撰写图书馆学学士论文 *Chinese Books and Libraries* 时就曾经提到：“没有一所外国图书馆学校能够养成完善的图书馆学者，以应中国图书馆用的。”1925 年 6 月 2 日，梁启超在中华图书馆协会成立仪式上发表演讲，专门提出了“建设中国的图书馆学”的命题。他说，学问无国界，中国诚不能有所立异，但中国的书籍、读者有自己的历史与特点，文化、国情与欧美不同，因此，发展图书馆学要具有中国自己的特点。

二、图书馆学教育的第二个繁荣期及其跌落（1950—1977 年）

经过近半个世纪的战乱纷扰，到 1949 年新中国成立之时，全国仅有私立武昌文华图书馆专科学校和北京大学图书馆学专修科这两个培养图书馆专业人才的机构存在。20 世纪 50 年代初，随着国内高等学校院系调整风潮，这两个图书馆学专业机构有所调整并升格。1953 年文华图专并入武汉大学，成为武汉大学图书馆学专修科。1954 年与 1955 年，北京大学图书馆学专修科和武汉大学图书馆学专修科学制由二年制改为三年制；1956 年，两所学校学制又从三年制改为四年制，并成立了图书馆学系；1964 年北京大学图书馆学系开始招收研究生。其他国内高校创办图书馆学专业的还很少，1951 年西南师范学院设立了图书馆学博物馆学专修科（1954 年停办），1958 年中国科技大学科技情报学系设立了图书馆学专修科，东北师范大学和河北文化艺术干部学校也设立了图书馆学专修科，但是这些专业大多没多久就停办了。

20 世纪 50 年代与和 60 年代，国内图书馆事业发展很快，积压图书数量也很大，各馆急需专业人才。因此，除了北大、武大两所大学的正规本科教育之外，各种图书馆学的成人继续教育与短期培训也掀起了一个浪潮。1951 年和 1954 年文化部分别在沈阳和北京开办了图书馆学的短期培训班；1956 年北大、武大分别开办了函授图书馆学专修科教育，中国科学院图书馆开办了图书馆干部训练班；1957 年文化部等六个单位在南京联合举办全国省市图书馆人员进修班，同年教育部也在北京举办了高等学校图书馆员进修班；1958 年北京市成立图书馆干部进修学校，文化部也成立了文化学院图书馆学研究班。可以看出，50 年代到 60 年代国内图书馆学专业教育的发展又出现了一个高潮，但遗憾的是，这个高潮也展示出了一些发展中的扭曲，即专业教育政治挂帅、意识形态干涉学术，使得图书馆学专业教育误入歧途。许多教材不仅充斥了伪科学的内容（如强调阶级性），而且不乏因政治需要而速成者（如“大跃进”中《社会主义图书馆学概论》仅两个月就编写出来）。专业内容要“厚今薄古”，专业教育讲“互教互学”，专业培养倡“又红又专”，完全脱离了研究与教育自身的发展规律。而且，这样一个病态的发展趋势没过多久还被急风暴雨式的文化大革命给打断了。

1966 年文化大革命运动开始，北京大学、武汉大学图书馆学系停课，教师受到批判，图书、设备遭到损失。1969 年，专业教师被下放农村劳动，图书馆学系陷入彻底停顿状态。1972 年，两个学校的图书馆学专业恢复办学，仅招收两年制的工农兵学员，到 1976 年有五批学员顺利毕业。图书馆学专业的正常招生与教学，直到 1977 年全国高考制度恢复才得以重新开始。从 1949 年到 1978 年，北京大学和武汉大学两个图书馆学系共培养大学本科毕业生约 2000 人，其他如西南师范学院图书馆学博物馆学专修科、北京文化学院图书馆研究班、吉林师范大学图书馆学专修科、中国科技大学情报科学系图书馆学专修班等，也有毕业生 200 余人，全国各校举办的函授班中，毕业和肄业的图书馆在职人员约 1250 人，三项总计约 3500 余人。这些毕业生充实了图书馆职业队伍，他们中的多数还成长为国内省市公共图书馆、高校图书馆、专业研究图书馆的馆长，为我国图书馆事业的发展做出了贡献。

从整体过程来看，此时期图书馆学教育的规模不大，发展缓慢。其主要原因是由于政治的干涉，专业教育导向出现了偏差，尤其是社会动荡致使办学突然“断裂”，致使图书馆学专业教育失去了应有的连续性。专业教育突然“断裂”所带来的后果，不仅在当时产生影响，而且对后来的历史也有长远的负面影响。首先，改革开放时期图书馆学教育的重新振兴，必须先恢复到原点，而不是从一个历史能给定的更高的起点出发；其次，回归原点、接续过去时，学术资源的断裂也为能否理解与继承前贤积累下来的学科发展的良好意识增加了不确定性。还有，“文革”结束，当中国的图书馆学教育开始恢复时，它已经落后于西方图书馆学，并且有了十多年的时差，这个差距也许要几代图书馆学者的努力拼搏才能赶上。

三、图书馆学教育的第三个繁荣期及其走低与再兴（1978—2008年）

改革开放以来，中国的图书馆学教育经历了前所未有的辉煌发展时期，其中，20世纪80年代前期为恢复发展期，80年代中后期为鼎盛繁荣期，90年代为变革调整期，21世纪以来为振兴复升期。1977年随着高考的恢复，北京大学和武汉大学重新开始了图书馆学专业的招生，这标志着新时期我国图书馆学教育的重新启动。1978年以后，国民经济的复苏、社会各项事业的发展，图书馆事业也开始对专业人员有了大量的需求。国内诸多高校纷纷开办图书馆学专业，如1978年山西大学、湖南大学、复旦大学分校、北京大学分校设立了图书馆学系，1979年华东师范大学、安徽大学、南开大学分校成立了图书馆学系。

从1980年到1990年十年间，国内图书馆学专业设置的数量从2个增加到52个，分布在综合性大学、师范大学、医科大学、工科院校以及农业院校。虽然进入20世纪80年代后期90年代初期，有些院校的图书馆学专业经过调整撤销，但国内图书馆学专业的整体规模还保持在二十多个。伴随着办学规模的扩大，办学层次也丰富起来。首先，在正规学历教育中出现了中等学历教育，如1983年长沙的湖南图书情报学校首开中等专科教育，其后北京海淀中学图书情报班、上海市图书馆职工中等专业学校、天津市图书馆中专班等诸多中等专科班相继开办，多时达二十余所。其次，在高等教育领域图书馆学专业也建立起不同的培养层次。1981年11月北京大学和武汉大学同时获得了图书馆学硕士学位授予权；1991年北京大学建立了我国第一个图书馆学博士学位授予点；1993年武汉大学和中国科学院文献情报中心获得了图书馆学博士学位授予权；2000年国务院学位办批准北京大学和武汉大学为“图书馆、情报与档案管理”一级学科博士学位授予点。

经过二十多年的平稳发展，到2003年年底，我国共有35个高等院校和科研机构开展图书馆学教育，其中有25个本科专业、21个硕士授权单位、6个博士授权单位、2个博士后流动站，已经形成了一个具有本科、硕士、博士与博士后流动站层次齐备的图书馆学教育体系。此后数年，学科发展速度依然没有减缓。到2006年年底，我国图书馆学本科教育点从25个增长到28个，硕士学位授权单位从21个增长到40个，博士学位授权单位从6个增长到9个，获得一级学科博士点授予权的有5个机构。

截至2008年年底，据中山大学资讯管理系的最新调查，中国大陆共有50所高等院校和机构开设图书馆学专业教育，其中有29个本科专业、42个硕士授权单位、8个博士授权单位、5个图书馆情报与档案管理学博士后流动站，图书馆学专业在校学生5000人左右。图书馆学办学层次的丰富还表现为成人教育（又称继续教育）、各种培训教育事业的繁荣。成人教育主要有函授、电大、自学考试三种类型。函授教育起于20

世纪 50 年代，1980 年北京大学、武汉大学图书馆学系又重新恢复招生，有二至三年的大专和专本连读五年的本科两种学制。1980 年至 1985 年是我国图书馆学函授教育发展高峰期，仅北京大学招收函授生就有 2252 人，武汉大学招收函授生有 1282 人。图书馆学电大教育也兴于 80 年代，1985 年中央广播电视大学面向全国 28 个省、市、自治区招收了两万余名图书馆学大专生，学制两年，有 1.2 万学员毕业。进入 21 世纪以来，北京大学、武汉大学还在多个省区连续数年面向社会举办了图书馆学研究生课程进修班，学员遍及全国各地。

改革开放以来三十年的图书馆学教育，除了办学规模扩大、层次丰富以外，其良性发展的特点还体现在以下两方面：

（一）初步形成了较为合理的教学内容体系与教材系列

在教学内容上加强了图书馆学基础理论、基本技能与方法的教学与训练；同时，根据社会发展需要在 20 世纪 80 年代后期增开情报学、管理科学、图书馆自动化、缩微与像处理技术等方面的课程，在 90 年代后期又增加了计算机基础、程序设计语言、数字图书馆、网络信息检索、传播学原理、文献计量学、情报分析与预测等课程。1992 年，首届图书馆学专业系主任联席会议确定了图书馆学基础、中国图书与图书馆史、目录学、文献资源建设、文献分类与主题法、文献编目、读者研究、社科文献检索、科技文献检索、图书馆管理、文献管理自动化、图书馆现代技术等 12 门核心课程。这些课程几乎都有新编教材问世，使得图书馆学专业核心知识保持了基本稳定的态势。

（二）图书馆学逐步与其相关学科形成“团簇”（Cluster），共同发展壮大

图书馆学在人文社会科学中属于小学科，经常处于边缘的地位。为了增加自身的社会公认度与生长度，图书馆学积极寻求与自己有同族关系的学科形成团簇，如与情报学、档案学、出版学同组一个学科平台。1984 年武汉大学图书情报学院的成立，以及后来部分大学图书馆学系分设的情报学、档案学、出版学等专业，都表现出了较好的生机。图书馆、情报、档案、出版等工作，共同担负着知识信息的保存、传播和利用的使命，在文化传承与文明建设中发挥着不可替代的作用，根据这些学科的相同点将它们组合起来发展，不仅有利于图书馆学也有利于其相关学科的发展。1992 年公布的国家标准《学科分类与代码》将“图书馆、情报与文献学”列为一级学科；1997 年国家研究生专业目录将“图书馆、情报与档案管理”作为一级学科独立归属“管理学”门类，下设图书馆学、情报学、档案学三个二级学科，可以看出图书馆学的学科地位得到了提升。

值得一提的是，90 年代以后的图书馆学教育受中国社会现实的作用与学科赶超意识的影响表现出了两种趋势：一是在专业发展遭遇不景气时采取了突围之举；二是不

断追踪国外专业发展水平尽快实现赶超。90年代以来，市场经济、信息技术快速发展，社会工具理性蔓延，图书馆事业发展步履维艰，高等学校图书馆学专业出现了招生难的局面，图书馆学教育一度遭遇到了发展困境。为了摆脱危机，图书馆学教育界采取了一系列的改革措施：院系更名（或与其他院系合并）、拓宽教目标、调整专业目录、更新教学方案、重置教学课程，这种突围式的改革基本"闯关"成功，但也付出了巨大代价，有些课程改革甚至伤及本学科的传统核心，导致图书馆学专业知识增长速度减缓甚至落后于图书馆实践的发展。例如，原有的图书情报学院系改称信息管理院（系）后，图书馆学仅作为一个专业厕身其中。其课程体系为了与"信息管理"相吻合，许多课程名称加上了"信息"二字（或用"信息"取代课名中的"文献"），此外，专业课程内容繁杂，除了图书馆学原有内容，还包括数学、经济学、管理学、社会学、计算机科学、知识产权等多门学科知识。本科学生数年学习下来，竟很难说清自己的专业特色是什么。而为了与国外本学科发展接轨，美国图书情报学教育的任何一种新动向都受到国内学术界的高度重视。如20世纪70年代美国图书馆学院系多更名为"School of Library and Information Science"（图书馆与情报学院），我们国内图书馆学系在20世纪80年代也多更名为" 图书情报学系（院）"，并加大情报学课程或建立情报学专业。

2003年美国一些著名的图书馆学情报学院发起了"信息学院运动"（Information Schools Movement，简称iSchool运动），将"School of Library and Information Science"更名为"School of Information"或"College of Information"。新的信息学院致力于以信息、技术和人的关系为中心的研究与实践，注重与信息有关的跨学科整合发展。这一动向引起我国图书馆学、情报学界的高度关注。但"Library"一词正式离开了这些学院的名称，表现出去图书馆学的专业发展趋势，图书馆界感到iSchool运动与图书馆实践（职业）的关系更淡化了。在此情况下，我们是跟随其后，还是根据国情以及未来专业发展趋势做出与之不同的调整，这将是一个不能回避的问题。

四、未来图书馆学教育发展的理性前瞻

进入21世纪以后，随着文化事业单位改革的推进、社会公平与和谐理念的传播，尤其是各地图书馆事业发展态势的回升，国内图书馆学教育开始进入了一个理性振兴的发展阶段。但我们也应该看到，在图书馆学专业教育的发展思路上还存在诸多混乱的认识。例如，前几年在本科生源不足的情况下，有学者呼吁图书馆学专业应停招本科生，把专业培养的重心转移到研究生；近两年有人认为图书馆精神、核心价值观的缺乏是导致图书馆事业发展滞后的原因之一，所以力倡建立面向职业的图书馆学教学体系等。但仔细分析，我们会发现这些"药方"的副作用大于正作用。看待专业的发展

要有历史的视角、国情的把握与学理的洞察，缺乏其中任何一种因素都会使我们的判断产生失误。如把专业培养重心转移到研究生上，这似乎可以规避本科生源不足问题，集中教学资源致力高端培养，与欧美图书馆员准入制度接轨从而提升图书馆员的地位。但是，我国图书馆（尤其基层公共图书馆）待遇偏低、基层图书馆迫切需要专业人才、图书馆学专业毕业生较其他专业毕业生职业稳定性强、没有本科生会导致研究生生源萎缩等因素，致使我们不能取消本科教育。至于构建面向职业的图书馆学教学体系，弊端更大。因为，职业理念的培养来源于专业教育与职业实践两方面，我们不可能在专业教育一端解决这个问题；以职业理念来充任学科理论基础，有以职业规训替代学科原理、使学科理论基础浅薄化的危险；构建面向职业的本科图书馆学教学体系，容易变相走回某种职业技术的老路上去。随着我国公共文化事业以及图书馆事业的发展速度加快，基层图书馆高素质专业人员会逐步出现紧缺。鉴于此，一些地方高等院校开始增设信息管理专业（含图书馆学），这些举措有其合理性。因此，在面向21世纪图书情报教育时，我们要注意以下几个方面问题：

（一）确定图书情报专业培养目标

80年代后期，传统的图书情报机构面临着一场技术革命，其就业市场趋于饱和。同时，新型信息服务业急需专业人才。因此，社会对人才的需求与传统教育模式形成了尖锐矛盾，确立新的专业培养目标势在必行。

（二）依专业培养目标，设置合理的课程结构

合理的课程设置是实现教学目标的关键，教学改革最终要体现在课程设置上，只有在课程设置与图书情报学专业教育目标相互一致时，图书情报教育才不会偏离方向。

（三）要加强教育国际合作与交流

当代科学技术的迅速发展尤其是信息传播手段的现代化，以及社会的发展和进步，信息业发展的国际化趋势，要求加强各国之间图书情报教育的交流和合作，这已经成为教育现代化和面向未来的重要标志。

第三节 中美高校图书馆教育比较

美国高校的图书馆学教育起步早，尽管图书馆学的名称有时会有调整和变化，但是作为一门学科、一门专业在大学日常教学中存在已经深入美国学界，得到普遍承认。图书馆在美国大学教学和科研中地位不可忽略，其第二课堂的作用也十分重要，美国对图书馆馆员的聘任也有较高要求，必须要具有图书馆学硕士学位才能进图书馆工作。

我们国家高校图书馆学教育起步晚，基本上是跟在发达国家后面走，对图书馆发展建设重视度还不够。高校图书馆在学校教学和科研中的地位还没有显现，这主要与图书馆学教育有关。接下来，我们来对中美两国高校图书馆学教育进行比较。

一、时间上比较

美国图书馆学教育始于19世纪80年代末，成立了正规图书馆学教育机关——哥伦比亚大学图书馆学院，并且开始了图书馆学的正规教育。1890年又以哥伦比亚大学图书馆学院为基础在奥尔巴尼建立了新的图书馆学教育机构——纽约州立图书馆学院。从此，纽约州立图书馆学院经久不衰，成为美国图书馆学教育史上无与伦比的正规教育机关，并取得了辉煌的成就。在此后50年中，纽约州立图书馆学院培养了一大批美国最杰出的图书馆学家。纽约州立图书馆学院对中国近代图书馆事业的发展亦产生了十分重大的影响。20世纪二三十年代，中国的著名图书馆学家沈祖荣、洪有丰、戴志骞、袁同礼、胡庆生、李小缘、李燕亭等一大批杰出人物几乎都毕业于纽约州立图书馆学院，由此可见纽约州立图书馆学院的影响是何等深厚。

中国图书馆学教育起步相对较晚，始于20世纪20年代。并且中国图书馆学教育从一开始就深受美国图书馆学影响。其原因就在于，中国早期的图书馆学专家基本上都是从美国学业有成之后回到中国的，在图书馆学理论实践上基本上跟美国是一脉相承，是一种师徒的关系。如武昌文华图专科金陵大学图书馆学系掌门人的沈祖荣和李小缘都是留美学习图书馆学的。当然，这些人在随后的图书馆学教育实践中逐渐地开始摸索出自己教学思路和教学方法。毕竟，中国有自己的国情，尤其是中国古代的目录学、校勘学也有自己的规律，对当代图书馆学也有一定的影响。

总之，美国图书情报学教育的任何一种新动向都受到国内学术界的高度重视。如20世纪70年代美国图书馆学院系多更名为School of Library and Information Science（图书馆与情报学院），我们国内图书馆学系在20世纪80年代也多更名为“图书情报学系（院）”，并加大情报学课程或建立情报学专业。

二、内容上比较

美国图书馆学的教育内容上强调实用性，内容变化与时俱进。图书馆学更名为情报学，课程上有变化。图书馆学是一种实用技术还是一种专业研究，这是个长期以来不断争论的问题。美国在1928年前，图书馆学教育是一种学徒式的，只对图书馆员操作技能的培训。美国的大学教育认为，专业教育责无旁贷地承担着对社会需求的义务，即应以各种有关知识提供对社会和大众的服务，同时必须赢得社会和大众的信赖。在这个过程中需要对知识的不断更新、充实、完善，要无止境地进行研究，有效地回报社会，这也是一般意义上的专业概念。对图书馆学而言，则要充分显示这一行业的丰富知识，其知识涵盖面较其他行业要更为广博，同时要体现它的实际操作能力。杜威把图书馆学校建立在哥伦比亚大学的初衷是要把它作为一个专业，所以他希望由此在大学完成研究、学术性及知识性的升华，同时通过技能的培训使这门学科为公众服务。然而实际上，美国早期的图书馆学教育其课程是技术训练，这也是杜威最后不得不辞去哥大职务、将图书馆学校迁出哥大的客观原因，虽然他的训练获得成功，但哥伦比亚大学董事会根本不予重视。自 1928 年芝加哥大学设立图书馆学博士班，才开始了图书馆学研究之风，当时芝加哥图书馆学研究所宗旨即是进行图书馆学科学理论的研究。而图书馆许多研究认为，在 40 年代至 70 年代之间，图书馆学教育文献缺乏坚实的理论基础，甚少具备理论框架，这也是美国图书馆学教育跌入低谷的原因之一。到 70 年代末，美国全国也有 40 多所图书馆学校纷纷改名，冠以"信息"或"信息科学"，这表明了信息时代的趋势。而我国也先后有近 30 个系易名，冠以"信息"或类似词，只是晚于美国十多年。其实，这种变革的实质是课程设置，信息社会使得信息科技、电脑与通讯等日益飞速发展，美国的图书馆教育添加了许多课程，据美国图书馆与信息科学教育协会（American Association for Library and Information Science Education）的资料反映，近年来，图书馆学教育课程变化颇大，并大量提供双学位教育制。但主要归为两个主体课程，即信息科技和信息管理。其课程教育愈加重视自动化技术在采访、编目、参考咨询和管理上的应用，不把信息科学列为单独的课程，同时增加特殊性质的课程。

我国据 17 个图书馆学系的专业教学结构的统计分析，现设有 46 门必修课程、29 门专业选修课和 28 门非专业选修课，其中必修课中传统图书馆学的编目基础、目录学、图书馆学基础、中西文工具书、中国书史和中国图书馆史、文献保护、古汉语、参考咨询、古籍编目等占 1/3 左右。在课程整体模式上，独立课程之间的内在联系、课程体系之间的循序渐进都还不够完备。美国在图书馆学校的课程设置上，开始寻求理论与实践、专门性与综合性、基础与应用研究之间的平衡，并且更重视知识的内涵而非职业技能。其核心课程已发生变化，传统的图书馆学课程均被信息课程取代，它们更侧重于信息技术在图书馆的使用与管理，与图书馆有关的促进信息使用的系统、方法、结构和工具等。图书馆学信息学教育无论在我国还是美国都面临着一场变革。一方面，随着社会经济的变化，人才需要必须适应这种变化；另一方面，它必须深化和发展，才可能在科学研究中占有领地，否则将被挤出大学教育之门。美国关闭的图书馆学专业和研究所似乎应敲响我们危机的警钟，面对我国和世界上信息产业成为经济发展的支柱产业的形势，各行业在这一领域的竞争会更激烈，学科间的交叉渗透更促进了学科的兼并、融合和发展。从美国图书馆学教育的变化、发展中我们会总结出于我们有用的内容，以促进我国图书馆学教育的变革和进步。

三、对图书馆学科认识以及专业发展比较

美国图书馆学教育事业发展道路不平坦，有起伏。比如第二次世界大战以前，由于经济萧条的影响，使得图书馆员的数量出现过剩。但第二次世界大战期间，由于许多图书馆员从军，并且还有一些人放弃图书馆工作去从事待遇优厚的工业和政府部门的工作，同时，由于在 1941 年凯佩尔退休后，卡内基基金会除支持"公共图书馆咨询处"以外，不再资助任何图书馆事业，这些使得图书馆学院的招生人数急剧下降，战后图书馆员的数量奇缺，由此在图书馆事业的发展中又出现了一系列亟待解决的问题。

"二战"后，美国图书馆事业经过近十年的复苏，到 1956 年至 70 年代初期，出现了历史上著名的"美国图书馆事业的黄金时代"。各类型图书馆的巨大发展，图书馆舍和馆员数量的巨大增长，使得生活在美国图书馆界的每一个人都感到异常兴奋。

中国图书馆学教育事业的发展也有过同样的经历，主要是发生在"文革"期间。1966 年文化大革命运动开始，北京大学、武汉大学图书馆学系停课，教师受到批判，图书、设备遭到损失。1969 年，专业教师被下放农村劳动，图书馆学系陷入彻底停滞状态。1972 年，两个学校的图书馆学专业恢复办学，仅招收两年制的工农兵学员，到 1976 年有五批学员顺利毕业。图书馆学专业的正常招生与教学，直到 1977 年全国高考制度恢复才得以重新开始。尽管如此，图书馆学教育发展还是崎岖不平，并非一帆风顺，对图书馆学科的认识还是摇摆不定。

进入 20 世纪 80 年代后期、90 年代初期，有些院校的图书馆学专业经过调整撤销，但国内图书馆学专业的整体规模还保持在二十多个。伴随着办学规模的扩大，办学层次也丰富起来。首先，在正规学历教育中出现了中等学历教育，如 1983 年长沙的湖南图书情报学校首开中等专科教育，其后北京海淀中学图书情报班、上海市图书馆职工中等专业学校、天津市图书馆中专班等诸多中等专科班相继开办，多时达二十余所。其次，在高等教育领域图书馆学专业也建立起不同的培养层次。1981 年 11 月北京大学和武汉大学同时获得了图书馆学硕士学位授予权；1991 年北京大学建立了我国第一个图书馆学博士学位授予点；1993 年武汉大学和中国科学院文献情报中心获得了图书馆学博士学位授予权；2000 年国务院学位办批准北京大学和武汉大学为"图书馆、情报与档案管理"一级学科博士学位授予点。经过二十多年的平稳发展，到 2003 年年底，我国共有 35 个高等院校和科研机构开展图书馆学教育，其中有 25 个本科专业、21 个硕士授权单位、6 个博士授权单位、2 个博士后流动站，已经形成了一个具有本科、硕士、

博士与博士后流动站层次齐备的图书馆学教育体系。到2006年年底，我国图书馆学本科教育点从25个增长到28个，硕士学位授权单位从21个增长到40个，博士学位授权单位从6个增长到9个，获得一级学科博士点授予权的有5个机构。截至2008年年底，据中山大学资讯管理系的最新调查，中国大陆共有50所高等院校和机构开设图书馆学专业教育，其中有29个本科专业、42个硕士授权单位、8个博士授权单位、5个图书馆情报与档案管理学博士后流动站，图书馆学专业在校学生5000人左右。

四、政府支持力度比较

美国大学图书馆及图书馆学教育事业的发展经费政府投入总的讲都是有限的，主要靠个人捐助和各个州立政府的资金投入，其中个人捐资发挥了非常重要的作用。贡献最突出的要算卡耐基基金会的捐款投入。第二次世界大战以后，图书馆事业发展的主要依靠力量由卡内基基金会转向了联邦政府。从1956年的《图书馆服务法案》到1958年的《国防教育法案》，再到60年代的《高等教育法案》和《初级及中级教育法案》的通过与颁布，图书馆得到了历史上无法比拟的联邦拨款。从而也保证了图书馆和图书馆学事业的发展有了法律上的保证，形成了美国图书馆事业发展经费由联邦政府拨款、州拨款和慈善善款。

中国的情况就完全不同，图书馆及图书馆学教育事业的发展主要靠政府资金的投入，靠政府的大力支持。政府的投入对图书馆及图书馆学教育事业发展至关重要。政府投入力度大，图书馆及图书馆学教育事业就发展快。否则就发展变慢乃至会停滞不前，或者倒退。

第七章　中美高校图书馆比较：图书馆联盟

第一节　美国高校图书馆联盟

一、美国高校图书馆联盟发展概述

19 世纪 80 年代，美国的图书馆杂志刊登了有关图书馆合作的文章，建议图书馆联合起来共享他们的资源。从此，美国图书馆界对于合作的兴趣就没有减退过，美国图书馆协会（ALA）为此设立了合作委员会（Co–operation Committee of the American Library Association）。1901 年，美国国会图书馆开始对其他图书馆实行外借服务，并对大约 400 多家图书馆提供印刷目录卡片，紧接着出版了《美国国会图书馆主题标目》，这是美国第一个全国性的主题分类体系。同时国会图书馆还开始向其他合作成员馆提供文献编目服务。合作编日项目也是美国图书馆大规模合作的早期形式。美国高等教育界最早的大学图书馆联盟之一，则是建于 1933 年的“三角研究图书馆网络”（TRLN：Triangle Research Library Network）。这个网络最先起源于北卡罗兰大学和杜克大学合作建立的“智力合作委员会”（Committee on Intellectual Cooperation）。到 1935 年，图书馆成为这个组织中的主要合作因素。后来，北卡罗兰州立大学图书馆和北卡罗兰州中心大学图书馆也相继加入了进来。

随着图书馆联盟的不断发展，1965 年至 1970 年之间产生了大量的以大学图书馆为中心的地区性文献资源共享网络。美国教育部在 20 世纪 70 年代初期开展了一项全美大学图书馆联盟的调查研究。这项研究直接产生了两个成果：一是 Diana D. DeLanoy 和 Carios A .Cuadrahe 编辑的《大学图书馆联盟名录》（*The Directory of Academic Library Consortia*）；另一个则是由 Ruth J. Partrick 撰写的《图书馆合作指南：大学图书馆联盟的发展》（*Guidelines for Library Cooperation: development of Academic Library Consortia*）。二者均于 1972 年出版。这两份文献对图书馆联盟发展史有着重要的贡献，它们在图书馆联机系统刚刚发端的重要转型时刻，对美国大学图书馆联盟进行了全面考察，被视作美国图书馆联盟研究和发展的重要里程碑。这项研究涉及的125个大学图书馆联盟，它们大都建于1931年到1972年之间，其中绝大部分（90%）成立于1960年以后，这也正是美国图书馆资金充足的全盛时期，成为新兴图书馆联盟合作组织形成的黄金时代。

与此同时，在20世纪60年代后期70年代初期，美国图书馆自动化的兴起，计算机编目、书目数据共享和数据库查询技术的迅速普及，要求共享图书馆自动化人才方面的迫切需求等因素，成为美国大学图书馆联盟蓬勃发展的又一重要契机。如图书馆系统合作发展项目（the Collaborative Library Systems Development）就由包括芝加哥大学、哥伦比亚大学和斯坦福大学图书馆的自动化专业技术人员组成，用于共享自动化技术和经验。因此，自动化成为这一时期许多大学图书馆联盟成立的主导原因，也是该阶段图书馆联盟发展的鲜明特色。这一时期美国大学图书馆联盟的杰出代表，有后来发展成为世界性图书馆联盟组织的OCLC和美国国内著名的RLIN联盟组织。ASLA（Association of State Library Agencies）于1978年编辑出版了《图书馆合作报告》，对这一阶段不同层次图书馆之间的合作活动进行了总结，基本反映了这一时期图书馆联盟的发展情况。

进入80年代，美国大学图书馆联盟的新增数量有一个相对平稳的阶段。但从1985年开始，尤其是到了90年代以后，大多数图书馆已经建立和完成了本地的计算机系统和网络，书目数据共享、图书馆自动化集成系统已形成了一定规模，印刷型文献的价格直线上涨，迫使各种类型的图书馆都开始考虑“降低成本”、控制“合适的规模”，新的媒体技术和数字化文献资源异军突起，无论是其昂贵的价格还是其使用方式，使得各级政府和图书馆负责人都开始寻找各种机构和实体之间的协作或合作，特别是因特网络通讯的发展为打破各机构自给自足的模式带来了现实可能性和操作空间。因此，联盟再次成为许多机构解决难题的有效办法。新的联盟迅速诞生和发展，而那些早期建立的联盟也开始焕发出新的生机，整个90年代，再度成为美国大学图书馆联盟发展的辉煌时期。根据ICOLC（International Coalition of Library Consortia，图书馆联盟国际联合体）网站上提供的资料显示，在参加ICOLC的155个各国图书馆联盟中（2002年底统计），美国的联盟共有89个，占全部联盟的57%。而美国的89个联盟中，地区性大学图书馆联盟（即州际的或基于州的大学图书馆联盟和以大学图书馆为主体的综合图书馆联盟）共有77个。这77个地区大学图书馆联盟的83％以上都是建于1985年以后。

综上所述，我们大致可以将美国大学图书馆联盟的发展划分为三个阶段：即1959年以前；1960年至1984年间；1985年到20世纪90年代这三个阶段。在这一过程中，美国大学图书馆联盟在形成和发展上曾出现过两个高峰：一是从1965年至1970年之间，另一个则是20世纪的90年代期间。这两个高峰显然与美国的经济发展、对教育和图书馆资金的投入、新技术的应用息息相关。

二、美国大学图书馆联盟的形成机制

（一）资源共享的基本理念是联盟形成的最初动因

纵观美国大学图书馆联盟的发展轨迹，形成联盟的最初动机是资源共享的理念。资源共享意味着每一家图书馆不必购买所有的文献资源，使图书馆原来的仓储积累、备用资源的基本结构，有可能转变为选择积累、目标资源的运作模式，而后者则必须在合作、共享的大框架方面可实现。这种集各家各户的单个力量形成整体效益、共同分担费用降低成本的经济行为，直接导致了共享资源、提高资源利用率的效果。可以毫不夸张地说，由资源共享理念推动发展的图书馆联盟机制是对世界图书馆界的最大贡献。

在联盟发展初期，资源共享受到了客观条件的制约和传统观念的束缚，有一个逐步发展的过程。美国大学图书馆联盟的资源共享方式大致经过了文献实体共享——馆际互借、文献复印优惠；书目资源共享——联合书目、联合期刊目录；资源协调共享——联合购买文献资源；图书馆业务共享——参考咨询、自动化技术服务；人力资源、管理资源共享——职工教育、培训、图书馆管理等几方面。资源共享的理念已由最初的文献实物共享拓展到了图书馆全方位的专业领域和最新的现代化服务手段。

（二）共同的经济利益是联盟运作的驱动机制和目的

将理念变为现实，需要有效的驱动和运作机制，而驱动联盟运作的机制则是经济利益。共同的经济利益将不同的图书馆个体联合在一起，经济利益的杠杆使它们有效地协同合作。尽管图书馆联盟发展到现在，其形成原因、理由、运作方式已经发生了很大变化，但经济利益驱动机制和目的从开始一直延续到今天而没有改变。美国有众多的私立大学和公立大学，它们许多过去是、现在也仍然是各方面的竞争对手，而它们的图书馆却成为这些竞争者为了共同的利益可以共同合作的公共领域。

（三）资金来源和分配体系是联盟成功的支持条件

众所周知，美国是图书馆联盟或图书馆网络的发源地，最早是以州内的公立大学图书馆联盟开始的。这也许得益于公立大学图书馆在同一区域内，拥有共同的权力机构——行政管理组织，如乔治亚州的教育部门、俄亥俄州的董事会或弗吉尼亚州的代理机构等。这些管理机构鼓励和促使大学图书馆之间合作以充分利用投资，建设现有馆藏和资源并协调未来的投资。另外，更重要的是这些管理机构为它们管辖范围内的图书馆提供了一个共同的资金来源，它们希望这些投资能够得到合理地利用，最大限度地发挥作用，并使自己管辖范围内的图书馆都成为受益者。同时，投资者希望能够通过一定的体系和渠道了解投资的走向和效益成果。此外，州内大学图书馆的管理者们由于地域关系，已有了长期的合作历史，他们经常会晤探讨图书馆的业务和管理问题，图书馆的管理者们也一直在努力为相互合作寻求项目资金。当这两种需求碰撞到一起时，联盟的运作模式便成了他们共同的首选，早在20世纪30年代美国图书馆地区性网络就作为分配州图书馆经费的一种方法而得到了发展。

在美国，许多州都为图书馆的各种活动提供经费，州政府也为图书馆事业投入专项基金，或为项目提供资助，并通过系统内部的组织方式下达并分配这些资金。充足的资金在客观上为联盟的诞生提供了有利的生存条件，也为联盟的发展和成功提供了必要保障。例如，美国著名的地区性图书馆联盟Ohio LINK，就是由俄亥俄州13所大学和公共图书馆于1990年发起成立的。Ohio LINK作为俄亥俄州内图书馆文献资源共享联盟，由州政府统一拨款，建立了统一的图书馆自动化系统平台，统一购买电子资源和数据库，仅年度维持费每年就有1000万美元，成员馆均不需要缴纳会员费，州内所有高校图书馆和成员馆可共享该联盟的书目记录、联机合作编目、文献信息检索、馆际互借/文献传递，以及联盟拥有的全部电子资源和网上数据库。州政府的雄厚资金作为Ohio LINK的强大后盾，使得该联盟迅速发展，成员很快扩展到全州54个图书馆，成为美国地区性大学图书馆联盟的佼佼者。美国大学图书馆联盟的经费不一定都来自地方政府，无论是来自政府拨款、科研项目经费，还是来自民间捐款，或成员馆缴纳的费用，充足而又固定的资金以及经费的分配体系，都与联盟的运作和发展有着至为重要的关系，在事实上也成为一个联盟能否成功运行的支持条件。

（四）地缘关系是联盟形成和组织的重要因素

早期的美国大学图书馆联盟形成多与地理因素有着重要关系。尽管现在由于通讯技术和网络的发展，空间距离和地缘关系已经退居于次要地位，显得不那么重要了，但是地缘关系和地理因素仍然在联盟的形成和组织中起着不可忽视的作用。基于州内的大学图书馆联盟并不是新鲜事物，在过去的几十年里，每个州的大学图书馆都有不同层次的正式或非正式的资源共享的探索和尝试，如伊利诺伊州、威斯康星州、俄亥俄州、加利福尼亚州和密苏里州等。即使当今图书馆联盟的顶尖代表OCLC，也是由当初一个州的图书馆联盟发展而来的。

目前，美国大学图书馆的一个普遍趋势是所组成的这些联盟大都是在一个州的范围内进行的。对大多数大学图书馆来说，政治的和地理的原因结盟对它们来说仍具有极大的吸引力，在一州的范围内寻求合作有着明显的优势。一个州内往往会有一组先天具有政治上和地理上相近的图书馆群。首先，它们共享一个共同的管理机构；其次，同一组图书馆享有一个共同的资金来源；最后，同一行政区域或自然区域内的图书馆，往往共享相同的社会组织结构和文化背景，具有相同的需求和共性问题，在联盟内的一致性和认可度也更高些。在笔者的统计中，参与 ICOLC 的 77 个美国地区性大学图书馆联盟中，就有 64 个是州内的地区性联盟，占全部联盟的 83%。

三、美国大学图书馆联盟的类型

20 世纪 70 年代，SDC（System Development Corporation）对从 1931 年到 1971 年 40 年间成立的 125 个美国大学图书馆联盟进行了研究，其中，115 个联盟都是 1961—1971 年这十年间建立的。SDC 将这 115 个图书馆联盟的性质总结为以下四种类型：1. 基于大规模计算机自动化系统运作的大型联盟；2. 读者服务与处理图书馆日常业务的小型联盟；3. 限于某一特定专题领域的专业联盟；4. 为解决馆际互借或信息参考合作网而建立的联盟。

时光已流逝了三十余年，迄今为止，上述四种类型仍是当前美国图书馆联盟或合作组织形成的基础和主体。当然，随着时代的发展，大学图书馆联盟也在不断变化。事实上，图书馆联盟类型和形式的演变一直是图书馆界一个非常活跃的因素。图书馆联盟类型的划分并没有统一的标准，从不同角度、不同功能、不同目的可以将同一联盟归到不同的类型里面。1998 年，B .Allen、M .Hirshon 和 Arnold Hirshon 按照联盟组织的严密程度将联盟划分为 4 种：松散型、跨类 / 跨州型、紧密型和资金集中的州内型。1. 松散型：由一城市或一地区的基层图书馆组成，通常没有专职人员，也没有专用资金，不需缴纳很多费用，但提供的服务也少；2. 跨类 / 跨州型：有专职人员，成员馆的共同兴趣不多，相互之间的协作完全由于自发，计划项目往往很难开展，资源共享受到影响；3. 紧密型：虽有松散型的弹性，但却无跨类 / 跨州型由于成员馆的类型混合和地域差异所带来的工作难度，成员馆由单一类或混合类图书馆构成，有专职人员组织协调项目发展，资金由所属机构提供，或由基金会及其他外部资金赞助；4. 资金集中的州内型：有资助机构或其他基金来源渠道，成员馆达成协议在共享利益的基础上合作购买资源，有专职人员促进计划项目，联盟的集中管理在组织和领导联盟活动和联盟章程上起着重要作用，成员馆较为积极，乐于合作。

事隔三年，Arnold Hirshon 根据图书馆联盟不断发展的形势，提出了采用多重分类标准划分联盟类型之说。他在 2001 年 8 月 16 日在世界图联大会图书馆联盟预备会议上所提出的多重功能分类标准，归纳起来有以下几方面：

1. 联盟的组织管理模式和运作方法：从联盟的发起和管理机构划分：一级政府发起、多重政府机构发起、成员馆自发组织，政府部门直接管理，成员组成的理事会、委员会、特别工作组管理或利益集团自己管理；从联盟的工作人员来划分：有长期的专职人员、固定的兼积人员、不定期自愿工作者；从联盟的经费来源划分：有政府提供资金、项目基金、捐款捐赠经费、服务收费、成员馆付费、无经费完全自愿组合型。

2. 联盟自身定位和成员馆类型：从联盟自身定位和任务划分：有购买型、教育型、筹款型、游说型和技术共享型；从成员馆类型来划分：有研究型图书馆、高等院校图书馆、公共图书馆、中小学图书馆、专业图书馆和公司企业图书馆联盟等；从成员的地理分布划分：有多国的、一国的、跨州的、一州的、地区的、城市或乡村社区的。

3. 联盟的服务内容和功能：按联盟开展的合作项目划分：有资源共享、联合目录、电子资源和电子产品集团采购、核心馆藏建设、数字图书馆发展、藏书保护等；按联盟提供的服务内容划分：有信息咨询、教育培训、文献编目、自动化技术支持、馆际互借 / 文献传递、共享存储、财会服务（如借贷）等；按联盟提供的技术环境来划分：有共享基础结构，共享自动化系统、网络门户管理和知识产权管理等。每种类型的联盟都是在不同的价值、目标以及成员馆的共同需求前提下建立的。当联盟的成员彼此之间变得更加协调并制定了相应的合作机制时，联盟可能会从一种类型演变成另一种类型，或变为多目标共存的混合类型。

四、美国大学图书馆联盟的特点和发展趋势

（一）同中心联盟

美国大学图书馆有许多重叠的联盟设置。成员馆可以自己的需求为基点划出多个同心圆，参加多个不同的联盟，并在其中扮演不同的角色。一个图书馆，可以是研究图书馆协会的成员，同时也是本科生服务和特种文献提供组织的成员；可以既参加了州际多类型图书馆网络，又参加了全国性网络；可以是州政府授权的图书馆活动召集单位，也是区域性综合组织的一个团体等，这种情况较为常见。如乔治亚州大学图书馆参与了乔治亚州大学中心联盟，这个联盟是亚特兰大大都市地区的大学机构联盟；它还参与了乔治亚州的大学系统、乔治亚州联机数据库（GOLD）、乔治亚州图书馆学习在线（GALILEO）等联盟，在乔治亚州之外，乔治亚州大学还是一些其他地区性联盟的成员，如东南部研究图书馆协会（ASERL）、东南部图书馆网络（SOLINET）以及南部大学研究联盟（SURA）等。在全国的范围内，它还积极参与 OCLC、研究图书馆协会（ARL）、研究图书馆中心（CRL）、美国农业信息网（USAIN）以及其他的图书馆联盟。在美国，许多规模较大的大学图书馆都规划了这样相似的一组联盟组织，这些联盟组织就像是一组同心圆——城市、大都市地区、州、地区、国家以及全球等，每个联盟都有各自的特点和不同的目的和侧重点，对每一个图书馆而言，任何一个层次上的联

盟都比仅仅只依靠自己的机构重要得多。事实上，这种同中心联盟是美国图书馆联盟数量迅速增加的一个有趣的产物。早在1972年，SDC研究报告中就指出："参加一个或多个现有的联盟也许是组成一个新联盟的一个较为可行的替代办法，能为某个图书馆的问题提供一个较好的解决办法。"在美国，某个图书馆同时是3个到4个甚至更多不同联盟的成员是不足为奇的。

（二）一州内有多个联盟

在美国，图书馆之间的合作被视为工作常态现象。在美国的许多州，大学图书馆联盟得到了长足的发展，每个州都有许多不同类型、不同规模的大学图书馆联盟。参加ICOLC的77个美国地区性大学图书馆联盟遍布美国的46个州和地区，而一些联盟发展较早的伊利诺伊州、俄亥俄州和马萨诸塞州等有更多大学图书馆联盟（不包括全国性的联盟）同时存在，分别为5个、4个和4个；而纽约市和华盛顿地区则分别有7个和5个地区性大学图书馆联盟。这些地区性大学图书馆联盟功能各异、协同发展、网网互联，不仅在州内构成了一个高度网络化的、具有对地区和州的信息资源保障功能的崭新的图书馆体系，而且有的协作网自身也得到极大的发展，从美国地区性的资源共享网发展成为全美，甚至世界性的图书馆自动化网络或联盟。

（三）同州内跨类型图书馆的联盟

同州内同性质的图书馆联盟转向同州内不同性质图书馆联盟的融合，是目前美国大学图书馆联盟发展的又一特点。美国的许多基于公立大学图书馆的联盟现在都在某种程度上扩充了它们的服务范围。如GALILEO现在的成员已包括私立大学图书馆、职业技术院校和公共图书馆。路易斯安那图书馆网络接纳了公共图书馆和中学图书馆。OhioLINK的成员既有大学图书馆，也有公共图书馆和中学图书馆，基本涵盖了全州图书馆系统。VIVA包括私立大学图书馆并开始向州内的其他行业图书馆扩充。事实上，各联盟之间互相合作一般更多地体现在本地合作方面。不同的联盟位于相同区域给了它们共同工作的可能性。在笔者统计的77个美国地区性大学图书馆联盟中，成员馆仅是大学图书馆（含公立、私立大学图书馆和职业技术院校图书馆）的联盟为32个，其他45个均为综合网，包括了公共图书馆、专业图书馆和中学图书馆。

（四）联盟向着数字化图书馆的方向发展

实体资源共享已经与虚拟的电子资源共享结合为一体，特别是电子资源集团采购和用Web方式进行的馆际互借和文献传递成为现代大学图书馆联盟活动的主流。现代信息技术的发展使传统的借阅特许、馆际互借服务、复印优惠和传递服务等合作项目有了全新的内容，许多大学图书馆联盟通过因特网络用Z39.50协议将他们的目录或信息资源链接在一起并安装了支持性获取装置。有些联盟采取进一步的措施使原本不兼容的系统或即使兼容但不能反映馆藏信息和借阅状态的系统协调在一起，实现了联盟内各成员馆馆藏无缝链接，一步步走向图书馆无墙化、网络化。随着这些服务越来越虚拟化、数字化，大学图书馆联盟有着正在演变成为未来数字图书馆雏形的趋势。

（五）超联盟（Super Consortia）组织崭露头角

美国大学图书馆联盟另一个较为明显的发展趋势，就是联盟与联盟之间再组织成为一个更大的联合体，称之为联盟联合体（Consortia of Consortia），又称为超级联盟（Super consortia）。这类联盟由许多单个联盟组织起来，一般都超出了地方性范围和相同性质的团体。成立时带有明确目的，如联合购买大型、昂贵、价高的电子产品或网络资源等。比较突出的如“网络联盟”（Network Alliance），该联盟组合了数个区域性联盟组织，旨在全国范围内加强与其他联盟之间的合作，共同购买电子文献资源。超联盟在美国目前还仅限于购买性质联盟。但可以肯定的是，超联盟是地方性/区域性/同行业联盟发展到一定阶段时，寻求新的发展空间的一种尝试和突破。而真正的超联盟组织的出现，应该是“图书馆联盟国际联合体”（ICOLC）的成立。ICOLC 是一个由来自美国和其他国家的多个机构和联盟形成的国际性民间非官方组织。最初起源于各联盟之间自发的沟通交流和共享需要，各联盟领导层之间频繁的非正式接触和会晤，最终导致决定成立一个机构来解决共同关心和面对的问题。20 世纪 90 年代中期，第一次网络化信息联合体（Coalition of Networked Information）会议举行，最初是一个松散结构的团体，称为联盟联合体（Consortium of Consortia），但很快就因形势的发展而更改了名称，1997 年正式称为 ICOLC，原来非正式的讨论也被一年两次的正式会议替代，参加会议的人数持续增加。从 1997 年 2 月开始到 2003 年 3 月止，ICOLC 一年两次的年会已召开了 13 届；另在欧洲举行了四次年度会议（1999—2002 年）。

目前，ICOLC 已经发展到由世界各地约 150 个图书馆联盟组成的联合体。联合体主要面向高等教育机构提供服务，旨在促进不同联盟之间就共同关心的利益和话题进行有效的讨论、提出解决问题的方案等，如电子资源建设，对数据库出版商、代理商的产品进行价格测试，或对图书馆馆长、联盟管理者认为重要的议题举办会议。欲参加的联盟可通过 ICOLC 的主页申请登记加入，可预订参加联盟关心的主题会议讨论。

第二节　中国高校图书馆联盟

一、中国高校图书馆联盟发展现状

我国的图书馆协作联盟始于 20 世纪 50 年代《全国图书协调方案》（以下简称《协

调方案》)的出台，该方案是1956年中共中央发出向科学进军的号召后，为了改善为科学研究服务的图书条件而制定的。《协调方案》决定在国务院科学规划委员会下设图书小组，负责全国为科学研究服务的图书工作的全面规划，统筹安排。当时首先安排要进行下列两项工作：一是建立中心图书馆委员会；二是编制全国图书馆联合目录。《协调方案》中还提出了中心图书馆委员会和需要编制的联合目录的初步清单。从此，我国图书馆界的协调工作开始了。1984年9月，"全国高校图书馆藏书建设研究会"在大连召开，全国高校图工委在会上对全国高校图书馆联合发展作了部署。会后，一些高校图书馆之间开展了联合目录建设、馆际互借、外文文献联合采购等合作业务。

到了20世纪90年代，随着现代网络技术在我国图书馆领域的广泛应用和不断普及，图书馆间的合作与交流日益密切，我国的图书馆联盟进入了创立和迅速发展阶段。由中央各部委、地方政府和一些重点大学图书馆牵头，许多地区纷纷建立区域图书馆联盟，涌现出了一批运作较为成功的联盟模型。当前我国主要有全国性的专业图书馆联盟、全国性的综合图书馆联盟、地区性的专业图书馆联盟和行业性图书馆联盟等。从覆盖范围上看，全国性图书馆联盟最具代表性的有三个：一是中国高等教育文献保障系统（China Academic Library & Information System，简称CALIS）；二是国家科技图书文献中心（National Science and Technology Library，简称NSTL）；三是中国数字图书馆联盟（China Academic Digital Library Alliance，简称CADLA），接下来分别介绍。

（一）1998年11月启动的中国高等教育文献保障系统（China Academic Library & Information System，简称CALIS）

该系统是国务院批准的我国高等教育"211"工程、"九五"、"十五"总体规划中三个公共服务体系之一。CALIS的宗旨是把国家的投资、现代图书馆理念、先进的技术手段、高校丰富的文献资源和人力资源整合起来，建设以中国高等教育数字图书馆为核心的教育文献联合保障体系，实现信息资源共建、共知、共享，以发挥最大的社会效益和经济效益，为中国的高等教育服务。

这是一个全国性的高校图书馆联盟组织。其目标是通过共享信息资源与环境平台的建设，将全国高校图书馆资源融合成一个整体，形成包括多种资源类型、多种服务方式的资源保障能力。CALIS的"全国中心—地区中心—高校图书馆"三级保障结构被认为是我国图书馆信息资源共享的第一个较为完备的全国性解决方案。CALIS自建设以来，CALIS管理中心引进和共建了一系列国内外文献数据库，形成了较为完整的CALIS文献信息资源服务网络，对保障"211"工程各高校的重点学科建设、培养高层次人才、支持科研创新发挥了重要的作用，取得了良好的社会效益和经济效益。在CALIS的鼓励和带动下，我国许多省、市高校图书馆也在积极探索本地区图书馆联盟的建设模式，地区性高校图书馆联盟的建设得到了空前的发展。我国地区性高校图书馆联盟以北京高校网络图书馆、上海教育网络图书馆、广东网络图书馆、江苏高等教育文献保障系统、天津高校数字化图书馆、河北高等学校数字图书馆等为代表。这些联盟与 CALIS 建设相补充，模式灵活，功能各异，协调发展，构成了一个为本地区高校提供文献保障的崭新的资源共享体系。

（二）国家科技图书文献中心（National Science and Technology Library, 简称 NSTL）

国家科技图书文献中心（NSTL）是根据国务院领导的批示于 2000 年 6 月 12 日组建的一个虚拟的科技文献信息服务机构，成员单位包括中国科学院文献情报中心、工程技术图书馆（中国科学技术信息研究所、机械工业信息研究院、冶金工业信息标准研究院、中国化工信息中心）、中国农业科学院图书馆、中国医学科学院图书馆。网上共建单位包括中国标准化研究院和中国计量科学研究院。中心设办公室负责科技文献信息资源共建共享工作的组织、协调与管理，根据国家科技发展需要，按照“统一采购、规范加工、联合上网、资源共享”的原则，采集、收藏和开发理、工、农、医各学科领域的科技文献资源，面向全国开展科技文献信息服务。其发展目标是建设成为国内权威的科技文献信息资源收藏和服务中心；现代信息技术应用的示范区；同世界各国著名科技图书馆交流的窗口。统筹协调，较完整地收藏国内外科技文献信息资源制订数据加工标准、规范，建立科技文献数据库 利用现代网络技术，提供多层次服务推进科技文献信息资源的共建共享 组织科技文献信息资源的深度开发和数字化应用 开展国内外合作与交流。

中心实行理事会领导下的主任负责制。理事会是中心的领导决策机构，由著名科学家、情报信息专家和有关部门代表组成。主任负责中心各项工作的组织实施。科技部代表六部委对中心进行政策指导和监督管理。中心设信息资源专家委员会和计算机网络服务专家委员会，对中心的有关业务工作提供咨询指导文献服务是 NSTL 的一个主要服务项目。具体内容包括：文献检索、全文提供、网络版全文、目次浏览、目录查询等。非注册用户可以免费获得除全文提供以外的各项服务，注册用户同时可以获得全文提供服务。

文献检索栏目向用户提供各类型科技文献题录或文摘的查询服务。文献类型涉及期刊、会议录、学位论文、科技报告、专利标准和图书等，文种涉及中、西、日、俄等。提供普通检索、高级检索、期刊检索、分类检索、自然语言检索等多种检索方式。全文提供服务是在文献检索的基础上延伸的一项服务内容，根据用户的请求，以信函、电子邮件、传真等方式提供全文复印件。此项服务是收费服务项目，要求用户注册并支付预付款。网络版全文服务提供 NSTL 购买的网络版全文期刊的免费浏览、阅读和下载。电子版图书的借阅服务，是面向部分西部个人用户提供的一个服务项目，需要申请授权，希望获得此项服务的用户请填写《中国西部地区方正 Apabi 网上数字图书馆系统个人账户申请表》。目次浏览提供外文科技期刊的目次页浏览服务（Current Contents），报道内容均为 NSTL 成员单位收藏的各文种期刊。可通过期刊目次页，浏览期刊的内容，查询相关文摘，进而请求全文。目录查询提供西文期刊、西文会议、西文图书等文献类型的书目数据查询。报道内容均为 NSTL 成员单位馆藏文献。通过该栏目用户可及时了解文献的到馆情况。

目前，NSTL 拥有印本外文文献 2.5 万多种，其中外文期刊 1.7 万多种，外文会议录等 8000 多种，居国内首位。NSTL 是我国收集外文印本科技文献资源最多的，面向全国提供服务的科技文献信息机构。NSTL 订购和收集的文献信息资源绝大部分以文摘的方式，或者以其他方式在 NSTL 网络服务系统上加以报道，供用户通过检索或浏览的方式获取文献线索，进而获取文献全文加以利用。

（三）中国数字图书馆联盟（China Academic Digital Library Alliance, 简称 CADLA）

为适应社会经济和教育事业发展的需要，推动高等学校数字图书馆的建设，中国高等教育文献保障系统管理中心联合二十二家高等学校图书馆共同发起成立中国高等学校数字图书馆联盟。联盟成立大会于 2002 年 5 月 16 日在厦门大学召开，大会确定联盟宗旨为“整体规划、统一标准、联合建设、共享资源”，并据此宗旨制定了《中国高等学校数字图书馆联盟章程》。中国高等教育文献保障系统管理中心和二十二家高等学校图书馆作为联盟的发起单位，将依据联盟章程，行使权利，履行义务，执行联盟决议，积极参加联盟活动，共同规划、研究、开发，建设中国高等教育数字图书馆。

中国高等教育文献保障系统管理中心，北京大学图书馆、北京大学医学部图书馆、北京师范大学图书馆、电子科技大学图书馆、东南大学图书馆、复旦大学图书馆、哈尔滨工业大学图书馆、华中科技大学图书馆、吉林大学图书馆、南京大学图书馆、清华大学图书馆、上海交通大学图书馆、四川大学图书馆、天津大学图书馆、武汉大学图书馆、西安交通大学图书馆、厦门大学图书馆、浙江大学图书馆、中国科技大学图书馆、中国农业大学图书馆、中国人民大学图书馆、中山大学图书馆。

二、我国图书馆联盟发展特点

从整体上看，现阶段我国高校图书馆联盟建设呈现如下特点：

（一）成功运作

高教系统内的图书馆联盟因为起步较早、投入相对较多等原因，比科研系统和公共图书馆系统发展更为迅速和成熟，在很大程度上推动了各地区图书馆联盟的发展。

CALIS 已经成为我国图书馆联盟建设成功的典范，其下设有八个地区中心，每一个地区中心相当于一个次联盟，协调各地高校图书馆建设。高校图书馆信息资源共享意识强，高校浓厚的学术氛围、师生对信息资源的迫切需求也促进了高校图书馆联盟的建设与发展。

（二）发展不平衡，地区差异较大

2002 年以来，我国图书馆联盟得到了迅速发展，但发展很不平衡。北京、上海、江苏、浙江等经济比较发达的地区，其高校图书馆自动化、网络化发展水平较高，高素质专业人才和技术人才也为联盟的发展提供了智力保障，因而图书馆联盟建设较快；而西部地区高校图书馆自动化、网络化整体发展水平偏低，加上其他因素的制约，导致西部地区高校图书馆联盟发展缓慢。今后，随着经济的发展、教育投入力度的加大以及 CALIS 的良好基础，西部地区图书馆联盟建设步伐将会加快。

（三）运作模式呈现多种方式

全国性的图书馆联盟一般采取严密的运作模式，设有专门的领导机构。CALIS 就设立了管理中心，全面负责 CALIS 专题项目的实施和管理，并根据需要组织专家成立专家委员会。专家委员会根据 CALIS 的发展需要，开展相应的调查研究，协助管理中心制定相关的发展规划、工作方案和技术方案，负责对 CALIS 各项工作的评估。地区高校图书馆联盟则呈现多种合作方式，其联系密切程度也不完全相同：(1) 共建共享模式。如江苏高等教育文献保障系统；(2) 会员制模式。如上海教育网络图书馆；(3) 联合办馆模式。如浙江省滨江高教园区网络图书馆。从发展的角度看，图书馆联盟的建设模式将适应不同的需要，呈现出多种形式并存的局面，图书馆可根据不同的需要参加多个联盟组织。

（四）经费来源主要依靠政府部门拨款

在教育部的统一领导下，CALIS 的经费来源由国家专项资金和地方及院校的投资组成；天津市教育局先后对天津数字化图书馆投资近 1 亿元；上海市教育局投资 600 万元建设上海教育网络图书馆。实践证明，在联盟运作的启动阶段，高校图书馆联盟极其需要政府的扶持，在资金上需要一个稳定可靠的保障机制。具有稳定资金投入的联盟能够顺利运行，而资金不确定或主要依靠会费的联盟其运行存在较大困难，也只能开展一些简单的合作项目。从发展趋势来看，图书馆联盟建设除了依靠政府投入外，还要利用其他投入，如吸收民间资本、接受社会捐助、开展有偿服务等。

（五）开展了不同层次的合作活动

目前，高校图书馆联盟组织都不同程度地开展了联合采购、联机编目、联合目录、馆际互借、文献传递、数字资源整合、参考咨询服务协作、人员培训等联盟活动。联盟活动对于图书馆扩大服务面、提高服务效益、降低信息服务成本起到了重要的作用，能够充分发挥重点图书馆的优势，促进了一批基础条件较弱图书馆的发展，使其在网络基础设施建设、队伍建设、信息服务等方面有较大改善，从而提高了图书馆的整体服务水平。

三、我国高校图书馆联盟存在问题

（一）管理机制问题

我国高校图书馆联盟的管理主要是政府主导的过程，而各高校又分别隶属于不同的管理部门，各个高校图书馆分别履行着管理部门规定的不同职能，从而造成各成员馆合作较难开展。有些高校图书馆联盟成立时间较短，发展水平较低，缺少健全规范的管理机制，各高校图书馆之间缺少有效的契约关系，各成员馆资源配置有浪费现象，效益费用比远远落后于发达国家，导致这种情况发生的原因在于管理机制的落后。总之，建立的各级机制体系必须相互呼应、相互补充，才能更好地发挥联盟整体作用。

（二）意识形态问题

由于经费与专业人员的欠缺，导致各成员馆之间在资源品种与数量上，软硬件技术水平、专业人员服务能力等方面存在差异，一些成员馆服务理念落后，不能在联盟中找准自己的位置，无论做什么事均从局部出发，只满足本馆信息需求，不少图书馆联盟在发展一段时间后，由于利益不均而解散或名存实亡。各成员馆应该从整个联盟的大局出发，依照分工协作的方式，在联盟内部找准自己的位置，做到优劣互补，互惠互利。

（三）技术问题

图书馆联盟的发展高度依赖现代计算机技术、通信技术和网络信息技术的发展。没有计算机技术和通信技术，各高校图书馆联盟是根本无法实现资源共享的。各成员馆采用何种图书馆管理系统，各成员馆管理系统能否实现数据共享，各成员馆目录数据能否通过统一的服务平台进行编目、检索，这些都需要计算机技术和通信技术做保障。由于各高校图书馆在发展规模和网络技术方面存在差距，且使用的图书馆管理系统也都不一样，致使数据库建设没有统一标准和统一的数字处理技术，成员馆之间无法进行正常互访，严重影响了图书馆联盟的资源共享更。

（四）人员素质问题

高校图书馆联盟建设以来，成员馆的通信技术和图书馆自动化都有较快发展，但由于我国图书馆员不能像国外那样接受职业化教育，造成人员素质普遍偏低。目前我国有许多图书馆都存在以下问题：馆员年龄偏大，学历也普遍较低，有的图书馆员是教师家属，更无继续学习的动力。这种人员素质现状不能适应高校图书馆联盟服务的要求，特别是与数字化时代信息服务对图书馆员的要求存在相当大的差距。

（五）经费问题

教育部颁布实施的《普通高等学校图书馆规程（修订）》第七章明确规定了有关高校图书馆的经费投入问题，“高等学校应保证图书馆正常运行和持续发展所必需的经费和物质条件。高等学校图书馆应注重办馆效益，科学合理地使用经费。”连续、稳定的资金投入是任何一个图书馆联盟生存和发展的基础。然而，随着信息资源种类的不断增多及其价格的持续上涨，造成各高校图书馆用于购置信息资源的经费非常紧张，何况图书馆其他方面的经费使用也占去了很大一部分投入。

四、我国高校图书馆联盟发展思考

我国高校图书馆联盟建设虽然有了一定的发展，但与发达国家相比，在数量和规模上仍存在较大的差距。因此，大力发展图书馆联盟已经成为我国图书馆界的当务之急。建设高校图书馆联盟必须结合我国国情，在宏观调控下，提倡分散建设，即在国家层次的适度宏观管理和协调下，提倡与鼓励图书馆广泛开展和参与各种层次、各种形式、各种功能和更加深入的合作活动，发挥联盟在资源共享方面的最大效益。本人认为，应从以下几方面加强我国高校图书馆联盟建设：

（一）明确指导原则，规范联盟行为

高校图书馆应根据自身发展水平选择联盟模式，并注意遵循如下基本原则：1. 政府积极参与引导原则。由于历史原因，我国各地高等学校与地方政府有着密切的关系。正确处理这一关系，充分发挥地方政府的指导作用，有利于克服高校图书馆联盟的无序现象，为各地高校图书馆联盟的建立和正常运作提供保障；2. 地域优先原则。在条块分割的管理休制下，同一地区、同一隶属部门的高校馆之间的合作较有归属感和认同感，有利于政府和主管部门参与、指导与协调。因此，高校图书馆在寻求联盟伙伴时，应先考虑本地区、同一隶属部门的图书馆，这样才能形成比较牢固的联盟关系；3. 整体性原则。高校图书馆联盟建设要在统一规划、统一布局、统一管理下进行整体化建设，既要明确分工，各司其职，又要发挥各自的特性，发挥整体效益和联合保障的优势，防止资源浪费和重复建设；4. 服务性原则。联盟的效益最终要体现在文献服务的数量和质量上，这是检查和评估联盟工作水平的主要指标之一。要通过联盟不断优化网络环境，完善并严格执行服务规范，积极开展主动服务和个性化服务，提高服务效率。

（二）拓展经费渠道，多方筹集资金

图书馆联盟的启动和正常运作都需要一定的资金。一般来说，联盟资金投入的多

少同联盟运作效果的好坏相对应。联盟资金项目主要有电子信息资源购置费、维护费和联盟的日常工作费用等。图书馆联盟必须制订适合自己的多元化的资金筹集计划，拓展融资渠道。依据我国的国情，现阶段及今后一段时期内，政府的财政支持在图书馆联盟经费中仍占据主导地位。因此，一方面各级政府、主管部门应加大对联盟专项资金的投入力度；另一方面联盟应充分发挥整合后的资源优势和服务能力，积极寻求多方资金来源，如成员馆共同分担费用、争取社会各界赞助、吸纳民间投资、通过市场化的有偿服务筹集资金等，以持续、稳定的资金推动图书馆联盟健康发展。联盟资金的使用和运作要遵循公开、公平、高效和普遍受益的基本准则，力求既要符合联盟的共同利益要求，也要充分体现各成员馆的利益诉求。

（三）完善制度建设，健全管理机制

高校图书馆联盟的运行是个复杂的过程，高校图书馆联盟要加强制度建设，制定成员馆必须遵守的规章制度：1. 制定联盟宏观的法规性文件。即制定高校图书馆联盟章程，以确立联盟的加盟方法、运作的基本程序及有关仲裁办法等；2. 规定和明确联盟成员馆业务应符合的标准规范和通行惯例等；3. 制定与具体工作项目相关的协议和合同文本等；4. 强化共建共享原则，图书馆参与联盟建设并享受联盟提供的服务，但必须遵守联盟的各项规章制度，同时履行成员馆应尽的责任和义务。

（四）加强标准化建设，确保一体化平台

标准化建设是图书馆联盟实现资源共享的必要前提。没有统一的数据和技术标准，资源共享将成为空谈。图书馆联盟一个重要的职能就是成员馆能通过联机编目共享编目数据，但各馆的自动化管理系统不统一，所使用的软硬件规格不同，使得信息资源数据库建设处于一种零星分散、互不联网的状态，这给联盟内实现数据资源共享造成了很大的障碍。从技术管理的角度考虑，实现网络的互联互通、资源共享，关键在于工作的标准化。有了标准，各成员馆的信息资源才能按统一的格式组织起来，从而实现信息资源共享。不少联盟为了解决标准化问题共同购买硬件设备，统一购买或开发成员馆共用的自动化管理系统。CALIS 的成员馆众多，无法采用统一的自动化管理系统，但是通过实行统一的标准规范、统一的管理和服务办法，实现了资源的整合。

（五）培育平等联盟文化，确保联盟健康发展

图书馆联盟的资源共享很难做到绝对均衡。这就需要图书馆联盟从精神文化层面上积极营造一种平等、合作的联盟文化氛围，促进成员馆之间的理解，提升联盟的凝聚力，维持联盟内部良好的合作关系。1. 坚持联盟利益至上。联盟利益有时会与个体成员馆的利益发生冲突，如果成员馆过分强调个体利益，则有可能导致成员馆之间发生冲突，因而需要成员馆将联盟的整体利益置于个体利益至上。2. 坚持成员馆平等。

联盟文化强调成员馆之间地位平等，无论是大馆还是小馆，在联盟内部的权利、地位和利益都是一致的。3. 坚持联盟健康发展。联盟的健康发展离不开成员馆的积极参与和配合，特别是在集团采购、联机编目以及数据库建设等方面，都需要全体成员馆积极参与和配合。总之，图书馆联盟应培养团队精神，形成学习、团结、实干、奉献、支援的良好氛围。

（六）重视知识产权，保护个人权益

图书馆联盟在实施资源共享过程中会涉及较多的知识产权问题。例如：通过联盟集团采购的数据库等电子信息资源在大量使用时带来的知识产权难题；成员馆自己开发的特色数据库的知识产权保护；联盟内部成员馆合作开发的信息技术产品的产权保护。这些知识产权问题固然要依靠知识产权法律法规来进行调节和控制，但是《知识产权法》并非尽善尽美，其利益平衡功能还有很多不足。图书馆联盟成员馆应树立版权意识，尊重知识产权，并就共享过程中可能涉及知识产权保护问题事先制定规则加以约束，尽量避免产权纠纷，事后也要采取措施，做好补救工作。

（七）加强人员培训，提高员工素质

人员培训包括对工作人员和用户的培训。工作人员的培训内容主要包括：1. 综合素质的培训。联盟应建立一个相关的基金，为成员馆工作人员提供进修等学习机会，培养一批高素质人才，为联盟的技术开发和深层服务提供人才保障；2. 基本技能的培训。通过联盟开展培训活动，既为馆员提供系统的学习机会，又可以节约培训成本；3. 专业技能的培训。包括图书馆各项业务技能和联盟合作项目应用技术的培训，这是联盟的一项重要职能。用户的培训主要包括服务项目的告知、获取信息服务的方法及电子资源的利用等。通过广泛宣传和开展各种形式的培训，使用户了解从联盟中能获取什么样的信息、如何获取信息服务以及掌握哪些检索方法等。

（八）建立评估体系，确保联盟持续发展

高校图书馆联盟必须建立一套经常性的、持续的绩效评估体系，定期对联盟开展的合作项目进行检查，以检测它们持续的有效性和对于联盟成员的效益。高校图书馆联盟在建立评估指标体系时，宏观上应涉及和联盟活动紧密关联的目标任务、管理模式、资源和资金配置、投资效益以及反映联盟综合能力和过程控制等的相关内容；微观上应对联盟各项功能设立定性或定量的专门评价指标和方法。通过建立较为完善和适用的绩效评价策略和评价指标体系，对联盟进行科学系统的、全方位的效益评价，促进联盟更好的发展。我国图书馆联盟的研究和实践还处于发展阶段，还有待于图书馆界的深入研究和探索。加强我国高校图书馆联盟建设，发挥其影响力并带动联盟的整体发展，这是我们的努力方向。

第三节　中美高校图书馆联盟的比较

大学图书馆联盟的出现是时代发展的需求，也是历史发展之必然。联盟出现的目的就是为了使图书馆的资源能够得到更好的利用，能够让联盟内的各个大学图书馆资源利用得到最大化，从而避免资源的重复建设，在购书经费不足的情况下，建立大学之间的合作联盟尤其重要。中美高校由于历史的原因和科技发展不同步，因此在大学图书馆联盟建设和发展上存在着差异，接下来我们做一个大致的比较。

（一）时间上比较

美国大学图书馆联盟建设起步早，发展稳健，基础牢固。1933 年美国北卡罗兰大学和杜克大学合作建立的“智力合作委员会”(Committee on Intellectual Cooperation)，又名“三角研究图书馆网络”(TRLN：Triangle Research Library Network)，该组织被视为美国最早的大学图书馆联盟。到 1935 年，图书馆成为这个组织中的主要合作因素。后来，北卡罗兰州立大学图书馆和北卡罗兰州中心大学图书馆也相继加入了进来。随着图书馆联盟的不断发展，1965 年至 1970 年之间产生了大量的以大学图书馆为中心的地区性文献资源共享网络。美国教育部在 20 世纪 70 年代对全美大学图书馆联盟开展了一项调查研究。调查研究的结果表明，美国大学图书馆联盟大都建于 1931 年到 1972 年之间，其中绝大部分 (90%) 成立于 1960 年以后。此项调查对图书馆联盟发展史有着重要的贡献，它们在图书馆联机系统刚刚发端的重要转型时刻，对美国大学图书馆联盟行了全面考察，被视作美国图书馆联盟研究和发展的重要里程碑。并影响着美国以后的图书馆联盟发展。

中国高校图书馆联盟建设起步晚。20 世纪 50 年代，国家发出向科学进军的号召，为了提高科学研究服务的需求和改善图书藏书不足的现状，国务院出台了《全国图书协调方案》(以下简称《协调方案》)。该方案制定后，决定在国务院科学规划委员会下设图书小组，负责全国为科学研究服务的图书工作的全面规划，统筹安排。当时首先安排要进行下列两项工作：一是建立中心图书馆委员会，二是编制全国图书馆联合目录。《协调方案》中还提出了中心图书馆委员会和需要编制的联合目录的初步清单。从此，我国图书馆界的协调工作开始了。1984 年 9 月，“全国高校图书馆藏书建设研究会”在大连召开，全国高校图工委在会上对全国高校图书馆联合发展作了部署。会后，一些高校图书馆之间开展了联合目录建设、馆际互借、外文文献联合采购等合作业务。

直到 20 世纪 90 年代，随着现代网络技术在我国图书馆领域的广泛应用和不断普及，图书馆间的合作与交流日益密切，我国的图书馆联盟进入了创立和迅速发展阶段。由中央各部委、地方政府和一些重点大学图书馆牵头，许多地区纷纷建立区域图书馆联盟，涌现出了一批运作较为成功的联盟模型。但是，我国高校图书馆联盟发展迅速，当前我国主要有全国性的专业图书馆联盟、全国性的综合图书馆联盟、地区性的专业图书馆联盟和行业性图书馆联盟等。从覆盖范围上看，全国性图书馆联盟最具代表性的有三个：一是中国高等教育文献保障系统（China Academic Library & Information System，简称 CALIS）；二是国家科技图书文献中心（National Science and Technology library，简称 NSTL）；三是中国数字图书馆联盟（China Academic Digital Library Alliance，简称 CADLA）。

（二）对大学图书馆联盟建设认识上和组织上的比较

美国大学图书馆联盟建设是由下而上发展的，先是在个别区域，个别大学图书馆之间进行，然后发展到由国家牵头开展工作。成立大学图书馆联盟的初衷就是实现图书馆资源共享，其目的相当明确，任务十分清楚。他们建立图书馆联盟就是从自身发展需求出发的。大学图书馆联盟建设经费除了国家以项目形式划拨给联盟内的各个大学图书馆之外，还有来自各个大学图书馆自己争取到了社会捐款，等等。

相对而言，我国高校图书馆联盟则是由国家牵头，自上而下进行。目的任务基本由上级提出并划分派制定，任务也很明确。但是缺乏各个高校图书馆自身内在的动力和需求。经费主要来自于国家投入，一旦国家经费投入减少或没有，高校图书馆的联盟就很难维持下去。就拿我们浙江省的情况看，我们浙江高校建有数字图书馆联盟。在经费保障的条件下，各个高校图书馆都会努力参与建设，将本馆特色资源数字化后，并入各个高校分中心图书馆，但是一旦资金来源停掉，此项工作将难以继续下去。比如，浙江省高校数字图书馆工程项目建设在浙江省教育厅的领导下和全省高校的共同参与下正式全面启动。该工程项目的总体建设目标是：构建面向全省高等院校的数字化文献信息保障服务体系，形成具有国内先进水平、功能齐全、资源丰富、覆盖面广的浙江省高校数字化图书馆。具体包括，建成全省高校共享的国内一流的数字化文献信息资源库；建立覆盖全省高校的数字图书馆服务体系，包括省级服务中心和五个分中心，向全省高校用户提供数字资源服务；培养一支数字图书馆管理与服务的优秀人才，满足全省服务、资源建设、技术支撑需求；健全项目建设管理协调制度以及考核激励制度。

该项目 2010 年年初开始启动，2010 年 12 月开通并投入使用，共有省内 50 家高校图书馆参与。可共同分享共计 300 多万种传统图书和电子图书可提供，国内外网络数据库 400 多个，各个图书馆订购的电子期刊共计 5 万多种。但是，2013 年后由于经费不到位此项建设也就被搁置下来，没有后续发展。该项目通过一个省中心和滨江、宁波、温州、下沙、小和山五个分中心向全省高校提供数字图书馆服务。

（三）活动内容上比较

美国大学图书馆联盟建立的目的就是要集各家各户的单个力量形成整体效益、共同分担费用降低采购成本，从而达到共享资源、提高资源利用率的效果。联盟开展的合作项目有：编制联合目录、推行电子资源和电子产品集团采购、实行核心馆藏建设、建设数字图书馆、实现藏书保护等。联盟提供的服务内容有：信息咨询、教育培训、文献编目、自动化技术支持、馆际互借／文献传递、共享存储、财会服务（如借贷）等。联盟还提供图书馆相关技术环境有：共享基础结构，共享自动化系统、网络门户管理和知识产权管理等。

我国目前推行的大学图书馆联盟，在内容上还没有达到美国那样详细和完善。还处在编制联合目录、资源共建共享的初级阶段，至于核心馆藏，财务借贷，自动化支持，共享存储等方面内容还远远没有开展和深入。而且前面所说的资源共享这些工作能否持续下去还得看政府资金是否能够持续支持下去，一旦政府资金不到位，很有可能这样的联盟合作会中途停止。最主要原因是高校图书馆的联盟建设毕竟不是来自高校本身的迫切需求，而是在政府有钱投入的前提下各个高校才会进行这方面的建设。一旦政府没有资金投入真正意义上的联盟建设就会被搁置下来。

（四）联盟制度上比较

美国大学图书馆联盟起步早，发展成熟，机构健全，各种制度建设也比较完善。无论在联盟管理机构划分方面，还是在工作人员划分方面，或者是资金来源划分方面，都有一套完整的、较为详细的标准，比如：从联盟的发起和管理机构划分：有一级政府发起、多重政府机构发起、成员馆自发组织，政府部门直接管理，成员组成的理事会、委员会、特别工作组管理或利益集团自己管理；从联盟的工作人员来划分：有长期的专职人员、固定的兼积人员、不定期自愿工作者；从联盟的经费来源划分：有政府提供资金、项目基金、捐款捐赠经费、服务收费、成员馆付费、无经费完全自愿组合型。

中国高校图书馆联盟建设起步晚，尽管政府投入大，发展速度快，但是在制度建设上还有许多不够完善地方。高校图书馆之间的合作共建还没有达到自觉自愿的行为需求。这跟我国高校发展的行政管理体制和管理体系有关，跟我们整个经费运作方式有关。由于国家经费统一拨款，学校发展过程中追求大而全、小而全，因此，各个高校图书馆的特色趋于相同，你中有我，我中有你。正因为这些需求上的问题，所以对联盟建设重视不够，导致对联盟建设的制度建设重视不够，制度也不够完善。

第八章　中美高校图书馆比较：图书馆建筑

第一节　美国高校图书馆建筑发展

一、概述

美国高校图书馆的发展，可以追溯到美国早期的殖民时期。早在美国独立之前（1776 年 7 月 4 日），美国已经先后建立了九所大学。当时由于种种原因，这些大学的图书馆发展缓慢。图书馆的馆藏来源主要是个人捐赠，其内容大多是经典著作一类的参考书。而这些书也只供教学人员使用。图书馆每周只开放几个小时，并且由教学人员轮流利用业余时间进行管理。这种情况一直延续到 19 世纪中期。从 19 世纪中叶起，美国大学图书馆发生了巨大变化，那就是每隔十五年或二十年，图书馆藏书就会增加一倍甚至两倍。到 1900 年，一直在美国大学图书馆藏书排名第一的哈佛大学图书馆，藏书量接近一百万册。紧随其后的耶鲁大学图书馆、普林斯顿大学图书馆、宾夕法尼亚大学图书馆、哥伦比亚大学图书馆以及布朗大学图书馆藏书都在几十万册以上。

进入 20 世纪以后，美国高校图书馆的规模与数量急剧增加，到第二次世界大战前，美国大学图书馆藏书量突破一百万册的至少有十所。大学图书馆藏书量的成倍增长，引起了图书馆建筑的革命。早期美国大学图书馆的馆舍基本都是教堂式的。其特点是：建筑高大庄重，伴有巨大的立柱；无论是报刊还是图书的阅览室与书库是高墙隔开的；书库是单独集中，采用闭架借还；室内的天花板都很高。这种模式的馆舍缺乏灵活机动性，也不太实用。

第二次世界大战之后，美国高校图书馆建筑事业迅速发展。在艾奥瓦大学图书馆馆长雷尔夫·埃尔斯沃思的倡导下，许多大学图书馆相继接受了“模数式”图书馆建筑设计思想。

模数式图书馆建筑是现代图书馆建筑的一种形式。按一定的模数式原则进行设计，具有较大的空间，统一的柱网、层高和承载能力，布局可以灵活变化、以家具组成不同功能的空间，力求适应图书馆多种功能的需要和发展。模数式图书馆建筑的特点是功能灵活、有适应性。在结构上它用规则的柱网支撑，较少隔墙，在每个柱网单元中可以任意安排阅览桌椅或书架，也可改变为办公或其他技术、业务用房。使用功能变化不要求结构相应变化，因此建筑平面的形状多较方整。房间多不用承重墙分隔，而用可移动的书架、家具或隔板分隔，即使暂时固定的隔墙也便于拆移。垂直交通设备（如楼梯电梯）、管道等都相对集中，尽量避免影响内部灵活布置。在模数式图书馆的建筑设计中，柱网的设计一般需根据书架、阅览桌椅和其他办公设备的间距与排列方式，此外还需综合考虑开架与闭架、开架藏书量的大小、使用人数多少等因素。计算楼板承载能力需要考虑书架和书架上文献的重量、书架的灵活分布、座位的多样布置等，各层楼板均应按一般书架均匀分布计算承载能力。层高应适当统一。设计室内空间的高度既需考虑家具设备的要求，空间尺度、比例的要求，也要考虑人的审美观、空间感受的要求。近代图书馆，已由过去追求雄伟、气派的高大空间逐渐变为接近实际需要，近于人的视野尺度的高度，随着采光、通风技术的发展，室内空间高度更趋于降低。

随着时间的推移，根据这种设计思想所建造的图书馆，大多数主要的弱点被逐渐地克服了。到 60 年代初，这种新的设计思想已经基本上取代了 20 世纪前五十年，在这个领域占统治地位的“固定功能特征”建筑设计思想（即按照图书馆功能区域划分来建造图书馆），并且使之接近于完善的程度。“模数式”设计思想最初是由建筑师、书架制造商安格斯·斯尼德·麦克唐纳在 30 年代中期提出来的。但是由于保守势力、经济萧条和第二次世界大战等历史原因，使它的完全应用被推迟了十年之久。根据这种设计思想设计和建造的图书馆，外形简朴、造价低廉，从实用性角度出发，可以发现它具有下列长处：(1) 适应大战后图书馆服务思想的要求，即实行开架阅览。(2) 有助于现代化图书馆时间与空间运动效率的提高。(3) 具有较高灵活性，方便于重新安排和调整内部布局。上述这些优点，在 50 年代末期建造的许多高校图书馆建筑（早期模数式）中，得到了充分的体现，其中的一些还因此受到了英国建筑学会的奖励及图书馆专业工作者的好评和欣赏。

二、20 世纪中期对图书馆建筑反思

由“早期模数式”设计思想所决定的矩形盒式图书馆建筑，实际上正是图书馆实现其职能、图书馆工作者履行其社会契约所要求的。但是，有些人感到这样的图书馆

在外形上太单调，而且依赖于单一式的矩形组合使人厌烦。于是一些学校行政管理人员开始呼吁，新的图书馆建筑不仅要符合图书馆职能的要求，而且要作为学校公共事业的象征和标志。因此，从60年代初期开始，美国高校图书馆建筑的"早期模数式"时期迅速地向"颓废浪漫的模数式"时期发展。图书馆建筑开始了经历曲折变化，返璞归真和异乎寻常的造型同时出现。追求强烈的艺术性和外观效果的这些浪漫主义的标准手法，渗透了以后二十多年的美国高校图书馆建筑设计。图书馆建筑形式不再完全服从图书馆职能。人们希望图书馆建筑服务于两种职能，其一是作为图书馆的职能，其二是"象征性"的职能。这种双重愿望严重地影响了美国高校图书馆建筑设计的质量。若干年过去了，在众多新设计的美国高校图书馆建筑中，那些坚持了形式服从职能的图书馆建筑，日益显得珍贵起来了。而那些服从双重愿望而设计建造的图书馆，绝大部分都存在着严重的缺陷，背弃了图书馆建筑学的科学性原则。纵观第二次世界大战后，特别是60年代以后在美国高校图书馆建筑设计中存在的问题，可以归纳为以下四点：

（一）不规则的造型

众所周知，简单的正方形、矩形建筑，能够找到其边长的中心点（尤其在中间一层），有助于最有效地利用图书馆和开展图书馆业务。这种建筑具备最低限度的外墙面积，而外墙需要昂贵的装饰性处理。然而为了获得理想的美学效果，许多大学图书馆追随浪漫主义的建筑思潮，采用了一些不规则的建筑造型，如：多边形、三角形、圆形或半圆形，甚至齿轮形、蘑菇云形等各种各样无法辨别其形状的图书馆建筑造型。尽管这些图书馆的外形新颖美观，可是由于图书和书架等图书馆物品、设备是矩形，所以这些非矩形建筑都会造成室内实用空间的浪费。譬如，圆形图书馆建筑，采用沿半径走向的书架排列方式，在共接近圆心的一端，仅仅允许人们通过，并排的书架之间就需要一个最低限度的距离，可是沿半径排列的书架离圆心越远，并排书架之间的距离就变得越宽，从而占用了大量不必要的面积，相对而言影响了图书馆业务共展开，而且对于施工人员来说，建造直角建筑也比建造曲线或其他非直角结构的建筑要容易。

（二）内外庭院及采光井

在现代照明和空调装置问世之前，为了在大型建筑物的中央留有空间，以便使用，有必要设置内外庭院及采光井。然而第二次世界大战之后，只需花费较低的成本，就能采用优质的人工照明和高效的通风与空气冷却系统。所以，露明梯井、内外庭院、高顶棚的大厅从此失去了实用价值，而这些设施的继续采用给现代图书馆带来了一些不必要的问题：1. 扩大了建筑物体积，从而增大了外部涂层的面积，增加了造价。2. 造成了大量无法利用的内部空间。这些空间需要在冬天加温，在夏天降温，增加了维护费用。3. 妨碍了资金更直接、更有效的利用。如果把这些资金用于图书馆服务的其他方面，可以发挥更大的效用。4. 梯井等的采用，使噪音有可能在各楼层之间垂道传播，影响了图书馆必需的安静，无疑是读者最讨厌的。虽然存在上述种种严重的问题，但是近二十年来，露明的和内部的天井、采光井及内外庭院，在新建的美国高校图书馆建筑中乡仍然被广泛采用，并且其尺寸在不断扩大。同时，许多大学图书馆专业工作者，又在想尽各种方法，消除这些设施所带来的弊病。

（三）纪念性标志

图书馆纪念性标志的形式多种多样：超高的顶棚，超宽的门面，豪华昂贵的建筑材料，壮观的楼梯以及引人入胜的精巧装饰物，等等。这无疑有其历史上的必然原因：一方面，在欧洲文艺复兴以前的几千年中，图书馆只为宫廷和教会等服务；另一方面，在技术落后的年代里，像高顶棚的阅览大厅等在图书馆建筑中有其一定的实用价值，通过高大的窗户可以得到更多的光线，在无空调的情况下，能够扩散室内热量。然而，对于第二次世界大战后的现代图书馆，它们已经变得毫无实用性了。尽管具有纪念性标志的建筑在美国新建的高校图书馆建筑中仍然普遍存在，而且前面关于不规则造型和内外庭院及采光井的问题，最终也可以归结到这一点，但是采用现代照明、空调装置以及具有良好吸音性能的柔软建筑材料，使现代图书馆建筑与其典雅的前身建筑区分开来，并朝着与现代社会相适应的方向发展，这才是当代图书馆专业工作者所极力推崇的。

（四）窗户和玻璃

直接的阳光从来就不利于阅览，间接的自然光线，也只有在图书馆开馆的一部分时间里可供利用，虽然，完全控制阳光对于纸张造成损害的方法，到最近才被发现，但是阳光使纸张变黄老化的事实早就为人们所知。所以图书馆工作者，长期遵循着除了北面以外，尽量不在图书馆建筑的其他方向，开设过多窗户的原则。在可以利用现代丰富的照明装置之前，图书馆不得不大量依赖自然采光。“早期模数式”图书馆中的一部分，仍然保留了过去大多数“固定功能特征”图书馆建筑所采用的造价昂贵的门窗布局。于是，作为一种新发展起来的建筑材料——玻璃，赢得了很高的声望。对于某些类型的建筑来说，可以大最地使用玻璃。可是，对干图书馆来说，它存在着许多限制因素。对于合理地使用玻璃，除了某些例外，美国高校图书馆的大多数领导者都采取了比较理智的态度。在许多新建的图书馆建筑中，重视耐用性的结果，导致了对于门窗布局的限制及外部纱窗的合理使用，不过，这种限制是基于对图书馆服务和读者需要的考虑，而不是某些与图书馆业务相违背的、单纯追求审美效果的愿望。因此图书馆工作者用怀疑的眼光看待所有要求开设新窗户的建议是有充分道理的。

60年代以来，美国高校图书馆建筑设计又有了新的趋势，出现了许多现实问题的限制，如不断提高的房地产价格，有限的建筑面积和不愿把一个建筑插入一个完好的风景布局之中等等。结果建造了大量超高层和地下图书馆建筑。这种发展趋势分为以下两种：一是向上发展的趋势。早在60多年以前，美国就有了超高层图书馆建筑。到60年代，美国大学图书馆工作者对高层图书馆建筑已经有了一定的认识。1962年，当圣母大学建造十四层高的图书馆时，许多老馆长对这一设计是否明智提出了怀疑。值得庆幸的是，这个图书馆建筑还算是比较成功的。它的每一层可利用面积足以允许书库和阅览设备充分有效的混合排列。而且，它具有一个经过精雕细琢的门面，在学校广场的百分之六十的地方都能见到，从而又极好的达到了作为标志的目的，兼顾了图书馆建筑美学效果的愿望。受此高层图书馆建筑影响，许多高校也做了类似的设计，但是没有一个达到了这种成功，有的还陷入了无可解脱的失败；二是向下发展的趋势。掩蔽在地下，或者至少大部分掩蔽在地下的图书馆建筑是当代图书馆建筑设计的一个创新。与前面所说的向上发展的趋势相比，总的来说更为成功。新创这种图书馆建筑的主要原因：首先，避免遮挡附近的建筑或区域，保持一个没有遮挡的重要位置或风景布局；其次可以节省能量。美国高校在近二十多年的时间里，陆续建造和扩建了一些地下图书馆建筑由于把人们对于地下建筑的担忧心理也考虑在内，因此 它遇到的问题，到目前为止还是极少的。由于它不需要或者很少需要外墙、门面等装饰性处理，它的造价像普通的地面建筑一样便宜，或者更加便宜。而且，现代照明和空调装置的提供，使它像地面建筑一样适于居住和使用。再加上这种建筑没有看得见的外部形态，因此免去了把它扭曲成各种不规则形状的诱惑。这种图书馆建筑普遍存在的一个问题是依赖于外部采光井引进自然光线，它引起了这种图书馆建筑的一些不适用性。但是针对这一问题，许多高校图书馆，在设计和以后的使用中，已经取得了些克服这种不适用性的成功的经验。似乎可以断定，受当前社会发展趋势及许多现实问题的制约，今后地下图书馆建筑在数量和规模上都将取得很大的发展。笔者2008年7月曾经在美国伊利诺伊大学香槟分校参加了一个暑期培训，期间也参观了该校的一个本科生图书馆，该馆就是建在地下层。图书馆共有三层，平地看去就一层，还有两层在地底下。采用的就是通过图书馆中间的光井引进自然光。有趣的是图书馆地下三层有个游戏机机房，专门提供本科学生来图书馆玩游戏，尽管玩游戏机会发出声音大，但是到了二层一点也听不到吵闹声音。这样的布局是经过专家论证的，因为声音传播的原理。

三、20世纪后期的改革

20世纪后期，随着美国社会经济、科技文化和教育事业的快速发展，高校图书馆建设也受到高度重视，不光藏书数量上图书馆有了较大发展，在图书馆建筑上也出现了很大的变化，为读者利用图书资源提供了十分舒适而又方便的条件，图书馆的建筑更加注重实际使用效果。主要表现在：

首先，兴建了各种类型的图书馆：2008 年 7 月，笔者在美国伊利诺伊大学培训期间，我们有机会参观的一些美国的大学图书馆。笔者发现美国大学图书馆一般都有好几个分馆，有按照学科分的，也有按照学生分的。比如，伊利诺伊大学香槟分校把本科生阅览室已从总馆分离出去，成立单独的一座或数座专供本科生服务的本科生图书馆。总馆的主要功能，是为教师和研究生服务，变为研究图书馆。这两类图书馆各自有明确的服务对象和工作重点。本科生图书馆有专门挑选的供本科生参考的书约 5 万—10 万册，多的达 15 万册。阅览座位一般占学生总数的 1/4 左右。馆址在总馆附近或靠近学生宿舍。建筑物的设计符合本科生学习的特点。总馆藏书丰富，为了便利读者利用专业图书，一般是按学科分层或分区布置藏书和阅览座位，或者按学科设置分馆。它们相对的独立，相互补充，成为一个整体。在美国，一些比较专业类的图书馆，比如法律图书馆、医学图书馆在许多大学中已经发展为完全独立（不受总馆领导）的图书馆了。此外，还有按地区、按系统建立的图书资料中心或数据库，以及专为收藏非常用书的贮备图书馆（包括密集书库）。在一所大学里，不止一座图书馆，而是有若干座图书馆，构成图书馆系统，同时与其他馆协作，通过终端机的联结，组成图书馆网络。因此，在我们参观的那些图书馆，看不见读者拥挤和藏书膨胀的现象，见到的是宽敞、宁静，各有特色的不同类型图书馆。

第二，新的图书馆建筑，是让图书接近读者，改变过去把藏书同读者分开的做法，打破了过去认为图书馆建筑主要是为了人藏图书资料的传统观念。在我们参观的那些大学图书馆，大都是采用开架管理的形式。书库和阅览室没有固定的功能和严格的界限。阅览室陈列许多常用的书，书库里又设有一个研究包箱、阅览桌，阅览和书库两者已经融合为一。

第三，新的图书馆建筑具有很大的灵活性和适应性。据美国国会图书馆的介绍，设计国会图书馆的新馆建筑，中心思想是尽量使房子具有弹性。因此，所有房子的隔间都是活动墙壁。而且层高有别，可以随意交换。加州伯克利分校新建的本科生图书馆，内部全是活动墙壁，没有承重墙壁。在我们参观的许多图书馆或情报资料中心的新建筑物不少是这种模数式图书馆。其内部结构都是由布置得很规则的柱子支承，很少用固定墙壁承重。楼板的承载力适当加大（国会图书馆新建筑的楼板载荷是 150 磅 / 平方英尺，下层 250 磅 / 平方英尺）。几根柱子围成的任何一个单元，放上阅览桌、椅可做阅览室，放上书架可做书库，放上办公桌可做办公室，非常灵活。在噪音的处理上，虽然没有承重墙壁，但天花板装上消音，板地面铺上塑料地毯之后，也就解决了吸音问题。这种模数式图书馆，需要变换用途时可以不做结构变动。

第四，新的图书馆建筑，在图书的防护方面，除采用空气调节、自动报警，气体灭火等设施之外，国会图书馆的新建筑中的书库，还设有防火用的水管。过去，图书馆要水来防火是禁忌的，现在改变了。新的观点是：水打湿了的书还可以复原，而火烧了的书不能复原。

第五，新的图书馆建筑，风格活泼，自由，亲切近人改变了过去那种庄严、雄伟、对称的传统。内部装修也向趋简便、适用。过去那种华贵的材料、繁多的装饰已经成为历史的遗迹。新的建筑强调功能重于形式。西北大学的图书馆是由三栋楼房组成，没有采用对称的形式，今后发展了可以再加一栋而不受到限制。芝加哥大学和西北大学新建的图书馆出自同一个设计师，但是风格各异，前一个建筑物，吸取了馆员的意见，使用管理方便，比较适用；后一座建筑听取了教师和读者的意见，藏书和阅览座位按圆周形（放射形）布置，座位分散，读者要用的书就在周围，也非常方便。

第六，注意图书馆建筑周围地面的生态保护。在我们参观的各种类型图书馆，都是十分重视生态学，注意合理使用生活区的自然环境。在图书馆室内布置有绿色盆景，在图书馆周围培植了郁郁葱葱的绿色树林，绿色草坪。这不仅可以改善气候，阻隔噪音，而且让读者透过大玻璃窗，可以看到外面优美的自然景色，给读者提供了十分舒适的学习环境。

第七，新的图书馆建筑也带来了新的问题，模数式图书馆，一般是外形方正，进深很大，没有内院，布局紧凑，层高较低，有的还设有地下层。因此，全部采用空气调节、人工照明，但是出现能源危机以后，需要重新考虑建筑方面浪费能源的现象。据美国图书馆协会负责人介绍：现在是处于进退两难的地步，一方面要保护图书，要恒温、恒湿；另一方面消耗大量能源，代价昂贵，解决的办法，不能完全回到依靠自然能源的道路，这对藏书不利，比较可能的是，如何尽可能节约能源。这就是最近几年图书馆建筑需要研究的课题之一。

四、21 世纪的创新

到了 21 世纪，美国高校图书馆建筑又有了新的发展趋势。在 2003—2009 年，美国大学图书馆的新建筑的情况是：共建成 99 座新建筑，总面积 87.3 万平方米，年均 12.5 万平方米；总投资 25 亿美元，年均 3.6 亿美元。与 1996—2002 年相比，新建筑面积下降了 33%。但应指出，在此期间，美国大学图书馆还进行了大量的扩建和改建工程，并未列入上述统计中。新建图书馆大楼与过去相比，已有显著不同。图书馆的建筑空间更大，设计的关注点在于合作、学习、社交，概括而言，呈现出两个突出的发展趋势：一是把信息／学习共享空间（information commons and learning commons）作为建筑的核心理念和导向；二是图书馆与非图书馆建筑融为一体向校园社会、教育、文化活动中心转变。由于全球信息转型造成的空间和社会巨变，数字科技和网络、知识社会的快速发展带来的冲击，图书馆建筑不再是以藏书为主的建筑，而是转型为提供信息、服务并能激发讨论学习的互动开放空间。大学图书馆不仅为读者提供信息，更把培养师生信息素养——全球信息化需要人们具备的一种基本能力——作为迫切的核心任务，并成为师生学术活动的中心。

原美国密歇根大学校长 James J. Duderstadt 在《美国未来公立大学》一书中写道："数字化的这一代学生，他们的童年岁月是在功能强大且生动形象的电子媒体的浸润下度过的，不像我们是在广播和电视这类强迫观众被动接受的播放媒体中长大的一代人，现在的学生期望甚至渴望互动。""他们不愿意按部就班去学习、去死读书，相反，他们倾向于纵身而入，在参与试验中进行学习。""他们对新学习范式的要求日益强烈，这些范式与他们学习风格更加匹配，也更宜于为他们终身学习和变革打下基础。"该校鉴于 21 世纪研究型大学的显著特点就是跨学科、全球化、科研与教学一体化，提出了"媒体联合体"（Media Union）概念并成功运用，也就是把"信息共享空间"发展创造为一个基于先进信息技术与数字媒体的真正的"学习共享空间"，联合体中每一项活动均为那些创造性的师生研究群体服务。信息共享空间的一个基本观点是一个经过特别设计的一站式服务中心和协同学习环境，综合使用方便的互联网、功能完善的计算机软硬件设施和内容丰富的知识库（包括印刷型、数字化和多媒体各种资源），在技能熟练的图书馆参考咨询馆员、计算机专家、多媒体工作者和指导教师的共同支持下为读者（包括个人、小组和学术团体）的学习、讨论和研究活动提供一站式服务，培养读者的信息素养，促进读者学习、交流、教学和研究。根据读者需求提供静和动的两种环境。对于个人阅读、系统学习、思索、论文拟写提供从单间到大面积的静环境，适应性和灵活性成为其应有的品质。对于协同学习、讨论、交流和科研则提供开放式的活动空间。配合可移动式家具，方便随时调整，营造良好的讨论氛围。各活动室之间用玻璃墙分隔，减少相互间的噪声和干扰。还设有中小教室成为信息素养教学、教师讲课答疑、师生研讨、法庭模拟、邀请贵宾讲演等的场所。有的还设有计算机实验室、多媒体工作室、信息技术实验室、写作中心、就业辅导中心、咨询室等。咨询人员、多媒体工作者、计算机专家、教师大多应学生要求，参与学生协同学习、科研和集体讨论的过程中。一般还配有休息室和咖啡室，可餐饮，用耳机听音乐，室内采用活动桌椅，供读者随意地舒适地休息、阅读、使用手提计算机及开展社交活动。有的学习共享空间划分成五个区，每个区都为不同的学习习惯和需求的读者提供教育和学习空间，包括个人临时采集信息区、开放灵活的团队学习空间、小组协作工作室、教学空间和休息空间。有的把学习共享空间分成静肃区、笔电区、研究小间、团体室、共同学习室、休憩室。

在全球关注环保节能的趋势下，图书馆建筑的规划也应引入“节能环保”的概念，逐渐向绿色建筑发展。纵观美国近年新建的图书馆建筑，在采光、绿色屋顶、太阳电池板以及水资源的管理方面都有仔细的环境考虑，得到美国绿色建筑委员会及其能源与环境建筑认证系统（LEED）认证的图书馆建筑也愈来愈普及。多伦多大学图书馆用一栋 4 层高的有生命的墙（living wall——带有植物的种植墙或植块安装在墙面上）改善室内空气的质量，自然光达到室内照明的 75%，而礼堂的绿色屋顶上设有为降低环境影响和减小运行成本的雨水收集器，为洗手间等设施供水。加州大学伯克利分校法学院采用耐旱的园林景观、现场雨水收集、采光、高性能的照明、适应各种气候的自动调节的通风系统、低流量的管道装置。哥伦比亚大学法学院法律图书馆采用 160 个地热井，可减少建筑温室气体排放量的 87% ；利用水池收集雨水再利用；建筑材料采用回收工业燃烧残余物的粉煤灰混凝土，并使用无毒涂料和黏合剂。高校图书馆与非图书馆设施融为一体高校图书馆的空间演变的另一个特征是多用途。图书馆建筑正朝着一个可容纳校园社会、教育、文化活动的中心演化。

人们对图书馆建筑功能和空间的需求日趋多元化。伊利诺伊州（Illinois）多明尼克大学（Dominican University）助理教授克里斯托弗·斯图尔特（Christopher Stewart）曾经对 2002—2009 年美国新建图书馆的非图书馆设施进行过调查，其调查数据显示，在新建图书馆的非图书馆设施中，仅学术部门设置的数量和比例在下降，因为它与图书馆和读者的相关度较差。而快餐店、咖啡点、读写中心、辅导中心、礼堂、会堂、美术馆、博物馆的设置的比例增长很快；书店、教室、计算机实验室、会议室、档案馆设置比例也有不同程度的增长；复印中心原比例已较高，现在已达 94.7%。可见，美国新建的图书馆十分关注读者多元化的需求：舒适和安静的读书和写作环境与他人或团队的协作、合作学习、讨论和研究的活动空间、检索和获取信息、计算机软硬件的使用、听课或听讲座、社交、约会、看展览、听名人讲演、有困难时接受各种咨询和辅导等。因此，把相关单位和设施等组成一体，提高图书馆的使用率，支持了图书馆相关功能和服务，得到了读者好评，也提高了相关单位的工作绩效。这样的布局也符合学校减小建筑所占校园面积，增加绿地和运动场所，为师生营造更好的校园环境的发展趋势。不少学校也把图书馆或文化中心建成学校的标志性建筑，传递着学校特有的文化和传统。

第二节　中国高校图书馆建筑

一、概述

对中国而言，“图书馆”是一个外来语，只是到了近代的时候，“图书馆”这个概念才传入中国的。在此之前，中国人都称之为“藏书楼”。公元前六世纪周朝时期，由于统治者推行尚文重史的国策，图书的数量和品种大大增加，从而藏书事业得到很大发展，不仅藏书规模扩大，藏书处所增加，管理上也有所提高。从中央到地方诸侯国建立了类型不同的藏书机构，如专门收藏甲骨文献的地方称之“龟室”，以及还有其他的收藏图书的地方，如图室、太史府、盟府等。这些一般就被认为是我国最早的图书馆雏形。据文献记载，周朝已有藏书机构，被称之为“藏室”。道家之父老子就是当时周朝的“守藏室之史”，相当于现在的国家图书馆长。

西周至战国时期，官府藏书处所无统一定名。周朝初期把藏书处所称之为天府、盟府、策府；春秋时期称之为周府、公府、又简称府；战国时期称之为周室、府库、室、秘宫。这些称呼皆散见与古籍载记之中。秦汉以后，国家图书馆得到了重视和发展。尤其是汉朝初期，宰相萧何“收秦丞相御史律令图书藏之”《汉书·萧何曾参传》，他在未央宫正殿北面盖了三座藏书阁。其中两座叫石渠阁和天绿阁，收藏来自秦国的典籍。石渠阁在《三辅黄图》一书中记载：“石渠阁，萧何造，其下挖石为渠，以导水，若今御沟，因为阁名所藏入关得秦之图籍。”《汉书》又说到武帝时，“大收篇籍，广开献书之路”。“建藏书之策，置写书之官，下及诸子传说，皆充秘府。”（《隋书·经籍志》）史书的这些记载都说明我国古代藏书楼的存在和建造过程。在随后漫长的封建朝代，图书馆一直沿用藏书楼的作用，其建筑目的主要是用来藏书的。

目前，我国现存最久的皇家档案馆建于明代嘉靖十三年（公元 1534 年）的北京皇史宬（读 chéng）。皇史宬即收藏皇家档案史料的地方，是当时封建王朝保存“圣训”和“实录”的地方，也储放过《永乐大典》，位置在北京城里太庙的东南附近。坐北朝南，整个建筑群由宬门、正殿、东西配殿和御碑亭四个部分组成，总面积达 8463 平方公尺。它分为前后两个院子，外院为管理部分，内院为藏书部分，中间以三座门隔开，进入三座门后，有正殿和东西配殿共三幢主要建筑物，东北角处另有一个碑亭。正殿为七开间，全用砖石垒砌，无一根梁柱，所以俗称“无梁殿”。屋面门窗都是石头的。内部是一个巨大的砖拱圈，形成一个半圆筒形的空间。屋内石台上离地一米高，整齐地排着一百多个金漆大柜，樟木衬里。据称，这种设计是取自古人“金匮石室”的含义。经过分析，专家认为这座正殿在结构设计上，非常适用于档案文献的安全保存，具有作为档案库房所要求的各种特点：第一，全部砖石结构，不用木料，即可以防火、防雨，又经得起风霜雨雪的侵袭，坚固耐久；第二，殿基较高，而且内筑石台，便于泄水防潮；第三，坚厚的墙壁，墙身厚达四公尺，室内少受外界气温变化的影响。因此，冬暖夏凉，易于保温；第四，对开的窗户，易于通风，利于调节室内温湿度；第五，设有五座大门，便于库存吞吐及运输。以上这些特点，保证了最大限度地延长档案文献的寿命，把科学性和艺术性和谐地统一起来，是我国在保管文献档案方面的杰出创造。这座古老的“石室”，既是古老的档案馆建筑，又是古老的图书馆建筑。

宁波天一阁是我国现存最早的私家藏书楼，也是影响最深远的。宁波的天一阁又是我国现存最古老的民间图书馆。不仅以其丰富的藏书著称，藏书七万多卷，而且是富有代表性的私家藏书楼。天一阁原名“东明草堂”，由进士兵部侍郎范钦（号东明）创建于明嘉靖四十年（公元 1561 年），到嘉靖四十五年（公元 1566 年）才竣工。他曾看到一个碑的拓本，即元代揭傒斯所作《天一池》拓本，有“天一生水，地六成之”一句话。认为书最怕火，而水能制火。就在自己住宅东面建藏青楼，取名天一阁。阁两层，是木构建筑，长蓄黑柱，石板铺地。位于浙江宁波（当年鄞县）月湖西畔。正面向南，平面有六开间，上层六间合而为一，下层做了分隔。取“天一”、“地六”的意思。全阁的高下广深尺寸，以至书橱的数目，也都积六成效，都是六的倍数，究其用意采取“天一生水，地六成之”的含义。楼上设计为大通间，不置墙壁，以书橱作隔，以体现“天一生水”之意，楼下并列六间，以应“地六成之”。并在阁前凿池，池名亦为“天一池”，是 1665 年范钦的曾孙光文，根据范钦的遗志开凿的。可见，范氏为保护藏书用心之良苦。偏西一间为楼梯，偏东一间因靠近山墙。唯恐受潮也不存书。仅在居中的几间排列着十几只大橱。有些橱前后有门，可两面取书，使其通风。橱下放有浮石用以吸收潮湿，维持一定干燥条件。霉、蛀、鼠、火是危及藏书的“四害”，尤以火灾为最。天一阁在建筑设计上，特别注意防火。在总体上，前后院均挖池叠山，这不仅是为了造成一个幽雅的庭园，更重要的是为了防火。以便一旦发生火情，就近有水可取。此外，也注意与四周建筑的隔离，商筑围墙，以防邻舍火灾波及。

天一阁形式的建筑构造带有一定的唯心迷信色彩，认为这种形式可以免去火灾，并不足取，但它倒是体现了对于用木造房屋藏书可能产生的最大的祸害——火灾的重视，体现了对书库的保护，特别是注意了防火。上述它的总体布局的做法和要求，还是今天新建图书馆需要解决的问题。天一阁的建造，对以后藏书楼的建造有过一些影响，甚至影响很大。清代七所著名皇家藏书楼，基本上就是以它作为建造的蓝本。当时，清廷曾特地派员到宁波查勘，并模取天一阁的图样，命令全国按图仿造，可见，天一阁在藏书楼建筑上的成就。清王朝乾隆时编《四库全书》这套书卷帙极为浩大，

“设专阁而藏之”。1774—1778年间先在北京皇宫东部文华殷北面造了文渊阁，在圆明园内造文源阁。接着相继在沈阳造文溯阁，在热河造文津阁，在杭州造文澜阁，在扬州造文汇阁和在镇江造文宗阁。这七座皇家藏书楼，不少地方都模仿了天一阁的形式，也可以说基本上是天一阁的翻版。这些藏书楼名称的第二个字都带水字旁，为什么？其用意就是以水克火，因为藏书楼最大的祸患就是火灾。天一阁之所以能够历经四百二十八年而保留下来，要归功于范钦当年制定的两条不可动摇的原则：一条是严格防火，一条是分家不分书。这批清代七阁中，文渊阁是主要的，它的平面是仿照天一阁，也是六开间。全楼共有三层，底层和顶层设有专供皇帝读书用的御案和御榻。文渊阁的色彩由上至下全用绿色，这与宫中其他暖调色彩迥然不同，更显得端庄宁静。

中国的近代图书馆兴起于鸦片战争以后，到20世纪初才有较大的发展。如1906年南京建造了江南图书馆，1916年北京建造了京师图书馆等，这时的图书馆才开始设有供读者使用的图书阅览室。近代图书馆是由古代藏书楼演变而来的。鸦片战争以后，随着外国资本主义的侵入，封建文化日趋没落，封建时期的藏书楼开始解体，逐渐出现近代观念的图书馆。它的特点是：开始明确地把藏书、阅览，内部办公等不同功能的房间区分开来。这时的图书馆不再仅为少数封建官吏享用，开始为平民百姓服务。图书馆自身也形成了以采编到借阅一整套科学管理方法。其管理手段为封闭式的闭架借阅，其建筑形体为线形建筑。

近代图书馆不仅要大量收集藏书，而且要让书得到阅览和流通，所以藏和阅已成为近代图书馆两大主要功能。图书馆开始由单一功能向多功能转变，图书馆的建筑形式、建筑结构、整体布局上的固定功能思想完全取代了单一藏书功能的思想、从单一功能到多功能是图书馆建筑思想上的飞跃。

由于受西方发达国家的影响，我国近代图书馆建筑也发生了较大变化和发展，主要表现是在20世纪二三十年代，随着民族工业的发展和西方图书馆学传到中国。私人藏书逐步向社会开放，近代图书馆在中国出现。在一些大中城市建造了一批独立的图书馆馆舍建筑，其中规模较大的有国立北平图书馆、国立中央图书馆和商务印书馆图书馆等30座，开创了我国图书馆建筑的先声。但是，它们基本上仍属藏书楼的模式，书库都占了相当的比重。这一时期的主要大学图书馆建筑有：1895年天津大学图书馆的前身，北洋大学图书馆在天津落成；1902年北京大学留书馆诞生；1916年建造了清华大学图书馆（1930—1931年作了扩建）；1922—1924年建造了原东南大学图书馆（1933年扩建），现为南京工学院图书馆；1928年建造了南开大学图书馆；1931年建造了华西大学图书馆，现为四川医学院图书馆；1931年建造了金陵大学图书馆，现为南京大学图书馆。

从清末（1910年）建造的第一所近代图书馆“京师图书馆”（北京图书馆前身）起，

到 1949 年新中国成立之前，共四十年间，旧中国建造的图书馆为数不多，屈指可数。其中有些图书馆是由洋人设计，从外国运进建筑材料，采用西方资本主义的建筑造型或我国封建建筑的大屋顶，这充分反映出我国图书馆建筑史上半殖民地半封建社会的特点和性质。现在位于北京文津街的旧北京图书馆，中式的大屋顶和西式的内景，是当时最流行的中西合璧建筑，其总体布局形式典型的中国传统图书馆模式，一直延续至 80 年代初期。

新中国成立后，经过三年调整，国民经济迅速发展。随着文化知识的普及，人口素质有所提高，图书馆的读者已不限于知识分子，开始扩大到工人和其他劳动人民阶层，原有的藏书楼式的图书馆已不复使用，又扩建和新建了一批图书馆，阅览室的比例已较之前扩大。70 年代末至 80 年代初，是我国实现重心转移，全面进行社会主义现代化建设时期。加上对外开放，引进先进技术，读者人数和文献数量激增，原有的馆舍已不适应经济建设的迅猛发展，出现了我国图书馆建筑新的高峰期，仅 1980—1985 年期间，就建了 125 座新馆舍，总面积达 70 万平方米。这些图书馆的建筑规律模之大，数量之多，工期之集中，馆舍建筑科学研究之深入，建筑功能之完善，都是我国图书馆建筑史上前所未有的。

二、新中国成立后的高校图书馆建筑变化

回顾新中国成立以来，我国图书馆建筑的发展，我们大致可分为三个阶段：

第一阶段（1949—1965 年）。在这一阶段我国政治稳定，经济文化发展较快，从新中国成立初期到 1957 年，随着国民经济的恢复和发展，图书馆的数量稳步上升。公共图书馆从 1949 年的 55 个增至 400 多个，大专院校图书馆从 132 个增加到 235 个。当时，国家财力不足，不可能大量投资修建新馆舍。以京、津、沪三个直辖市为例，首都图书馆的馆址是元，明、清三代的最高学府国子监，上海图书馆馆址是旧社会的跑马厅，而天津图书馆馆址却是新中国成立前法国的巡捕房。即使是新建的一些图书馆，规模也不大（最大的为 8600 平方米）。同时，限于当时对于图书馆功能的认识只是借还图书，在传统的设计上大都采用书库、出纳、阅览三大块布局，图书馆建筑学术思想没有新的突破。1950—1960 年的大学图书馆建筑，也可以说新中国成立后第一座新建的大学图书馆是中国人民大学图书馆，始建于 1950 年，1952 年竣工，1953 年投入使用。图书馆建筑面积 2498 平方米，是一座“工”字形平面的平房建筑，书库在中央，其内部为南北两个出纳台、四个阅览室，还有办公区，南出纳台为普通中外文图书外借，北出纳台负责全校教材的出借，当时全校学生所用教材都是由图书馆负责提供的。书库用木质材料隔成 2 层，可藏图书 20 万册。此馆舍一直使用到 1980 年。这

座校区保存最完整的平房建筑已经整修并作为永久性保留建筑加以保护，现作为“学生活动中心”使用。这座建筑在中国图书馆建筑史上有着特殊意义。

1956年，国务院主持召开了全国公共图书馆工作会议，明确规定了各类型图书馆的性质、任务、服务方针及开展馆际协作等，使图书馆事业进入了全面发展的阶段。一些图书馆开始建立专藏阅览室，并部分地试行开架借阅。这些对于当时新建图书馆的建筑设计产生了一定的影响。到1965年年末，我国图书馆的闭架管理为主的设计居于主导地位，并形成了以借阅在前、书库在后的“工”字形传统平面格局。同时，根据不同情况演变出“一”字形、“T”字形、“士”字形、“日”字形的不同设计平面。更重要的是在这一建筑结构基础上，开始探索图书馆新的管理方式、开架借阅的图书馆设计等。如没有文化大革命我国图书馆建筑一定会有较大的发展。

第二阶段(1966—1976年)。由于“文革”十年动乱，我国图书馆事业遭到空前的浩劫，损失惨重，导致公共图书馆锐减，大专院校图书馆不少也处于关闭状态。虽然在此期间也新建了少数图书馆。但是，由于把图书馆当成阶级斗争的工具，加上当时建筑界存在着形式主义，使当时的图书馆建筑严重地脱离了图书馆业务工作的实际需要。从全国形势来看，图书馆建筑事业发展可以说是处于停滞状态。

第三阶段(1977—1994年)。这是图书馆事业新的发展时期。特别是三中全会以来，各类型图书馆发展迅猛，仅在1975—1980年的五年间，公共图书馆即由629个增加到1732个，高等院校图书馆由500个发展到970个。更为突出的是，有近300所高等院校新馆落成。由于党中央所倡导的“尊重知识，尊重人才”的精神日益深入人心，社会对文献需求量大增，同时图书馆建筑不能适应图书馆事业发展这一矛盾也日益突出，所以，图书馆建筑无论从规模、数量、类型或风格上，都大大超过了前两个时期，被图书馆界称之为“图书馆建筑的黄金时代”。图书馆建筑学术思想，吸收国外图书馆建筑的新思想，涉及范围广，类型完整，反映了这一时期图书馆建筑“一大二新”，类型多样，风格各异的特点。所谓‘大’主要指建筑规模大。除北京图书馆为14万平方米外，其他省市级图书馆大都在20000—80000平方米、市级图书馆在5000—30000平方米、县级图书馆在1500—4500平方米、大专院校图书馆在15000—26000平方米之间。所谓“新”是指设计思想、设计形式、内部装修到图书馆设备都较过去新颖。如深圳图书馆已成为全封闭型、开架借阅、自动化、机械化程度很高的现代化图书馆。还有一个所谓“新”就是建筑类型新型多样、风格各异，则是指图书馆建筑大、中、小配套，各种类型齐备。而在同样类型的图书馆建筑中，从设计、建筑到内部设施又各具特点，形成了图书馆建筑百花齐放的可喜景象。北京图书馆作为我国现有的最大的文化设施耸立在祖国的首都。可与世界上经济发达国家的国家图书馆相媲美，它标志着北京图书馆进入一个新的历史时期。

二、我国图书馆建筑的特点

（一）新中国成立以来图书馆建筑事业的发展及其建筑特点

从新中国成立到“文革”结束之前，那些年代所建为数不多的大学图书馆建筑，大体上有以下共同点：

1. 沿袭旧制，阅藏分离

在管理方式上沿袭40年代以前的传统旧制，藏书闭架管理，与读者分离，读者借书先查目录，填索书单，交给馆员到书库内取出图书，读者在书袋卡上签名办理借书手续。在阅览室内阅览，也要写索书条由馆员取书。图书馆建筑的格局与管理方式相适应，阅览室与书库截然分开，并设目录室、借书处。在很长时间内，图书馆都看重典藏图书的职能，因而书库在整个建筑中占据重要地位，一些大学图书馆建筑中，书库面积甚至超过阅览室面积。书库与阅览室的布局成为图书馆建筑设计的重头戏，但基本上仍遵循阅藏分离的格局。

2. 规模不大，布局雷同

当时大学的学生人数不多，加上经济条件和投资的限制，对图书馆的要求往往是“有个专用馆舍就好”，新建图书馆规模都不是很大，如同济大学图书馆为6400平方米，复旦大学图书馆为7000平方米，华东师范大学图书馆1953年建造时仅为3000平方米左右，经1954年和1959年两次扩建，总建筑面积为9094平方米。当时大学图书馆的布局大同小异，平面布局几乎都是“工”字形及其变形：“上”、“出”、“日”或“田”字形，阅览室在前，书库在后，中以目录厅和出纳处相连接，其好处是阅览室和书库的通风和采光好，但目录厅和借书处往往东西晒，夏季气温高。有的馆前后两部分距离过近，影响采光与通风，且易使底层书库的图书发生霉烂。由于阅览室与书库的联系差，造成种种不便，且流通部的馆员上下楼跑库取书，劳动负荷大。“工”字形布局时，也有书库在中间、阅览室分布在四周的。规模较大的图书馆建筑有井内庭院，有利于通风与采光。

3. 功能固定，设备简陋

1950—1960年所建造的大学图书馆，功能固定，一般分为藏书、阅览、外借及内部管理四大块，建筑由书库、阅览室、目录厅、出纳处及内部办公用房等组成，通常设有普通阅览室、报刊阅览室，有的还设期刊外借处，或设有参考书阅览室、教师阅览室及研究室。那时的图书馆建筑很少有专用设备。由于采用藏书与读者截然分隔的闭架管理，馆员按读者的索书单跑库取书，而书库又分设在好几个楼层，故需设手拉或电动的“书斗”，供出纳台与各层书库之间传送图书之用。个别馆在出纳台与书库间架设自制的水平传输设备。北方有的大学图书馆还配置了锅炉房，冬天直接向楼内供暖。南方不少图书馆未能解决好雨季书库防潮的问题。

4. 外形单调，结构紧凑

图书馆的造型都较为单调，多数采用中间对称格局，立面方正，轮廓分明，很多是“火柴盒式”的建筑，书库都是窄窗对着书架间走廊，如从远处看很容易识别图书馆建筑。一般图书馆 3—4 层高，而书库的高度大约只有 2.3 米左右，阅览室与书库高度采取 2∶3 或 1∶2，只有一两个楼层的阅览室和外借处的楼面与书库的楼面取平，甚至有的图书馆的外借处地面与书库层地面的高度也不同，馆员进书库取书每次都要走楼梯。书库的面积小、层数多，跑库取书困难。当时很多图书馆建筑是砖混结构，开间只有 3.6 米或 4 米，有的甚至是 3 米开间，进深有 8—10 米的。很多图书馆书库内用木书架。限于当时大多为木书架，有的书库内是混凝土小立柱上放木搁板作为书架。同济大学图书馆书库内用钢柱、钢书斗，由校办工厂承制。

5. 标准较低，指标不当

大学图书馆都是在经济条件相当困难的条件下设计建造的，国家所拨款、投资很有限，当然是越省越好，建设标准普遍偏低，有的甚至影响功能要求。设计了 3 层只建 2 层，书库设计 10 层只建 6 层的都有，造成使用空间极度紧张，书库挤占阅览室，还有不得不将书打捆堆放而致霉烂损毁的。天津大学图书馆面积为 10400 平方米，却安排了大中小阅览室 51 个，设计了书库而长期未建，2 层楼的阅览室用作书库，导致地板不堪重负而产生裂缝。那时的图书馆不讲究美观，更无所谓装饰。有的书库地面为普通水泥地，产生灰尘，不利于藏书保护。有些设计采用不切实际的单位面积藏书量指标，有取 350 册每平方米、400 册每平方米的，甚至有取 500 册每平方米以上的，有的原设计藏书量为 80 万册，而实际只能藏 60 万册，很快导致书满为患而挤占阅览室，造成空间紧张，不得不提前考虑扩建问题。

（二）改革开放以来的变化

“文革”结束后，从 20 世纪 80 年代起，大学图书馆从传统向现代化过渡，并有计划地推进整体化建设。与高等教育的新要求相适应，1980—1990 年建造的大学图书馆新馆舍，在功能、布局、结构、环境及造型方面呈现出新格局、新面貌，同时也仍存在着传统图书馆建筑的影响。这个时期图书馆建筑的特点与以前相比有明显不同，主要表现在以下方面。

1. 规模扩大，服务拓展

据统计，1980—1994 年间新建大学图书馆 662 座，建筑面积 388.6 万平方米，其中面积在 1 万平方米以上的 74 所。而《高等学校图书馆建筑设计图集》记录的 1981—1993 年竣工的 72 所图书馆，平均每馆建筑面积 10695 平方米，面积在 1 万平方米以上的 40 所。1982 年建成的浙江大学图书馆为 21200 平方米，1985 年上海交通大学建成当时规模最大的包兆龙图书馆，面积为26162平方米。1998年建成的北京大学图书馆新馆为26680平方米。自80年代初起，大学图书馆已明确“是学校的图书资料情报中心，是为教学和科学研究服务的学术性机构，它的工作是教学和科学研究工作的重要组成部分”，此后不断扩大服务领域，重视情报职能，拓展信息服务，开辟用户教育，增进学术交流，引进电脑设备，探索科学管理。图书馆的任务与职能扩展了，与此相适应，图书馆建筑的格局发生了巨大变化。

2. 功能多样，布局大变

大学图书馆建筑的功能越来越多样化，不断趋于完善。在原有为读者提供阅读研究条件及图书典藏功能的基础上，增加了信息服务、用户教育、读者活动、学术交流等功能，后来引进了休闲功能，于是有了电子阅览室、视听室、研究室、文献检索课教室、报告厅、展览厅、复印室，有的还设书店、休闲茶座及公共交往空间。图书馆建筑内部的布局发生许多重大变化：服务管理的人性化要求、“读者第一”的宗旨，使得开架及阅藏结合的形式成为不二之选，故相当普遍地采用大阅藏区，将多种功能、多种文献、多项服务结合于一体的新布局形式；面对文献信息载体和来源的多样化，就要为读者提供相应的空间与设施；由于载体多样和阅藏结合的要求，图书典藏早已不再是基藏书库加辅助书库，相当多的文献分布到全馆各处，随书光盘又专有保管及借阅之处；而大型图书馆则有了相当规模的密集储存书库；原有的卡片目录室已被布置若干电脑终端的公共查日区所代替。

3. 结构改善，调整灵活

由于开架服务的推广，建筑的灵活性受到关注。90年代起“模数制”逐渐得到图书馆界和建筑界的共同认可，“同柱网、同层高、同荷载、大空间”设计被广泛应用，统一的楼面荷载使藏书区与阅览区没有分界线，无隔断空间内可以根据需要任意调整布置，适应和促进了“藏阅一体化”的开架管理，为服务模式的变革创造了条件。建筑结构大多采用钢筋混凝土框架，有的用框架升板、框架剪力墙、无梁楼盖、密肋楼盖，已经很少看到砖混结构的了。建筑的开间和进深扩大了，柱网从5 ×5m增大到5.4 ×5.4m、6 ×6m、7.2 ×7.2m、7.5 ×7.5m、7 ×8m、6.6 ×13.2m、10.2 ×10.2m等，有些馆的进深加大到9米、10米或12米，阅览室无中柱，增加了平面利用系数。阅览与藏书区在同一大房间内，使藏书接近读者，“人在书中，书在人旁”，既方便读者，又提高了藏书的利用率。

4. 网络铺开，设备纷繁

社会信息化及科技进步，计算机和网络技术的飞跃，国际互联网的出现，促进了大学图书馆的长足发展，也使大学图书馆建筑产生了革命性变化。实现服务和管理的自动化成为80年代末及90年代大学图书馆发展的重大课题。随着时间的推移和经济技术条件的提高，以及教育部CALIS管理中心的推动，越来越多的新建筑把计算机应用放在更重要的位置来安排。据1990年统计，有165所高校图书馆引进和建成了250个数据库，二十多所高校图书馆开通了国际联机检索终端，此后的发展更是迅猛异常。特别是90年代以后的新建筑，联机检索、电子阅览室为读者提供更多的文献信息渠道。有多所大学图书馆开发了适用的自动化管理系统，得到推广应用，并不断改进、提高和升级。新的设备越来越多样和现代化，计算机和网络系统大普及，电梯作为垂直交通的手段被普遍采用，中央空调系统已为许多大学图书馆建筑所配置，而消防系统、广播系统、综合布线、报告厅的音控设备等都纳入设计与配置，有的甚至安装了卫星信号接收装置。

5. 环境美化，造型多姿

许多图书馆重视了环境优美的要求，设计也下了更大的工夫，馆前广场、中庭花园、门厅布置、内部装饰等都得到重视。一些馆有较大面积的绿化，有的布置水池、喷泉、假山或建筑小品，入口大厅有壁画浮雕，阅览室内有字画或名人格言，家具色彩协调，这些都为读者营造出良好文化氛围，改善了学习研究环境及交流与休憩条件。图书馆的造型也越来越丰富多彩，各具特色与个性，有些建筑表现出地域特点，立面材料和色调更是多种多样。严格中轴线对称的建筑已不多见，随着内部空间的灵活配置，外形有高耸式的，有船形、弧形、六边形、八角形组合、不规则形等，有的高低错落，如80年代末建造的华东师范大学图书馆逸夫楼称为“书海掇英”，极富诗意，无论白天还是夜间，看起来都很美观，为校园增添了光彩。民族地区的大学图书馆突出了民族风格。

6. 良莠杂陈，关系失衡

20世纪八九十年代的大学图书馆新建筑，同时存在不少缺陷与问题，既有“以陈旧体系”为蓝本的“新”建筑，也有过于追求“气派”的形式主义倾向。朱成功教授统计，从70年代末到1993年，北京新建的20所高校图书馆中，属传统模式（藏、借、阅、管相互隔离）的有10所，属现代模式（大开间无间隔平面布局，藏、借、阅、管统一，能承担图书、情报一体化服务）的仅1所，属两者之间过渡模式的9所。而一本图集记录1990—1993年各地建成的33所大学图书馆，属传统模式的有12所。陈旧的模式当然有碍大学图书馆的现代化管理，阻滞了扩大开放与服务的进步。这20年间，受浪漫派思潮影响，一些大学图书馆建筑的设计对于功能、造型与经济的关系处理失衡，偏重艺术，讲究奇型，忽视经济实用，有的设计了过于宽阔的大厅、共享空间和堂皇的楼梯，使用昂贵的建筑材料和引人注目的大吊灯装饰，为求壮观而在楼前设大台阶，使建筑费用大为提高，浪费空间，使用功能受到影响，造成读者和管理的不便。有的造形及进深过大，通风不良，安装了空调又费用高昂，怨声四起。世纪之交大学图书馆建筑的跨越与创新迈入21世纪的中国，大学图书馆建筑也出现了新的跨越，图书馆建筑的内涵更丰富，功能更加全面，设施更为先进，环境越发优美，由创新而进入了现代化的行列。

（三）20 世纪 90 年代到 21 世纪初，中国图书馆建筑事业随着国家综合实力的提高，又发生了新的变化和发展

图书馆建筑也跟其他行业紧跟世界发达国家的图书馆建筑的步伐，新的设计理念，新的建筑风格不断涌现，越来越贴近社会需求，满足用户需求。主要表现以下几个方面。

1. 图书馆建筑的理念更新，人性化成为共同诉求

世纪之交大学图书馆建筑的跨越首先源于理念的更新，周文骏教授说："图书馆是一个信息技术平台，是一个信息技术应用、开发、研制、创新的平台。图书馆是交流的枢纽，是文献交流的枢纽，是信息交流的枢纽。"我们意识到"图书馆是读者与知识、读者与馆员、读者相互之间的交流场"，而且大学图书馆是校园的文化中心。建筑设计理念的更新，实质是科学化与人性化，即以科学发展观指导规划建设，这在大学图书馆建筑研究与设计实践中是个新课题，有许多内容，包含着图书馆建筑"以人为本"、全面协调发展、争取持续发展等方面。建设方便适用、高效率、省人力、享健康、保安全、低能耗、低成本、可持续发展的新型图书馆建筑，从"天人合一"到"馆人合一"，走中国特色现代化大学图书馆建筑之路，已成为图书馆界的共识。图书馆建筑的规划设计采取"实用、高效、开放、灵活、舒适、安全、经济、文雅、绿色、和谐"十项原则，也表现了理念的更新与完善。许多新建图书馆都提出了贯彻"以人为本"的理念，要求设计的各方面都体现人文精神，处处显现人性化的光辉，以充分满足师生读者的多种需求，提供方便、舒适、宁静、优美的学习研究环境和交流活动条件，以读者为中心，充分考虑读者的意愿与习惯，给读者以亲切关怀，同时也关怀馆员的健康，创造良好的工作环境，力求读者和馆员都满意。

2. 图书馆建筑重视概念创新，内涵与外延得以扩大与丰富

大学图书馆建筑不断创新，从而迈入跨越的阶段，其主要特征是"建筑"的内涵已经大大超出"一座房子"的概念，而扩展为"房舍 + 设施 + 网络 + 管理 + 文化 + 环境"的综合建筑。1997 年 10 月建成的金华严济慈图书馆，集高校图书馆、公共图书馆和情报中心于一身，又是严济慈纪念馆，大学图书馆与公共图书馆结合为一座建筑，这是开端。宁波大学园区图书馆也是兼具大学图书馆和公共图书馆职能的新建筑。还有其他大学图书馆向社会公众开放，在建筑与设施方面做出相应的安排。有的大学将全校的网络中心、学术交流中心、档案馆、教材部等都放到图书馆内，名称叫"图文信息中心"或"图书信息与学术交流中心"。大学图书馆的规划设计更具前瞻性，随着拓宽服务领域、优化管理模式及应用先进技术，使建筑的实体空间与网络世界相通，并注重内外环境的优化，强调整体的文化氛围，把家具与室内绿化也纳入其中，还追求建筑技术

与艺术造型，更有关注建筑投入使用后的综合效果与持续发展的。十年来每年都有大学图书馆建筑获得设计奖或鲁班奖就是提高与进步的很好证明。也许可以说，中国的一些大学图书馆建筑在不少方面已经跨入国际先进行列。

3. 规模越来越大，标准越来越高

随着高校办学规模的扩大和大学的合并，近十年来，出现不少超大规模的大学图书馆，建筑面积在 3 万平方米 以上的大学图书馆遍及多个省市，超过 4 万平方米的为数不少，已建成使用的广州大学图书馆建筑面积 5.6 万平方米，重庆师范大学图书馆面积达 5.8 万平方米，中山大学图书馆馆舍总面积达 12 万平方米。2008 年统计 157 所在建大学图书馆，馆均建筑面积 20110 平方米，面积超过 4 万平方米的有 16 所，其中规模在 5 万平方米以上的有 4 所，河北师范大学图书馆达 6 万平方米。许多地方的建设标准大为提高，大学图书馆的面貌早已焕然一新，公共活动空间和借阅区各处更为宽敞、明亮，配置的家具质量高、款式新颖，色彩与环境相配合，相当多的图书馆做了营造文化氛围的专门设计，让读者更感舒适和温馨。使用的建筑材料和内外装修装饰越发考究，有的已达富丽堂皇的地步。

4. 走向多功能，布局更加完善

新建的大学图书馆已走向开放式、多功能，不但是学校的学习资源中心，同时也是信息中心和学术交流中心，还是文化传播中心，并且是读者交往场所。馆内安排了信息共享区、科技查新站、专题信息咨询与研究室、用户教育空间、讨论室；展览厅、展廊的作用更多地发挥，各种科技、文化、艺术、摄影、教学成果展览轮流举办；报告厅、多功能厅有良好的设备，成为全校性学术活动的场所，举办全国性或国际学术会议，常举办讲座吸引众多读者，甚至连走廊都坐满了人；有的馆在大厅安放钢琴，又设音乐厅、电影厅，时常组织音乐欣赏、放映经典影视作品；也有设置服务部，为读者打印、制作论文资料、刻录光盘、收发传真和数码冲印，还有书店，以及提供休闲服务和交往的场所，如书吧、茶座、咖啡吧、休息室等。新建图书馆的布局大多按照更加人性化更方便读者来安排，“一门进”后即可自由出入各借阅区，可以带书包入内。总服务台往往可办还书手续和咨询服务。一个楼层内无隔断的大空间把“藏、阅、借、查、网、咨”结合于一体已普遍流行，读者在借阅区内可以接上网线、插上电源使用自己的手提电脑上网，还可找个沙发休息浏览。当然这一切都是由于建筑结构更加优化，网络接口和电源线早已预设，及布置更贴近读者所带来的好处。

5. 设施更先进，走向网络化和智能化

在自动化的基础上走向网络化，已是大学图书馆共同的目标，而在经济技术条件和建筑技术全面提高的情势下，可以迈出更大的步伐，实现新的跨越。如今大学图书馆的计算机与网络设备更新迅速，海量存储、7×24 小时联网通行无阻，网络资源在服务中的比重迅速升高，读者不论在阅览室、研究室、讨论室、办公室、会场或住所，随时随地都可以经由图书馆的网站查检阅读和下载环球资讯，无远弗届。图书馆不但有遍布全馆的网络接点，而且无线网络全覆盖的也已不少。智能化建筑的要求也被许多新图书馆提出，得到不同程度的实现，网络系统的安全维护、中央空调系统的控制、消防与安全疏散系统的管制、馆内各处的监测、自动报警、自动喷淋设备，使图书馆的安全获得更好的保障，管理更为方便顺畅；"一卡通"系统为读者和管理都提供了很大便利；自助服务在不少高校图书馆得到推行，自助借还书机、自助复印使读者和管理者都轻松许多；一些图书馆采用了无线射频技术，使管理与服务更加方便、高效与准确。有些图书馆安装使用了自动扶梯。各种先进的装置与设施越来越多地被引入新建筑，在这方面的投资占建设费的比重大幅上升，现代化大学图书馆建筑俨然已成为一个相当复杂的自动化、网络化、智能化工程。

6. 注重文化氛围和绿色品质，环境更加优美宜人

图书馆建设的绿色文化正在觉醒，日益引起重视，近年来更有大学图书馆建筑踏入"绿色建筑"的行列，这是十分可喜的大事。以清华大学建筑学院袁镔教授设计的第一座生态图书馆——"山东交通学院图书馆"为起点，西北农林科技大学图书馆、西南交通大学图书馆等都冠以绿色环保建筑的雅号。建筑的环境品质更受关注，不但室内环境大为改善，温湿度、照明度、家具、色彩、噪声控制都让读者更感舒适温馨，而且馆舍内外、馆前广场着力绿化美化，有的还布置内庭院、屋顶花园，更重要的是精心营造文化氛围，以多种艺术手法凸显大学的历史传承、文化积淀和蓬勃向上的追求，使图书馆更富吸引力，师生普遍称赞喜爱，读者置身其间得到愉悦的精神享受，且耳濡目染渐受熏陶。图书馆作为文明圣殿与校园明珠其影响历久弥新，如南京师范大学、西南财经大学图书馆、复旦大学视觉艺术学院图书馆都是很好的代表。

7. 外形风格争奇斗艳，功能与造型兼顾

近十年来大学图书馆的造型以争奇斗艳来形容似不过分，不少图书馆堪称光彩夺目。从建筑艺术与风格来看，各显特、各有所长，或高耸入云，或舒缓平铺，或长虹卧波，或错落有致，或古典雅韵，或西方浪潮，或圆形、弧形，或如钢琴，或如盆景，或如玻璃屏风；有些映出地域建筑文化，如上海的海派建筑风格、福建的闽南建筑风格、广东的岭南建筑风格、西部的民族风格，还有大屋顶、仿欧陆、现代派等，领风骚，既表现建筑师的设计构思，也是大学领导或专家评委或师生民意的选择，建成后与人对话，由人鉴赏，任人评说。完善的使用功能、别致的外观造型及优美的馆区环境相兼顾的越来越多，说明中国的大学图书馆建筑设计日益走向成熟。造型与功能、建筑与周围环境是否协调，外形是有利于内部功能还是影响了使用，这应是评价造型的优劣得失的重要方面，不可本末倒置。

三、进入21世纪后，我国高校图书馆建筑特点

到了21世纪，世界进入了"E时代"，光纤技术、计算机技术以及网络技术一起成为新世纪高科技经济时代的基本特征。在这日新月异的信息时代，中国图书馆也开始由传统的以纸本型文献为主的图书馆，向以电子数字和纸本相结合的图书馆转变，纸本书的空间会慢慢压缩。从目前的发展趋势看，21世纪我国大学图书馆的变化会有以下几个方面变化：

（一）空间变化，增加展示区、休闲区、和交流区

现在，走进任何一个大学图书馆你就会发现，在图书馆里面都设有一个休闲区域，或者是书吧，或者是咖啡吧，或者是阅读吧，这种休闲区域的开辟目的就是为了吸引更多的读者来图书馆里面看书学习和交流，换一句话说就是给图书馆造人气。这是因为随着电子图书和网络移动图书馆的出现，越来越多的学生和老师更愿意在家中和寝室里上网看书查资料，而不愿意往图书馆跑。图书馆能够提供这种休闲吧，让学生老师在阅读过程中还能享受到饮食的快感，他们何乐而不为。更有一些学生和老师会约一拨人来图书馆的休闲区域进行交流互动，或者小组讨论。除此之外，各个高校还十分注重图书馆的展示区域建设。这些展示区域大都是设在门厅或图书馆大厅内，而原来这些大厅都是被用来放目录柜。这些展示区会用来作为学生作品展、图书馆新书展、学校或者图书馆的各种专题展览，以此吸引更多的学生和老师来图书馆。图书馆是文献信息中心，又是一个知识交流的场所，所以图书馆也积极营造一种师生交流学习的氛围，形成一个交流的中心。图书馆会在一些空旷的地方放置一些沙发和休闲座椅，供学生老师平时的休闲和聊天。

（二）环境变化，贴近生活、服务师生，体现人文

过去，大学图书馆在新馆建设的选址上总要突出其中心地位，突出图书馆"高、大、尚"，而进入21世纪后，这种观念有了新的变化，在图书馆新馆选址上要强调服务师生，贴近生活，要充分体现人文关怀，要强调图书馆的优美环境，图书馆的内部设计上也要从方便学生学习交流角度考虑。例如，2008年9月建成的上海交通大学包玉刚图书馆，选址是位于闵行校区思源湖畔。包玉刚图书馆当时定位是人文社科综合馆，其内部格局以全新的理念进行设计和布局，具有空间广阔的优势。新开放的东三楼赠书阅览室，是一个集国内外各种赠书于一体的阅览室，充分展示了上海交通大学图书馆丰富的赠书类型，并将提供无线上网区域（在建中）。阅览室赠书包括：日本科学协会的赠书、高教出版社赠书、中文赠阅期刊、国外大学介绍以及交大学生捐赠的图书。宽敞的阅览环境配备全新的阅览桌椅，共计240个阅览座位、面积640平方米；东四楼的第一视听室和第二视听室，由图书馆原五楼搬迁至图书馆东四楼的，新

装修后的视听室，环境更加轻松、舒适。第一视听室提供 VOD 及上网和电脑数字语言听音；第二视听室提供“两人一机”外语原声录像和复读机传统听音。98 个阅览座位、面积 450 平方米：东四楼综合阅览室，位于图书馆东楼 404 室，即学生图书管理委员会所在地，这是一个完全由学生们自己组织、自己管理的阅览室，阅览室内陈列有交大学生社团、协会等主办的校园刊物。72 个阅览座位、面积 160 平方米：五楼外文、农科阅览室，有图书近五万册。其中外文图书是图书馆原三楼搬迁上来的，23235 册农科图书是由农学院图书馆搬迁过来的，这是为了满足已经搬迁至闵行校区的农学院师生的文献需求，将近年的常用农科类图书集中在该阅览室，并实行“借阅合一”的服务。本阅览室有 112 个阅览座位、面积 400 平方米。

又比如，浙江农林大学衣锦校区图书馆坐落在东湖校区的东湖馆于 2003 年 10 月启用，面积为 21550 平方米，馆舍造型别致，主体为圆形框架结构五层阶梯形式，屋顶采用弦上环状钢结构造型，主墙采用通透隐框玻璃幕墙，错落有致，美观大方。馆内设有休闲吧、检索大厅、多功能厅、休息区、展厅等，可以举办各种展览如画展等。现有阅览座位 2650 余席，还设有配备同声传译、影视播放等功能的 192 人和 538 人报告厅各一座。馆舍四周绿地环绕，小桥流水，有山有亭；室内环境宽敞、明亮、通透，绿色植物帘垂，四季常青，与宁静的阅读氛围呼应，与室外山光湖色融为一体，整个建筑充满了现代气息。

（三）功能变化，自助服务、信息交流、学习共享

在进入 21 世纪以来，随着电子资源的不断涌现，网络信息技术和移动信息技术不断提高，人们的阅读习惯也随之而变化，读者到图书馆借还图书的数量不断减少，尤其是现代大学生，他们到图书馆更喜欢的是追求和享受一种阅读的环境。因此，越来越多的大学图书馆开始重视图书馆内部空间的功能建设。现代图书馆以用为主，从功能实用出发，讲究实用、造型简洁明快、经济高效、平面紧凑、空间舒适，重视节省能源，不追求高大空间，追求温馨的意境，注重创造宁静淡雅、亲切怡人的气氛，注重其实用性、效率性、社会性和经济性。尤其对室内环境的设计，重视室内空间处理、形状大小、比例尺度、明暗虚实、色彩质感和空间与人的活动关系。

现在的图书馆已不局限于传统的长条空间，两边开窗取得自然光和通风方式，而追求开散的大空间，或增大进深的矩形，或带庭院落式中庭的方形，或在馆顶采用大块面的玻璃瓦、馆侧建玻璃幕墙等，这些手段都是努力地获取自然光，为读者提供高质量的视觉舒适。例如，湖北大学图书馆为确保阅览空间的自然采光、通风，该馆三角形式的引入使最长的斜边成为南北朝向由于合理的平面布局使阅览空间南北向都可采光，充分地引入三角形直角边的锯齿形窗更是最大限度地利用了南北向光线，让阅读变得轻松、自在。同时，有效地防止了位于中间的书库受到阳光的直射，减少了对

书籍的损害，这种新颖的布局还通过扩大南北两向的面度，使所有房间均能南北向自然采光和通风，从而降低了能源消耗。尤其在平面布局上利用生物气候学原理，北高南低，有效阻挡了冬季主导风，夏季时则疏导东南风，产生穿堂风，以达到冬暖夏凉，成为可持续发展建筑。

再如，新扩建的河北农业大学图书馆。该馆主入口前设计一大型半圆浅水池，从中看到建筑物和周围环境。为减小广场尺度，使之与水池组成螺旋形构图，并做到与两侧的草坪尺度相宜。十字形的道路与螺旋形的叠合，丰富了室外环境。沿水池曲线，设置一组空透的混凝土廊架，组织起一个具有良好外部环境的交往空间。夏、秋垂直绿化植物蔓生于廊架之上，既可使西向的入口大厅免受直接的日晒，又创造了一个适于读者室外阅读、交往的场所，形成一个亦外亦内的过渡空间。水池、绿地、廊架的运用，在广场中构成一个场所的心理重心，将建筑、环境、绿化融成一体，从而体现一个新的场所精神。

还有，上海交通大学图书馆主馆图书馆服务实现“藏、查、借、阅、参”五位一体的有机服务机制；延长服务时间，延伸服务场所；增加借还书、复印、扫描、打印等自助服务；主馆通过各种形式的创新服务，为全校师生提供安静自习区、小组讨论室、课题研究室、多媒体试验区、多媒体制作室、多媒体演播室，同时提供外语自主学习中心，设计和构建具有主动生长特征的智能化综合服务设施，营造身临其境的学习研究氛围，成为能够容纳不同学习风格、研究习惯和使用需求的学术交流中心和信息共享空间。

第三节　中美高校图书馆建筑比较

受美国实用主义思想的影响，美国大学图书馆的建筑一直强调的是实用为主。他们始终把读者利益放在首位，一切从方便读者角度出发。无论是在建筑理念上、建筑风格上、建筑内部构造上，还是建筑布局上都强调的是方便读者。与之相比，我们还存在不足的地方，接下来就让我们来比较一下。

一、建筑理念上

跟西方发达国家一样，美国近代图书馆事业发展可以说从 19 世纪开始。1850 年 2 月英国议会通过了公共图书馆法案，这一历史性事件被认为是近代公共图书馆运动的开端。随后，公共图书馆运动在世界各地蓬勃兴起。19 世纪后期，美国成为公共图书馆运动中心。在此期间，美国公共图书馆事业发展迅速，大大小小的图书馆在全国各地建成，图书馆数量、馆员数量不断增加，也出现了一批优秀的公共图书馆运动先驱和图书馆理论家，如迈威尔·杜威、贾斯丁·温莎、威廉．F·普尔等。这些杰出的图书馆学专家提出了优秀的图书馆思想和信念。这些思想和信念影响了近代图书馆建筑，是图书馆建筑开始朝着为公众读者开放趋势发展，彻底颠覆了藏书楼的概念。

公共图书馆最重要的作用是供人们读书、借书，而不是藏书。每个人一迈进图书馆的大门，就会感到自己就是各种服务的中心，书架上的所有书籍供你借阅，从刚开始的闭架借阅到后来的开架借阅。而此前的藏书楼则完全不对外开放，所有的图书只藏不借，更不对外开放，所以在藏书楼里面没有阅读的空间。而到了近代图书馆时代，图书馆是对外开放的，图书馆里面有很多空间提供读者阅览读书，只要是图书馆里面的书，只要读者需要都可以借阅，可以带回家里阅读。

我们国家近代图书馆出现比美国要晚将近一百年时间，主要出现在 19 世纪二三十年代。随着民族工业的发展和西方图书馆学传到中国，私人藏书逐步向社会开放，近代图书馆开始形成。在一些大中城市建造了一批独立的图书馆馆台建筑。其中规模较大的有国立北平图书馆、国立中央图书馆和商务印书馆图书馆等 30 个。但是它们某种程度上仍然保留着藏书楼的模式，书库都占了相当的比重。这一时期的主要大学图书馆建筑有：1895 年天津大学图书馆的前身，北洋大学图书馆在津落成；1902 年北京大学留书馆诞生；1916 年建造了清华大学图书馆（1930—1931 年做了扩建）；1922—1924 年建造了原东南大学图书馆（1933 年扩建），现为南京工学院图书馆；1928 年建造了南开大学图书馆；1931 年建造了华西大学图书馆，现为四川医学院图书馆；1931 年建造了金陵大学图书馆，现为南京大学图书馆。

第二次世界大战之后，美国高校图书馆建筑事业迅速发展。在图书馆的建筑理念上更加强调读者利益，以方便读者，让读者能够在图书馆舒适阅读为宗旨，推出大开间，借阅一体化，书库开架借阅等新的理念。

到了 21 世纪，随着计算机网络技术的快速发展，美国大学图书馆更是与时俱进，在图书馆的建筑理念上不再追求高大尚，而是讲究实用。在数字移动技术快速发展的情况下，他们将不常用的图书转移到某个仓储存放，腾出图书馆空间提供读者休闲阅读空间，如学习空间、信息共享空间、咖啡吧、游戏房，等等。2008 年 7 月，笔者在美国伊利诺伊大学香槟分校参加一个培训班，就发现该大学有一个本科生图书馆的某一层就有一个提供学生的游戏房，很受学生欢迎。此外，他们还将图书馆化整为零，在各个二级学院建立相应的图书馆，存放相关的专业图书。

改革开放以来，我们国家的大学图书馆也正在学习美国大学图书馆的一些做法，开始重视图书馆的实际使用效果，开始重视读者的使用效率，把读者利益放在重要地位。有些大学也开始在二级学院建立分馆，或者建立二级学院资料室，将总馆的部分藏书转移到二级学院，这样即减轻了总馆的藏书压力，又给二级学院是师生带来方便。但是，在管理上一些制度和技术还没有完全跟上。

二、建筑风格上比较

2008 年 7 月笔者在美国，在美国伊利诺伊大学香槟分校参加了图书馆培训班，为期一个月的时间。培训期间除了参观该校的图书馆，还去过其他一些高校，参观了那些高校的图书馆。比如芝加哥大学图书馆、俄亥俄州立大学图书馆，等等。参观考察的过程中我就发现，美国大学图书馆在小区内一般都有几个分馆，中心馆也并不一定是十分高大，除了行政中主要部门在中心馆，图书馆业务部门基本分到各个分管。比如伊利诺伊大学香槟分校图书馆，除了中心馆以外，还有本科生图书馆、东亚分馆、农业分图书馆、消防中心图书馆、化工图书馆，等等。俄亥俄大学图书馆、芝加哥大学图书馆也同样如此。它们没有一个十分突出或者特别高大的图书馆主馆建筑，尽管它们也有中心馆。

中国的情况就不同，一个大学图书馆作为学校的标志性建筑，图书馆楼层高、面积大，就像一座圣殿又高又大，台阶都有几十层，而且全校范围基本上就一个图书馆，除非学校有不同校区才会出现分馆现象。比如我参观走访过的我们浙江省的高校图书馆，几乎每一所学校图书馆就是一个，几乎没有分馆。二级学院也只是有一个资料室，而且资料室一般只限教师借阅，学生是不可以借阅的。只有浙江大学是例外。一般大学图书馆的面积都在两三万平方米，藏书都在 100 万册以上，内容包含学校所有学科门类，基本上就没有分馆。这样的格局对一个上万学生规模的图书馆，借阅非常不便面，容易发生拥堵现象。

三、内部构造上比较

20 世纪中后期，美国许多大学图书馆相继接受了“模数式”图书馆建筑设计思想。所谓模数式图书馆建筑是现代图书馆建筑的一种形式。要求图书馆按一定的模数式原则进行设计，具有较大的空间，统一的柱网、层高和承载能力，布局可以灵活变化，以家具组成不同功能的空间，力求适应图书馆多种功能的需要和发展。模数式图书馆建筑的特点是功能灵活、有适应性。在结构上它用规则的柱网支撑，较少隔墙，在每个柱网单元中可以任意安排阅览桌椅或书架，也可改变为办公或其他技术、业务用房。

这种建筑还有一个特点就是强调图书馆的空间利用，突出图书馆的采光效果，为读者提供更加舒适的阅读环境。

到美国的图书馆参观你会发现，无论是公共图书馆，还是大学图书馆，图书馆大楼的阶梯一般都不是很高，而且大门的入口处总有一条是无阶梯的残疾人安全通道。这个建筑设计上的小小细节反映了美国人的文明，说明了图书馆的公共属性和大众属性，接近大众，方便大众。此外，图书馆的内部也尽量考虑采光、通风和实际使用效果，一切从读者的利益出发。在芝加哥大学图书馆参观时，笔者发现该校图书馆阅览室，除了采光好，楼层高、通风好，还在每个阅览桌前安装一盏台灯，让人感觉十分温馨。还有一个特点是，美国高校图书馆一般都会在馆内合适的地方开辟一个休闲区域，设有咖啡吧，供读者休闲交流。

走到中国的图书馆参观，你会发现进入图书馆的台阶都比较高，高校图书馆也一样，图书馆大楼看上去也非常雄伟，就像一座殿堂。但是仔细看，你就会发现不少图书馆都缺少一条无障碍的残疾人通道。另外，不少图书馆并没有开辟一个供读者休闲、交流的场地或空间，缺少一些人文关怀的空间和氛围。

四、建筑布局上

前面说过，到美国大学图书馆参观，你会发现美国大学图书馆往往除了一个中心馆，还有好几个分馆。这些分馆按照不同的专业和学科都分别建在各个不同的二级学院。这样的布局不仅给不同专业的读者带来了方便，减少他们走动的时间，也减轻了中心图书馆空间的压力，读者可以就近看书自习。有些学院干脆把一些课程直接安排到图书馆上课，比如专业文献的检索和查找，毕业论文的设计和撰写，等等。在美国很少听到有学生到图书馆占位子的情况，因为合理的图书馆布局把学生都分散到不同的分馆了。

在我们国家情况就不一样，一所大学就一个图书馆，这样一来给读者的借阅带来麻烦，浪费他们到图书馆的走路时间，还会造成藏书书库拥挤，而且这种图书馆的布局也往往造成学生自习室紧张，经常发展学生自习室抢座位现象。

第九章　中美高校图书馆比较：数字图书馆

第一节　美国数字图书馆发展沿革

一、早期数字化技术摸索阶段

关于数字图书馆的探索研究在美国有着较长的历史，其中较早而且影响最大的是Bush。早在1945年，Bush在《Atlantic Monthly》发表了一篇文章《As We may think》提出了关联性信息检索的概念，其后，他依据这一设想，设计了Memex。Memex装置运用计算和缩微技术实现文件的相关链接，其实它是一个个人信息检索系统，虽然它不是真正意义上的数字图书馆，但它是公认的计算机辅助检索（CAR）的先驱，而CAR正是数字图书馆建立时需要的最基本技术。

文本贮存和检索技术是数字图书馆得以实现的两大技术，而现代意义的贮存检索系统，是在计算机技术不断提高的前提下才得以实现的。从1965年到1973年，麻省理工学院进行了计算机辅助标引实验，建立了Intrex数据库，将文章存储在缩微胶片上利用联机贮存目录和索引进行检索。1969年Sandia国家实验室开发出有关科技文献的全文贮存和检索系统。到了70年代中期，美国出现了许多用于图书馆存储、标引、检索的软件，其中较有名的是IBM的STAIRS贮存检索系统。

1982年，美国国会图书馆开始研究用光盘存储馆藏。这种用光学处理贮存电子图文的技术引起图书馆界及其他方面的注意，预示一个新的信息贮存方式的到来。

1991年，美国俄亥俄州政府做出了启动俄亥俄网的决定，计划投资2500万美元建立州内图书馆网络中心，该网络定名Ohio Link。1992年，美国政府在制订“高性能计算与通信”（HPCC）国家攻关项目中，第一次将发展数字图书馆列为“国家级挑战”（National Challenge）项目之一。1994年6月，在美国的德克萨斯召开了第一次数字图书馆的理论研究会议，会议的主题是“第一届数字图书馆理论与实践年会”。而

“数字图书馆”一词，起源于1993年由美国国家科学基金会（NSF）、美国国防部尖端研究项目机构（DAPRA）、国家航空与太空总署NASA联合发起的数字图书馆创始工程（Digital Library Initiative）（代号DLI）。其中1994—1998年阶段被称为DLI第一期工程，或DLI1。第二期工程于1998年开始全面筹划和招标，1999年正式开始，被称为DLI2。新增四个参与单位，他们是美国联邦调查局（FBI）、美国人文科学基金会（NEH）以及著名的美国国会图书馆（LC）、美国国家医学图书馆（NLM），一期投入为4000万至5000万美元，预计今后可增加到数十亿美元。

1999年2月24日，美国总统信息技术咨询委员会（PITAC）在给总统《信息技术研究：对我们未来的投资》的报告中，提出21世纪美国信息技术的研究与开发的四项重点，其中在前两项中均专门提出了数字图书馆的建设。2001年2月9日，美国总统信息技术咨询委员会PITAC向新上任的布什总统提交了三份报告，其中之一就是《数字图书馆：对人类知识的普遍访问》。在此报告中PITAC提出，“我们相信数字图书馆能够支持本委员会1999年2月的报告《信息技术研究：投资未来》中提出的所有‘国家挑战性变革’。这10条挑战性变革是所有公民能够融入信息时代并从中受益的基本先决条件。数字图书馆将在这些变革中扮演核心角色，每一种变革都会利用或需要数字图书馆才能成为现实。”

二、大型数字图书馆管理系统的研究

80年代末，美国一些大学和知名公司开始研制开发大型的数字图书馆管理系统。Case Western Reserve大学和IBM电脑公司合作开发出数字图书馆管理系统，用电子图文和多媒体技术处理说明、研究资料，并开发出四种应用模型，其中一个系统还可以把乐谱数字化贮存并和声带光盘相链接。

1989年，卡内基·梅隆大学开始进行“Mercury”电子图书馆研究，作为图书馆自动化的一部分，其项目目标是建立一个电子传输全文系统。同时，康乃尔大学、化学文摘社、OCLC等机构也在着手建立“化学联机检索实验”（CORE）。CORE数据库使用电子图像和嵌入标准通用标识语言（SGMI）的ASCII文本贮存字符文件、图像、化学结构、公式和插图。

1991年，伊利诺伊斯技术学院的国际关系图书馆开始进行电子文献存储项目，用来贮存国际关系和商业活动方面的资料，后来该图书馆成为联合国和欧共体出版物指定贮存单位。1993年，哥伦比亚大学开始了“两面神（Janus）计划”，提供联机检索法律文献，文献以字符形式贮存以便进行全文检索。同年AT&T贝尔实验室、Springer–Verlag、旧金山加州大学（UCSF）合作研究电子期刊传播系统，使得加州大学的师生能检索、显示和打印 Springer–Verlag 出版的文章的全文图像。

三、国家级数字图书馆的建立和数字图书馆研究计划的启动

（一）美国的回忆

1995 年秋，美国国会图书馆在美国第 104 届国会的支持下，正式启动国家数字图书馆项目（National Digital Library Program，简称 NDLP），因该项目在 Internet 上以“美国的回忆”（American Memory）命名：URL。http：//lcweb2.1oc.gov/ammem / ammemhome.html，故一般都称此项目为“美国的回忆”。

NDLP 于 1995 年秋开始启动，到 2000 年已基本完成。该项目的目的，就是想用高质量的数字产品的形式建立一个有关美国历史文化资料库，因此它主要收集在美国历史文化的发展中起过重要作用、具有深刻意义的各类文字材料（如名人手迹、手稿等）图片、照片、绘画、地图、早期电影、录音录像，甚至是服装，并且这些都必须能够用数字产品形式表现出来。它由国会图书馆总体规划协调管理，全国范围内的公共图书馆、研究图书馆、学院图书馆、博物馆、档案馆等各类有关组织，均可以单独或联合向国会图书馆申报子项目，经批准后参加到 NDLP 的工作中来。NDLP 全部预算项目资金 6000 万美元，其中国会负责提供 1500 万美元，另外 4500 万美元由国会图书馆自己向私人企业、公司、基金会和个人筹资。“美国的回忆”于 2000 年年底建成，它是迄今为止美国已经建成影响最大的国家级数字图书馆，在全球起着领导示范作用，极大地加快了各国数字图书馆建设的进程。

（二）美国数字图书馆首倡计划（DLI）

在 NDLP 着手建立的时候，一个关于数字图书馆的研究计划又在美国开展，这就是美国数字图书馆首倡计划（Digital Libraries Initiative，简称 DLI），美国数字图书馆首倡计划开始启动于 1994 年 8 月，由美国国家科学基金会（NSF）、美国国际部高级研究计划署（DARPA）和国家航天航空事务委员会（NASA）三家联合资助的一个大型协作性项目。此项目耗资 2240 万美元，为期四年。它一出台就引起全世界的密切关注。

DLI 项目主要研制发展数字图书馆的最新技术，即解决从 Internet 的信息堆栈中有效检索所需信息时遇到的技术难题。研究重点主要集中在三个方面：1. 发展数字信息收集、存储和组织的技术和手段；2. 研制通过互联网进行信息检索的技术；3. 优化数字信息处理过程的用户界面。该项目采用分工合作的研究方式，分别由六所大学各自研究一个子项目，其具体分工和课题内容如下：

1. 柏可莱加州大学：环境科学数字图书馆。该项目重点开发一个处理环境信息的数字图书馆模型，收集各种关于环境方面的信息，最终放大成为“加州环境资源评估

系统”项目，开发出一种让未经培训的用户也能够在世界范围的其他数字图书馆查找有关资料信息的智能系统。该项目经费为400万美元。

2. 斯坦福大学：集成数字图书馆系统。该项目要开发研究一个单独的集成“虚拟”图书馆系统，对网络中出现的大量信息和电子出版物提供统一查检手段，它将创造一个共享环境，将各种信息资料联系在一起。研究重点是信息共享、通讯模式、用户界面和信息查找服务。该项目经费为360万美元。

3. 圣地·巴巴拉加州大学：亚历佐亚数字图书馆。此项目要研究开发一个数字图书馆，提供以简便的方法检索大量不同的地图、图像和照片资料以及一系列新型的电子化图书馆服务。该项目的经费为400万美元。

4. 密歇根大学：多媒体数字图书馆。该项目将进行合作研究，开发一个不断运行、评价、完善和持续发展的多媒体数字图书馆。内容主要以地球和太空科学为主。该项目经费为400万美元。

5. 伊利诺斯大学：工程和科学数字图书馆。该项目利用该校已经建成的Grainger工程图书馆为试验基地，使互联网络的检索工具之一Mosain客户化，提供数字化的工程和科学方面的期刊，该项目经费为400万美元。

6. 卡内基· 梅隆大学：综合信息媒体数字图书馆。该项目将创建一个联机数字视听图书资料系统，使用户能查询、检索数字和科学方面的档案音像资料，该综合信息媒体包括语言、图像、自然语识辨技术。 该项目的经费为480万美元，是六个项目中最多的一个。

这六个子项目的高校只是牵头机构，它同时还联合了各级院校、图书馆、学术团体、公司以及政府各部门，形成了一个数字图书馆建设的战略同盟。这些机构和团体不仅在知识、技术上互通有无，资源共享，而且在人力、物力、财力上给予大力支持，特别是美国一些知名大公司，如IBM、APPLE、BELL等，它们除了参与数字图书馆成果的试验，而且还将推动数字新成果的产业化、商品化，拓展了数字图书馆发展空间。1988年，DLI1顺利完成各项目标，同时，另一个新的关于数字图书馆的研究计划正在开始。

（三）美国数字图书馆首倡计划第二阶段（DLI2）

1998年春，在美国数字图书馆首倡计划第一阶段（DLI1）所取得的研究成果和对当时数字图书馆研究应用的调查分析的基础上，美国的七个研究机构拉开了数字图书馆首倡计划第二阶段（Digital Library Initiative Phase II，简称DLI2）研究的序幕。除了DLI1的三个赞助单位（NSF、DARPA、NASA），又增加了四个赞助单位：美国医学图书馆、美国国会图书馆、美国人文科学基金会、美国联邦调查局。总赞助资金将达4000万到5000万美元，整个项目将持续五年。

DLI2 的研究目标包括四个方面：1. 为数字图书馆界定适当的发展领域，有选择性地开展研究和实验活动；2. 使数字化资源的扩充、管理和存取更加迅速、便利，增强利用信息的深度；3. 创造新方法、新机会，使数字图书馆更好地为不同教育水平的、现有的和潜在的用户群服务；4. 推动从社会学和经济学角度对人与数字图书馆交互作用的研究。

DLI2 的研究重点分三个方面：1. 以人为中心的数字图书馆研究，增进对数字图书馆在人类创造、搜索和利用信息的活动 方面的潜力和影响的认识，并推动以此为目的的技术研究的发展；2. 以收藏及其内容为中心的研究，此方面研究目的在于增进 对新形式的数字产品及其内容的认识，并推动对其存取方面的研究；3. 以系统为中心的研究，这一方面主要是研究与信息环境各个部分相关的技术并对其进行整合，这个信息环境应是动态的、灵活的；能够按照用户指定的结构和大小，对大量、无组织、持续增长的数据进行处理。

DLI2 也分为六个子研究项目，它们分别是：

1. 专家选择利用信息的轨迹研究及其利用。 此项目由俄勒冈健康大学的科学技术研究生院负责，对医生给病人看病时选择和利用病历信息的行为进行研究，得出与病症相关信息被利用的基本轨迹，为后来医生在相同病症利用病历时提供帮助。

2. 图像转播中安全问题的研究。 此项目的负责单位为斯坦福大学计算机科学系，主要是研究图像过滤的技术和方法。

3. 棉织藏品的 2D/3D 重建。此研究由肯塔基大学计算机系和英语系负责，将根据人文科学研究人员的要求，研究新颖有效的方法，对英国国家图书馆的棉织藏品中逐渐老化和已经损坏的原稿进行修复、数字化和编辑，使其完整可用，并为这些原稿 提供一个电子版，并将其作为图像进行检索，建立一个新的数字图书馆。

4.WWW 上的自动化参与“图书馆员”。此项研究由华盛顿大学计算机科学系负责，其目标是设计网上的“软件机器人”，它作为与传统的参考图书馆员相类似的网上的自动化参考“图书馆员”。譬如，它虽然没有“生物学”的专业知识，但对网上有关生物学的知识却了如指掌，能帮助用户在网上找到高质量的有关生物学的专业知识。

5. 为社会科学服务的实验图书馆。此项目由南卡罗莱那大学、艾奥瓦大学和佐治亚州立大学三所大学合作建立，任务是设计进行社会学与经济学实验所需要的软件系统，并将其置于互联网上，从而建立基于互联网的实验图书馆，使得研究人员只要与互联网相连就能利用该图书馆进行社会和经济学的实验工作。

6. 高性能的数字图书馆分类系统，从信息搜索到知识管理。该研究由亚利桑那大学管理信息系负责，旨在研究相关结构和技术，为大规模的特种领域的本文信息自动化地产生分类系统，并把此分类系统与已经存在的手工分类系统进行比较、合并，以有利于数字图书馆藏品的搜寻、分析和利用。

总的说来，把 DLI1 和 DLI2 相比较,DLI1 的研究强调了图书馆藏品（文字、图像、音频和视频等）的存储和组织的数字化、搜索和利用的网络化，而 DLI2 则致力于新概念、新技术和新工具的研究，帮助数字图书馆用户充分地利用数字图书馆藏品所隐含的知识。研究逐步由表面走向深层次，进一步体现以人为本的理念。

四、美国数字图书馆建设的特色和启示

美国数字图书馆建设的目的是充分利用现阶段世界范围内的信息技术成果，推动研究向新工具和新技术方向发展，最大限度地满足用户不同的信息需要。 核心原则和方法是强调研究中的协作关系，计划负责人制定的共同战略构想即强调研制中的研究者、开发商和用户之间的协作伙伴关系，将这种关系视为项目成功与否的关键。这种协作性主要体现在两方面：一方面项目由高校牵头，联合各级院校、图书馆、学术团体、公司以及政府各部门形成数字图书馆的战略同盟。这些机构与团体不仅在知识、技术上互通有无、资源共享，而且在人力、物力、财力上给予大力支持。资金来源一方面是政府加人投入；另一方面是基金会机构的资助，特别是美国一些知名人公司的加盟，例如 IBM、APPLE、DELL 等。它们除了参与数字图书馆成果的试验，而且还将推动新成果的产业化、商品化，拓展数字图书馆发展的空间和维度。

另一方面美国数字图书馆建设在内容上的分学科和研制技术上的分侧重点在一定程度上保证了研究的全面和深入。而且各部分组合起来又可成为一个有机的系统整体。这种分合模式说明数字图书馆工程是一项综合工程，单靠某一方力量都不可取，它不仅是单纯的技术研究，而且与自然科学、社会科学、人文、政治、经济都有着广泛的联系，可以说它是一项全社会、全人类的工程。数字图书馆建设不是一个孤立的工程，数字化图书馆研究涉及图书情报、计算机科学、通信科学三大领域，数字图书馆代表了图书情报事业的未来，是 21 世纪图书馆事业发展的方向。美国政府极其重视对数字图书馆的研究和发展，大力投入，广泛合作，美国数字图书馆的研究与建设已经产生了宝贵的经验，已经投入运行的数字图书馆是长达十年的研究工作的成果，尽管还有很多研究课题尚待解决，但对于我国正在进行的数字图书馆工程建设而言，具有十分重要的借鉴意义，毋庸置疑，随着经济的快速发展，在我国也将出现越来越多的数字图书馆。

五、美国数字图书馆建设运行模式

美国的数字图书馆研究已经进行了将近十年，在全国性研究热情的推动下，很

多组织、社团和个人都参加了数字图书馆的研究活动。美国的数字图书馆建设是以“数字图书馆倡议”(Digital Library Initiative) 为开端的。“数字图书馆倡议”是 1993 年 9 月由美国国家科学基金 (NSF)、国家宇航局 (NASA) 和国防部高级研究项目局 (NARPA) 联合提出的。这些部门在美国数字图书馆的研究和开展方面提供了很大的支持。在数字图书馆的倡议的影响下，美国大学和学院图书馆率先进行了数字化建设。美国数字图书馆的试验项目最多、技术最先进、涉及的学科群也最广，主要经历了三个发展阶段：第一阶段，数字资源开发阶段。实现了网上电子阅览室的功能，为实施数字化图书馆打下基础。第二阶段，技术研究阶段。为数字化图书馆的信息存储、服务提供了技术上的保证。第三阶段，综合研究阶段。解决数字图书馆的存储管理、资源共享、最大限度满足不同用户的信息需要。要建设数字图书馆，就必须对全部技术和社会问题加以解决，美国政府对数字图书馆的兴趣也就自然转向了对数字图书馆研究的财政支持。主要的研究活动已经在数字图书馆先导 (Digital Libraries Initiative，简称 DLI) 计划下展开。第一阶段的工作 (DLI1) 于 1994 年启动，研究历时四年，取得了一系列的成果，引起了世界各国政府和科研人员的关注，标志着美国全国性数字图书馆研究的开始。该计划由美国国家自然科学基金会 (NSF)、美国国防部高级研究计划署 (DARPA)、美国国家宇航局 (NASA) 共同支持，该工程投资 2400 万美元资助六个子项目，它们分别是：

1. 加州大学伯克利分校：改造学术信息的传播与利用模式。

2. 加州大学圣巴巴拉分校：建立具有图像和空间参照信息综合性服务功能的分布式数字图书馆。

3. 斯坦福大学：斯坦福集成数字图书馆研究。

4. 伊利诺大学香槟分校：构造大学空间，为大学的工程学科建立数字图书馆基础设施。

5. 密歇根大学：密歇根大学数字图书馆研究。

6. 卡耐基·梅隆大学：信息媒体，综合的声音、图像、语言 DLI–1 项目的重点是将大量的信息数字化和理解技术用于数字视听图书馆的创建和探索。并为数字图书馆建立试验平台。DLI–1，从 1994 年到 1998 年为期五年。第二阶段 (DLI–2) 从 1998 年开始，共有 47 个项目提供了 4400 万美元的资助，政府加大了对数字图书馆建设的投入力度和建设规模，到 2000 年年底该规划总投入接近 6000 万美元。DLI–2 的目标是要促进全球分布式网络信息资源的开发和利用，重视研究成果向应用的转化，在美国乃至世界数字图书馆的基础研究中起到主导作用。DLI–1 中的一些项目在 DLI–2 中继续得到资助。

上述这些充分说明美国政府十分重视数字图书馆的建设，由于国家能在投入和科研活动开展方面充分保证数字图书馆的建设，因此，数字图书馆的研究和建设进展非常快。

第二节 我国数字图书馆发展概况

一、我国数字图书馆的发展概况

从20世纪末开始，我国已由传统图书馆进入数字图书馆时期。到目前为止，我国数字图书馆经历了三个发展阶段：自动化、网络化和数字图书馆。

（一）自动化发展阶段（20世纪80年代初到90年代初）

世界上第一台电子计算机ENIAC于1946年问世不久，图书馆情报领域就开始了应用计算机的研究和实验。计算机在我国图书馆的应用从引进西文图书机读目录开始，20世纪80年代初，由北京大学、北京图书馆、清华大学等图书馆联合发起试读LCMARC并在西方图书编目中试用，开始掌握机读目录格式和计算机编目知识。1991年《中国机读目录通讯格式》CNMARC出版。与此同时，图书馆计算机管理系统的试验研制工作初见成效，并且逐步由单功能、试验管理系统发展为多功能、综合性图书馆信息管理集成系统，1988年深圳图书馆于1991年11月研制成功的ILAS系统，覆盖了图书馆的全部业务工作，适用于各种类型、各种规模图书馆的自动化管理；1993年7月深圳大学图书馆又推出"深圳大学图书馆计算机管理集成系统"（SULICMIS）它的设置更为完善，包括了采访、编目、流通、馆藏检索、期刊管理、目录打印、格式转换、检索条目和行政管理九个功能模块。这些集成系统在运行实践中取得了良好效果，完成了单机循环管理向集成管理系统的巨大转变，图书馆全面实现了自动化。

（二）网络化发展阶段（20世纪90年代中期）

1994年，中国教育科研网CERNET、中国公用计算机互联网CHINANET、中国科学技术网CSTNET、中国金桥信息网CHINEGBN四大网络互联互通，并实现与因特网的联结，为我国图书馆网络化的建设提供了传输通道。同年11月，中国教育科研网以全国性和地区性文献信息中心为节点，连接进入"211"工程的所有学校，并与因特网联网，基本形成了我国高校图书馆的文献信息保障体系。在信息高速公路条件下，原有的图书馆自动化管理集成系统经过改进，升级为适应网络化要求的新的集成系统。1995年年底推出的金盘图书馆集成管理系统就是这样的适应网络化要求的管理系统，它建立了采购、编目、典藏流通、数据查询、期刊管理、书目维护、系统控制等八个子系统，以微机局域网络为软件运行平台，首选网络系统 Windowsnt，采用客户机 / 服务器 Client/Server 体系结构，能够在多种硬件平台和操作系统上运行。Gdlis 允许读者在 Internet 上用 Web 浏览器查询 Gdelis 用户馆的馆藏书目数据库，能够提供全国性甚至全球性书目查询服务。同年建成的我国第一个地区性公共图书馆自动化网络 ZSLAIS，即广东省中山图书馆自动化集成管理系统。它成为广东省网络中心、编目中心和书目检索中心。这是一个以省馆为主导，以广州、深圳、佛山、珠海市馆为重点，上连国家图书馆，下连部分市县级图书馆的计算机网络，不但可以与图书情报部门联网，而且能与党政机关、科研单位和广大企事业单位实现远程联机检索。这一阶段建立了全国性的图书馆网络，并与国内外有关的文献信息系统广泛联网，在一定范围内实现信息资源的共享，为我国数字图书馆的建设与发展奠定了良好的基础。

（三）数字图书馆发展阶段（从 20 世纪 90 年代中后期至今）

1. 准备和实验

1996 年北京图书馆开始致力于馆藏文献数字化工作，北京图书馆将 100 万页中文全文数据放在其网站上，到 1998 年已建有 300 万页全文资料及 500 万条书目数据。1996 年国家“863”攻关项目基于特征的多媒体信息检索系统的研究开发，实现了按照图像的纹理、颜色、形状等特征，对图像信息进行检索，其成果用在面向影像内容的数字图书馆检索系统中。1997 年文化部立项标准通用置标语言 SGML 的图书馆应用，开发出基于 SGML 的图书馆应用系统。该系统使用户可以通过因特网的 WWW 浏览器直接存取 SGML 应用系统的数据，在我国首创了图书馆基于 SGML 的 WEB 公共查询通道，为我国数字图书馆建设做了前瞻性技术储备。此外还有教育部数字化图书馆攻关计划，前瞻性技术储备。此外还有教育部数字化图书馆攻关计划，主要研究数字图书馆的结构、检索机制及应用标准和规范、图文信息联合导读学习系统、数字音乐图书馆雏形等。这一阶段主要是数字图书馆的信息贮存、检索等相关技术和技术标准的制定、相关法律问题的研究，为数字图书馆整套系统的开发和运转提供技术支持。

2. 初步实用

最著名的项目是 1997 年国家计委批准立项的“中国试验型数字式图书馆”，由国家图书馆作为组长单位，联合上海图书馆、深圳图书馆、广东中山图书馆、辽宁图书馆、南京图书馆、桂林图书馆共同承担。该项目设计开发了通用的套装数字图书馆系统，在国内率先建立了一套通用的数字内。加工系统，建立了跨地域多馆合作的网络资源建设体系，在我国创建了一个分布式、可扩展、可互操作的、具有一定规模的内容资源的试验型数字式图书馆，为解决网上海量无序信息难以检索的难题提供了一个有效的解决方案，建成了符合数字图书馆资源建设要求的、可互操作的、分布于全国七个城市（北京、上海、南京、广州、深圳、桂林、沈阳）30 个以上的数字资源库群，总容量过 900GM。1998 年国家 863 攻关项目“知识网络—数字图书馆系统工程”，由国家图书馆和中科院计算机研究所合作完成，初步建立了一个中国试验型数字图书馆系统。1999 年 6 月，中关村科技园区数字图书馆群软课题研究由国家图书馆牵头，联合北大、清华、中科院等北京市有关单位，结合地区特点，以用户需求为导向，以高速信息网络和高性能服务器为支撑环境，以智能化用户界面为服务平台，初步建成中关村科技园数字图书馆群应用系统。

规模成长以国家重点科技项目“中国实验型数字式图书馆”和北京市信息化软课题项目“中关村科技园区数字图书馆群”为先导，1998 年 7 月，国家图书馆正式向文化部提出立项，申请实施启动中国数字图书馆工程。该工程建设目标是在互联网上形成超大规模的、高质量的中文数字资源库群，并通过国家骨干通信网向全国及全球提供高效服务，总体技术与国际主流技术接轨。建设一批中文多媒体资源库，总容量不低于 20TB；联合引进若干国内需要的国外专题资源库；实现全国大部分地区图书馆文献资源的联合采编；开发具有中国特色的数字图书馆智能应用系统；培养一批高水平的专业人才队伍，持续发展中国数字图书馆工程。目前中国数字图书馆工程拥有的资源总量已达 10TB。仅国家图书馆已完成 3680 万页图书、近 2000 部影片、22 万首音乐作品、4000 页馆藏西夏文资料、8000 幅金石拓片、近 8 万篇博士论文等多种类型资源的数字化工作，运行在馆域网及局域网上的书目数据上亿条。中国数字图书馆工程的立项和实施，标志着我国数字图书馆走向规模成长时期。

二、我国数字图书馆运行模式

我国数字图书馆一共有三种运营模式：

（一）国家投资，免费使用

1. 中国试验型数字式图书馆。该工程初步建成了分布式数字图书馆系统，包括“文化旅游、法律法规、中国名人库、中国军事博览、电影在线、音乐在线”等大类 30 多个数字资源库，总量达 900 千兆。已有 5300 万页全文影像数据和 1078 万条书目数据上网免费提供用户使。

2. 上海数字图书馆。上海数字图书馆是一个包括了上海图典、碑帖精华、西文拾贝、遗墨留真、近代珍籍、戏曲大观、科技百花园、影视片断、伟人之声、中外名曲等多种研究资源的数字图书馆研究网站，该网站免费向互联网上的用户提供丰富的馆藏数字资源。

3. CALIS 特色化数字资源建设与服务。CALIS 项 1998 年 11 月由国家计委批复启动，目前已建成“全国中心—地区中心—高校图书馆”三级保障网络环境，设立 1 个

CALIS 全国管理中心、4 个全国文献信息中心、7 个地区文献信息中心，建成 150 所成员馆联合目录数据库，引进 20 多种外文文献数据库，自建 25 个高校特色文献数据库和 290 多个重点学科导航库，建成 5500 种中文学术期刊目次库，制订馆际互借管理条例和经费结算办法，逐渐形成以共享服务为目标、统一规划的、多层次的文献保障网络，最大限度满足普通高校的文献信息需求。

1998 年 1 月—2000 年 12 月：由国家图书馆与中科院计算所合作实施了“知识网络—数字图书馆系统工程”(863/306 项目)，在技术上达到了与国际数字图书馆主流技术接轨的要求，为中国数字图书馆建设及运营奠定了良好的基础。

1999 年 1 月—2000 年 4 月：国家图书馆筹备成立“中国数字图书馆有限责任公司”，并上报国务院及各大部委，李岚清、孙家正、徐文伯等国家领导人进行了正式批阅。2000 年 4 月 18 日，中国数字图书馆有限责任公司正式成立。2000 年 4 月 18 日 10 时 30 分，全国人大常委会副委员长许嘉璐、文化部副部长艾青春在国家图书馆共同揭开了罩在中国数字图书馆有限责任公司铜牌上的红绸，国家图书馆馆长、中国数字图书馆有限责任公司首届董事长任继愈点开投影屏幕，宣告中国数字图书馆有限责任公司正式成立。

1999 年 9 月—2001 年 11 月：文化部与国家图书馆启动了中国国家数字图书馆工程（国家图书馆二期工程暨国家数字图书馆工程），由“中国数字图书馆有限责任公司”作为业主单位全面负责工程的建设、运营及服务，标志着中国数字图书馆进入实质性操作阶段。

中国数字图书馆全称为中国数字图书馆有限责任公司，是经国务院批准成立，隶属于中国国家图书馆，服务于中国国家图书馆二期工程暨国家数字图书馆工程的高新技术企业，于 2000 年 4 月 18 日正式运营，注册资本 8860 万元。公司率先在全国建立起完整的数字图书馆建设与服务体系，专注于数字资源核心技术研发与应用推广、数字版权管理、数字化加工、专业信息提供、电子政务及电子商务服务、数字内容整体解决方案及数字图书馆整体解决方案提供，数字图书馆综合服务平台建设①。

（二）国家投资，市场化运营

2000 年 4 月 18 日，经国务院批准、由国家图书馆控股的中国数字图书馆有限责任公司正式挂牌运营，推出中国数字图书馆网站。该公司注册资金 2000 万元人民币，目标是通过股份制经营，以数字图书馆技术为基础，以市场需求为导向，以资源建设为中心，以国内外资本市场运作为手段通过先进的互联网工具，建立起一个在信息资源深层次开发、数字图书馆技术研发与实现、大规模应用性资源库建设与服务等方面

① http：//www.cdlc.cn/about/lsyg.aspx。

有所创新的、可持续发展的商业运行机制。网站资源划分为完全公益性服务（基本数字资源）和深度有偿服务（特色资源）。自2001年4月2日起，中国数字图书馆网上中文图书馆对个人用户实行会员制管理，提供有偿服务。2001年4月8日公司对天津图书馆等授予分馆称号，由分馆购买资源免费提供用户使用。现在分馆已达百多家。其网上读书服务的各级会员的会费及网站专门化深度服务所带来的相关收入将成为主流收入来源，成为网站可持续发展的经济基础。

（三）企业投资，市场化运营

由企业投资，市场化运营的数字图书馆最著名的有超星数字图书馆、书生之家数字图书馆和CNKI中国知识基础设施工程。

1. 超星数字图书馆。超星公司开发了易用经济的数字图书格式，拥有自主知识产权的图文资料数字化技术和专用阅读软件（超星图书阅览器），形成了一整套数字图书馆解决方案，并成功应用于中山图书馆等国内外500多家单位。超星图书馆向读者发行读书卡，作为读者在借阅数字作品时付费的账户。

2. 书生之家数字图书馆。由北京书生科技有限公司投资，是建立在中国信息资源平台基础上的综合性数字图书馆。其使用方式分为三种。第一种是购买单机光盘，但只能在一台计算机上使用。第二种是将书生之家数字图书馆管到设立镜像站点的单位，建立二级域名：http：//www.21dmedia.com设站单位缴纳会员费后，单位内部终端可免费使用数字图书馆的内容。第三种是包库用户，根据规定交纳会员费后，可以通过拨号或专线到书生之家数字图书馆中心使用数字图书馆的内容。CNKI中国知识基础设施工程，和书生之家一样，也是采用光盘、镜像站点和包库等三种基本服务模式。书生之家数字图书馆：北京书生之家于2000年12月创建数字图书馆。其特点是与出版社合作，著者授权，是版权代理公司。所以它限制并发用户数，但是并无复本数的限制。

3. 超星数字图书馆：超星数字图书馆是目前互联网上规模最大、藏书量最多的中文数字图书馆。除了电子书，它还针对桌面和移动用户推出了不同版本的超星阅览器。用户安装阅览器后，可以免费在线阅读数十万种正规出版物电子书。同时，它还推出“读秀”图书搜索引擎，上网用户可以通过读秀对图书全文内容进行搜素，方便快捷地找到他们想阅读的内容。

4. 方正阿帕比：方正阿帕比（Apabi）是以因特网为纽带，将传统出版的供应链有机地连接起来，实现完全数字化的出版。Apabi在网上还原了出版流程，可以使出版社、报社、杂志社以低成本迅速进入数字出版。网站则可以迅速建立数字阅读电子商务平台；图书馆可以迅速建成数字图书馆，从而充分发挥各个角色在产业链中优势和特点，实现多方共赢。

5. 百度文库：尽管百度文库没有冠上“图书馆”这个名词，但是它也能算上国内知名度较高的数字图书馆。2009 年 11 月 12 日百度知道文档分享平台测试版上线。2009 年 12 月 8 日百度知道文档分享更名为“百度文库”。在这里，用户可以在线阅读和下载多个领域的资料，不过需要扣除相应的百度积分。百度自身不编辑或修改用户上传的文档内容。百度文库建立之后，网友踊跃上传资料，依托自身用户资源优势，百度文库成为大型资源共享平台。

三、我国数字图书馆建设特点

1. 国家牵头建设，如国家数字图书馆工程，由国家图书馆牵头，国家图书馆自1995 年起开始跟踪国际上数字图书馆的研发进展。1998 年，国家图书馆向文化部提出申请，由国家立项实施“中国数字图书馆工程”，并开始了中国数字图书馆工程的筹备工作。文化部于 2000 年开始在全国倡导实施中国数字图书馆工程，该工程旨在建设超大规模的优质中文信息资源库群，并通过国家高速宽带网向全国及全球提供服务，最终形成世界上最全面、最系统的网上中文信息基地和服务中心。

2. 国家教育部牵头，如清华大学等高校承担的数字图书馆建设项目（CERNET，China Education and Research Network）。

3. 经费落实情况不稳定。知识产权问题是我们国家面临的一个亟待解决问题。数字图书馆从它问世以来一直受到知识产权和数字版权等法律问题的困扰。 我国法律认定作品数字化属于对作品的复制，复制权是著作权人的一项专有权利，未经权利人允许擅自对他人作品进行数字化处理，要承担侵权责任。而数字图书馆的核心数字资源库的组织建设离不开对作品的数字化加工，如果数字资源的加工仅限于法律允许的“公有领域”和“合理使用”范畴内的资料，那么，海量存储打破物化图书馆就是一句空话；如果依法取得授权和支付报酬，面对浩瀚的知识海洋，图书馆只能后续乏力。 因此，废除滞后的法规条文，数字图书馆建设需要法律在权利人利益和社会公众利益之间寻找一个平衡点，以推动社会科学和先进文化及时传播。

四、我国数字图书馆的技术支撑

我国无论是理论研究还是实践发展明显落后世界先进水平，还处于照搬和探索阶段，尤其是跨平台检索技术、元数据技术、面向数据库的中间件技术等关键性问题自主开发能力不强。我国不少数字图书馆依据各自不同的元数据方案对资源进行置标，元数据不能有效互换，严重阻碍了资源共享程度。在对象数据问题上，重复建设严重，资源的深度标引和特色整合力度不够。因此，我们在数字资源建设中一定要坚持资源对象的选择性原则、数据加工的标准性原则、内容标引多维揭示原则、特色开发统一规划原则，以提升我国数字资源的总体水平，参与全球文化科技竞争。

五、商业公司自主开发的数字图书馆

中国数字图书馆有限责任公司的成立，为我国数字化图书馆建设向市场化迈进提供实践准备。中国数字图书馆有限责任公司采用企业管理模式，其体制结构在我国图书馆界是前所未有的，因此它的成立确实为我国数字图书馆建设向市场化方向发展提供了可兹借鉴之处。

“中国数字图书馆联盟”，将为我国数字图书馆工程建设提供组织保证。中国的图书馆事业有其特殊之处，它分属于公共图书馆系统、科学研究图书馆系统、高等院校图书馆系统等。因此在过去的图书馆建设过程中，图书馆之间的协调和资源共享等工作的开展存在比较大的困难。中国图书馆联盟的成立将为我国图书馆事业的整体数字化建设建立良好的协作机制。

众所周知，在国外数字图书馆建设的过程中，为了协调图书馆之间的关系，进行整体规划，共同实施，不少国家在对传统的图书馆管理体制进行改革的同时，对图书馆的预算与投资体制也进行改革。如美国在数字图书馆建设过程中，对于国会图书馆，直接由政府提供投资。当然在接受政府投资之前必须接受政府对图书馆的信息化基础设施、信息技术条件、信息技术人员、文献信息资源的可数字化程度，以及图书馆实现数字化所具备的实际能力进行严格的评估。为了便于协作和真正实现资源共享，对大学和研究图书馆的数字化建设从投资体制方面进行改革。只有从预算和投资的角度进行改革，才能使图书馆领域进行比较公平的竞争，在竞争的环境下进行数字图书馆建设。而我国图书馆数字化建设，如果还处于传统的体制之下，将会因为资本的缺乏、资源的不协调、信息技术人力资源分散等产生一系列不良的后果。

第三节　中美高校数字图书馆比较

中美数字图书馆发展比较分析通过前面对中美数字图书馆发展的情况介绍，应当承认，我国目前数字图书馆的建设与美国相比较，还存在着很多差距，主要体现在五个方面。

一、研究阶段上的差距

在图书馆的自动化、网络化基础实现之后，在以美国为首的西方国家家在互联网背景下提出了数字图书馆的概念，并指出数字图书馆的发展大致要经过三个阶段，即数字化资源库的开发阶段、数字图书馆技术研究阶段和数字图书馆综合研究阶段。我国在数字图书馆的研究进度上已经落后于美国，很大程度上还停留在最基础的馆藏文献数字化阶段，并且在数字化图像和可检索性方面与美国相差甚远。例如前面介绍的我国几个较大数字图书馆计划，与美国的一些同类试验项目相比，在构思的技术路线、试验内容、使用范围和试验深度上的差距都非常明显，这与我国数字图书馆所处的研究阶段有很大关系。

二、发展方式上的差距

目前，世界上数字图书馆研究和发展的方式大致有四种：技术研究型、国家图书馆示范型、大学图书馆计划型和提供数字图书馆开发软件产品型。在这四种发展方式中，美国都有涉及。例如在第一种类型，就有美国自然科学基金项目资助六个大学图书馆对数字图书馆各种技术研究，在国家图书馆方面，以美国国会图书馆为代表，一些国家级的图书馆将自己的珍藏数字化，提供网上共享；在大学图书馆方面，美国的大学图书馆都制订了数字图书馆建设计划，准备将自己特种馆藏数字化，并利用数字化资料开展网上电子信息服务。在软件产品开发方面，以 IBM 公司为代表研究开发数字图书馆软件产品，提供给图书馆使用。与美国相比，我国数字图书馆的建设不够全面，而且发展规划不大。目前主要有国家图书馆和大学图书馆两种方式，而以重视技术研究和提供软件产品开发为主要发展方式的图书馆则较少。除了少数图书馆以本馆特色我基础来选择其发展方式外（如辽宁图书馆），大多数公共图书馆还没有自己特色的发展方式。虽然大学图书馆对技术研究方式比较重视，也占有优势，但是总的来说，我国在对数字图书馆研究的技术和软件开发上基础还是比较薄弱，因此也就影响了这两种方式的发展。

三、资金投人上的差距

美国数字图书馆项目计划仅 1994 年到 2000 年就投入资金 3.64 亿美元，其中“国家数字图书馆”项目，预算资金 6000 万美元。美国国会提供 1500 万美元。其余 4500 万美元资金由国会图书馆自己负责筹集。二十多个组织和个人，如柯达公司、福特基金会、惠普公司等向该项目捐款，除了该项目以外，国会图书馆有投资 1200 万美元，准备于近几年内完成 500 万件文件资料的数字化。此外，“美国数字图书馆启动计划”（DLIP）耗资 2440 万美元。为期四年，也引起了全世界的密切关注。由此可见，美国数字图书馆之所以取得很大的研究成果，资金的大力投入是一个重要因素。我国图书馆网络建设的投入则很低。

我们国家的情况是，目前从全国范围来看，大多数中小型图书馆几乎没有投入，资金短缺已成为影响我国图书馆网络建设，进而影响到我国数字化图书馆建设的重要因素之一。数字图书馆建设所需要的巨大投入，对我国这样一个发展中国家来讲，是一个较为突出的困难，就是在获取资金支持方面要比中小型图书馆容易的少数大型图书馆和高校图书馆，由于投入机制不健全，与美国相比差距仍然很大。

四、技术支持方面差距

从美国的经验来看，数字化图书馆是在电子图书馆网络基础上发展起来的，需要坚实的网络基础。由于数字图书馆依赖网络发挥其强大的信息交流功能，因而只有以现代计算机技术和网络技术为基础的图书馆网络才能为数字图书馆的发展奠定技术基础。美国已在数字图书馆的各项技术研究上取得了巨大进展，尤其是网络技术方面，其中已开始实施的“Next–Generation Internet”计划，将实现把各大学和国家实验室的网络速度提高 100—1000 倍，其中至少有 100 所大学连接网络的速度比因特网快 100 倍，少数机构的网络速度将快 1000 倍，而我国由于图书馆网络建设起步晚，数字图书馆建设也处于试验阶段，与其相关的技术项目资金短缺，人员素质低，无法得到充分的发展。

五、协作程度上的差距

数字图书馆建设是一项整体性很强的大系统工程需要计算机界、软件工程界、通信网络工程界、图书馆界及其他各方面的共同协作。“美国数字图书馆启动计划”（DLIP）的核心原则就是强调研究中的协作关系，计划负责人制订的共同战略构想就是强调研究中的研究者、开发商和用户之间的协作伙伴关系，并将这种关系视作项目成功与否的关键。

在美国，已将总体规划、分工协作以及开发特藏作为建设数字图书馆的指导性原则，而我国首先就是缺乏协作意识，随着局域网的发展与普及，各个图书馆都热衷于加快资源数字化，却忽略了与其他机构的协作，结果事半功倍，无法实现真正意义上的资源共享，还造成重复建设。另外，我国图书馆网络大多属于某一系统网络，公共系统，高校系统划分得非常清楚，但是能够集公共、高校、专业图书馆于一体的地区网络却很少，缺乏良好协作影响了我国数字图书馆的建设与发展。值得一提的是，由于我国经济发展的不平衡，各地区图书馆的现代化程度也不平衡，使得各地区图书馆与各企业、高校、团体等无法进行充分而有效地合作，进而在很大程度上制约了数字图书馆的建设。

第十章　中美高校图书馆比较：移动图书馆

第一节　移动图书馆概述

一、移动图书馆概述

移动图书馆译自英文中的“Mobile Library”一词，原指我们现在广为熟知的“汽车图书馆”。美国图书馆协会的下设机构 Country Libraries Group 早在 1949 年就将其定义为“设计、配备和运作一种运载工具，以提供比临时图书馆馆更加合理实用的服务”。因此，通常也被称作汽车图书馆或流动书车 (Bookmobile)。移动图书馆起初作为公共图书馆的一个服务功能单元，其目的是服务于更多分散的偏远地区和群体，以弥补由于区域限制而造成的服务功能缺陷。但由于受到时空约束，这种流动性的图书馆还难以提供全方位的服务。

随着远程网络通信的发展，传统意义上的移动图书馆又增添了新的内容。1990 年，美国圣路易斯公共图书馆专家 Alloway 提出了“电子流动图书”(Electronic Bookmobile)，即通过电子传输把图书馆信息服务直接送到用户家中、学校、办公室，由此打破了馆藏资源的有形障碍，在更大程度上拓宽了图书馆信息服务的方式和范围，后来逐步演变为数字图书馆 (Digital Library)，即用户可以通过互联网远程在线访问图书馆的数字化馆藏资源。1993 年，美国南阿拉巴马大学图书馆牵头发起了“无屋顶图书馆”(The Library Without a Roof) 项目，对使用具备蜂窝通信能力的手持 PDA 访问图书馆电子资源的可行性和前景进行测试，后由于技术不成熟等原因未能普及，不过这是移动访问图书馆服务的一次突破性尝试。

直到 20 世纪末，伴随无线通信网络和移动接入技术的逐渐成熟，读者在移动情境下接受或访问图书馆服务才得到可靠保证。传统移动图书馆概念也因此被彻底颠覆，取而代之的是用户通过手持移动设备 (PDA、Kindle、iPad、MP3 / MP4、PSP 等移动终端设备)，随时随地接受或访问图书馆信息服务，进而跨越物理与数字边界。在移动设备逐渐普及后，移动图书馆逐渐从实体的流动图书馆，发展成为虚拟的移动图书馆。用户将电子书、有声书等数字馆藏资源，下载到手机等可持移动设备上，进行阅读和使用的一种服务方式。随着无线网络的发展，利用手机、PDA 等移动终端设备，以无线方式接收图书馆服务的服务模式，逐渐成为移动图书馆新的业务服务模式。手机突破了之前仅仅作为资源载体的功能，成为用户和图书馆之间进行信息与资源交互的工具，对移动图书馆的内涵也有了更新、更准确的诠释。

实现移动阅读和参考咨询的一种新型移动图书馆服务方式，它将无线接入技术应用于数字图书馆而实现移动访问数字化馆藏资源，促成了由流动的实体图书馆，向移动的虚拟图书馆的进阶转变。进入 21 世纪后，新型移动图书馆取得长足发展，理论和实践齐头并进，国内外高校图书馆和公共图书馆相继开展模式和内容丰富多样的移动服务，逐渐迎来移动服务在图书馆事业中的革命性阶段。不管是无线图书馆，还是手机图书馆，它们只是界定的对象有所侧重，其本义都是传统移动图书馆的一种演变形态和表现方式。它是移动通信技术和图书馆融合的产物，不仅将图书馆原有服务和功能移植到移动互联网上，而且对其进行了一定的扩展和延伸，可以说是另一种形式的数字图书馆。

目前，移动图书馆是指所有通过智能手机、Kindle、iPad、MP3 / MP4、PSP 等移动终端设备（手持设备）访问图书馆资源、进行阅读和业务查询的一种服务方式。

二、移动图书馆的主要特点

移动图书馆是在现代网络通讯技术不断发展的基础上出现的新型图书馆，因此在服务与用户使用上有它明显的特点。这些特点主要表现有以下几个方面：

（一）移动性

移动性是移动图书馆最显著的标志特征。用户可以不必依赖于个人台式电脑来实现数字资源的浏览、下载和阅读。用户和读者完全可以通过手中的便携设备（如手机、手持阅读器等）就可以实现图书馆资源的浏览、下载、阅读和欣赏。

（二）便携性

移动图书馆的终端载体主要是手机、iPad、MP3 / MP4、PSP 等手持移动设备，它们由于体积小、重量轻，因而具有便携性特点。

（三）实时性

移动图书馆利用无线通信技术将无线通信网络和图书馆完美结合起来，移动图书服务平台可以随时随地将传统图书馆的服务提供给读者，任何人在任何时间任何地点都可通过终端获得图书馆的信息与服务。

(四)丰富性

移动图书馆是传统图书馆的延伸，其所有的信息直接来源于图书馆丰富的文献资源与专业服务，因此，移动图书馆就如同是一个缩小的掌上数字图书馆，具有丰富的信息资源。

(五)主动性

移动图书馆使得用户不再被动地接受信息或知识，而只需根据自己的需求对图书馆提供的服务进行选择定制，就可实现移动图书馆的主动服务，让用户具有更大的自主性和随意性，体现出图书馆的服务由被动服务向强调用户个性化的主动服务转变。

三、移动图书馆使用设备与服务内容

(一)服务设备

目前常见的移动设备有手机、平板电脑、上网本、PAD 等，它们都是实现移动图书馆服务不可或缺的终端载体，在图书馆服务的移动获取、处理和交互中扮演着重要角色。移动设备不仅拓展了传统图书馆的服务方式，还加强了图书馆及馆员在用户移动学习和移动教育事业中的功能和角色。

(二)服务内容

短信息服务（Short Message service，SMS）是率先被普遍应用的移动图书馆服务模式，特点是速度快、效率高、费用低以及操作简便，主要有两种服务形式：(1) 信息推送服务，如新书推介、讲座通知、欠费提醒、逾期催还等；(2) 短信咨询服务，如资料预约、图书续借、借阅查询、参考咨询等。

四、移动图书馆的服务模式

移动图书馆的服务模式主要包括 SMS（Short Message Service，短信服务）、WAP 网站访问（Wireless Application Protocol，无线通讯协议）和 APP（Application Program，第三方智能手机应用程序）模式，下面分别介绍。

(一) SMS 短信服务模式

短信服务模式是三者中历史最为悠久、使用范围最广、利用门槛最低的服务方式。移动图书馆出现的初期，图书馆信息服务主要是以短信服务为主，分为单向短信和双向短信两种模式。单向短信强调读者用户的主动性预订，系统向预订服务的读者以短信方式推送图书馆讲座日程安排、最新动态等重要通知，也可以将此称为推送服务。双向短信强调读者与图书馆之间的互动性，读者不仅能够接受图书馆系统定期发送的信息，还可以通过特定代码向图书馆短信服务客户端发送短信，完成图书查询、续借、读者卡注册、挂失等操作，也可以将此称为短信咨询服务。短信服务模式对网络接入技术环境要求并不高，只要有手机移动通信网络覆盖的地方，基本都可以进行短信服务；在成本上，移动图书馆短信服务模式通常只需要一条或者几条短信的成本，非常低廉，无论是对图书馆还是社会公众，基本能够承担；在技术与技能上，图书馆仅需要具有移动推送的短信服务平台，对读者而言一部具有短信服务功能的手机就足够了。但由于短信服务模式的消息格式简单，仅支持简单文本，无法实现音频、视频等信息的传输。而且短信服务信息承载量较小，操作指令略显烦琐，只能实现简单的信息交流与检索，交互性有待加强。

（二）WAP 网站服务模式

无线通讯协议（简称 WAP）是一种向移动终端提供互联网内容和先进增值服务的全球统一的开放式协议标准，WAP 最大特点是系统结构的灵活性，协议的开放性，服务界面更具交互性。WAP 技术，可以将 Internet 的大量信息及各种各样的业务引入到无线终端中。无论在何时、何地，只需要移动设备有内置的 WAP 浏览器，即可浏览网上资源。2005 年之后，WAP 开始广泛应用于移动图书馆，用户通过掌上终端设备访问图书馆网站，享受 OPAC 馆藏书目查询、数据库检索、个人信息查询（借阅记录、借阅信息、续借、预约）、留言反馈等服务相比短信服务模式，在接入环境上，WAP 网站服务模式要求较高的网络接入环境，随着 3G 网络技术的使用，高效的网络传输速度为 WAP 服务模式提供了良好的网络环境基础；在成本上，WAP 网站服务模式在没有 WiFi 无线网络的情况下，手机用户均以上网流量计费，相比短信服务模式的低成本，WAP 服务模式利用成本有所增加；在技术与技能上，WAP 版本的移动图书馆需要拥有独立的登录门户网站，并与各类浏览器相适应，便于用户利用浏览器实现网页的阅览。互联网时代的用户对浏览器的使用不再陌生，凡是具有浏览器的移动终端，如掌上电脑、手机等，都可运用 WAP 技术享受移动图书馆带来的服务。但是 WAP 技术的服务展示平台需要借助于浏览器，网络状况好坏会对服务水平产生制约。同时，移动终端浏览器的使用速度、性能上都不能与 PC 浏览器相比，网站与网页功能，如图书收藏、浏览保存等功能，都存在不足。

WAP 是继 SMS 后逐渐兴起和推广的，是对 SMS 的一种拓展和补充，尤其在信息查询和交互功能上优势更加明显，这在很大程度上弥补了短信服务的不足。图书馆采用 WAP 网站可以提供书目数据查询、网络资源导航等服务功能。

（三）APP 客户端服务模式

图书馆客户端应用是移动图书馆、数字图书馆与移动终端应用紧密融合的产物，也是3G技术的产物。3G技术是第三代移动通信技术，将无线通信和国际互联网等多媒体通信相结合。第一代技术下的手机只能进行语音通话；第二代数字手机增加了接收数据的功能，如收发电子邮件或浏览网页。相比前两代通信技术，3G技术具有强大的系统容量和更灵活的高速率传输能力，是无限通信与互联网等多媒体通信结合的新一代移动通讯系统。3G产业的发展催生了手机客户端的开发与利用，手机用户通过客户端软件获取图书馆资源。

APP客户端软件模式，主要适用于以iPhone为代表的第三代手机（智能手机）。收集客户端软件服务是指在读者手机上安装图书馆应用服务程序，以方便读者使用手机访问使用图书馆提供的相关资源和服务。APP模式可以实现图书馆电子资源和数据库资源的检索功能。

APP是一种移动增值服务模式，具有功能丰富、可定制、趣味性强等特点。目前在国外图书馆事业中逐渐普及，而国内图书馆引进较晚，只有少数尝试了利用APP新技术提供服务。

当前应用比较广泛的主要有APP Store客户端和安卓（Android）系统客户端。在技术环境上，由于客户端软件对3G技术的依赖，网络接入环境通常要求带宽、速率、吞吐率各方面性能都较好的移动通讯网络，能够支持多媒体应用，使用户能够通过客户端友好界面轻松实现信 息资源获取、视频观看等。在成本上，对图书馆而言，在丰富软件资源的背后，是高配置移动终端和高性能处理器以及与客户端相适应的数据库、检索系统等的开发，这无疑增加了移动图书馆服务成本。对用户而言，运用客户端软件获取移动图书馆服务，网络流量的耗费相比前两种服务模式，是显著增加的；在技术与技能上，图书馆需要通过自有渠道为用户提供客户端程序下载，与苹果和安卓系统应用程序商店的及时沟通也是非常必要的。客户端服务模式最大限度地满足了用户操作习惯简洁、方便、快捷的需要，客户端提供的集成服务避免了用户在使用WAP服务模式时频繁地输入网址，取而代之的是界面化的一站式服务。但是，网络的开放性意味着信息安全面临受到威胁的可能，用户的个人信息的不安全因素增加，对图书馆客户端开发的安全性提出了更高的要求。

目前SMS研究相对成熟，国内外学者从不同角度对其展开讨论，主要包括SMS推介、参考咨询、教学支持、服务营销、行政沟通、用户采纳、系统设计、应用效果等。Walsh介绍了图书馆SMS的几个重要服务功能，包括远程学习小组讨论、传递教学材料、参考咨询和提醒通知服务等。其中，很多学者对参考咨询功能进行过专门研究，将其作为传统参考咨询服务的有效补充，学者Her-man认为，SMS低成本、操作简便以及能够减少语言一些不足。

第二节　美国高校移动图书馆发展及其服务

美国是最早提出移动图书馆概念的国家之一，也是研究移动图书馆起步最早国家。早在1990年，美国圣路易斯公共图书馆专家Alloway提出了“电子流动图书”(Electronic Bookmobile)，即通过电子传输把图书馆信息服务直接送到用户家中、学校、办公室，由此打破了馆藏资源的有形障碍，在更大程度上拓宽了图书馆信息服务的方式和范围，后来逐步演变为数字图书馆(Digital Library)，即用户可以通过互联网远程在线访问图书馆的数字化馆藏资源。

1993年，美国南阿拉巴马大学图书馆牵头发起了“无屋顶图书馆”(The Library Without a Roof)项目，对使用具备蜂窝通信能力的手持PDA访问图书馆电子资源的可行性和前景进行测试，后由于技术不成熟等原因未能普及，不过这是移动访问图书馆服务的一次突破性尝试。直到20世纪末，伴随无线通信网络和移动接入技术的逐渐成熟，读者在移动情境下接受或访问图书馆服务才得到可靠保证，人们开始对传统移动图书馆概念有了新的认识，开始通过手持移动设备PDA、手机等接受或访问图书馆信息服务，进而跨越物理与数字边界，实现移动阅读和参考咨询的一种新型移动图书馆服务范式。这种变化将无线接入技术应用于数字图书馆而实现移动访问数字化馆藏资源，促成了由流动的实体图书馆向移动的虚拟图书馆的进阶转变。

移动图书馆真正被社会接受和受到外界的重视是通过在美国举办的几次国际性会议。2007年11月13日至14日在美国召开第一届世界移动图书馆会议。时隔两年后，即2009年6月23日至24日在美国召开第二届世界移动图书馆会议。两次会议的主要发言人都为美国图书馆界专家学者。第一届会议主旨发言人是来自美国的Joan K. Lippincott，其他发言人大部分来自英国。第二届会议来自美国的大会发言人数量大大增加，主要关注移动技术和移动服务等问题，如利用移动设备阅读数字馆藏，利用移动技术开展网络教育和参考咨询服务、短信服务等。通过时隔不到两年的两次会议，可以发现美国图书馆界对移动图书馆会议的关注发生了很大的变化，说明2007年以后美国移动图书馆服务发展迅速，逐渐成为潮流。

2009年7月30日，图书馆联盟系统(Alliance Library System)、教育社区(Learning Times)和Infoquest机构举办了第一届“手持图书馆员联机会议”(Handhold Librarian Online Conference)，又称“2009年移动图书馆员会议：关于移动图书馆服务的联机会议”(The Handhold Librarian 2009: An Online Conference about Mobile Library Services)。本次网络研讨会上，美国大学图书馆和公共图书馆领域的专家学者，针对

移动图书馆服务交流经验与心得，即如何使用移动设备将通信、网络访问、短信通知等功能运用到图书馆服务中，重点针对图书馆短信通知、目录查询通知、虚拟参考咨询、Kindle 借阅等方面进行深入研究。其中，会议发言人爱荷华州立大学图书馆 Gerry McKiernan、TAP 信息服务中心的 Tom Peters、耶鲁大学图书馆的 Joe Murphy、伊利诺伊州立大学芝加哥分校皮奥瑞亚医学部图书馆的 Peg Burnette 等人，将自己的大会演讲稿以播客、PPT、PDF 等形式发布到网上，内容丰富，可谓移动图书馆资料大全。

2010 年至今，图书馆联盟系统（Alliance Library System）、教育社区（Learning Times）和 Infoquest 机构又紧锣密鼓地联合举办了两次“手持图书馆员联机会议”（Handhold Librarian Online Conference），由此可见，美国图书馆工作人员应对移动设备的广泛应用，以及迫切推广图书馆服务的热情和决心。

第二届手持图书馆员联机会议于 2010 年 2 月 17 至 18 日在科罗拉多州立大学图书馆召开，美国图书馆届的专家学者针对移动图书馆服务的研究与实践更加深入细致，Joan K. Lippincott、Joe Murphy、Tom Peters、Alison Miller 四位发言人做了大会主题报告，内容涉及：1. 要深入调查当今高校学生使用移动技术的方式，针对高校用户开展移动图书馆服务；2. 开展移动图书馆服务，馆员的职责需要不断转变；3. 图书馆要在变化中寻求发展，充分利用移动通信与计算技术来迎合移动用户的需求以及期望；4. 移动设备、移动技术与图书馆服务的结合，促使移动参考咨询服务产生新型咨询问题——社会参考咨询。

除此之外，参会者针对移动咨询、移动标签以及二维码技术、电子书阅读、iPhone 应用程序、移动门户网站搭建、资源内容以及市场推广等领域进行深入研讨与交流。Bohyun Kim、Marissa Ball 等与会者同时把发言稿上传到 Slideshare 等网站上，进行共享。

第三届手持图书馆员联机会议于 2010 年 7 月 28 日至 29 日召开，会议基于移动革命中图书馆所面临的挑战，拓展移动服务的复杂性，移动图书馆目前发展现状以及移动服务未来趋势等议题进行探讨，致力于实现“将图书馆推送到用户的口袋中”的服务目标。Joe Murphy 和 Chad Mairn、Lisa Carlucci Thomas、Nicole Hennig、David Lee King 四位发言人做了大会主题报告，内容主要涉及以下几个方面：1. 图书馆应该充当“专家”（experts），重申图书馆员的职责，提倡充分利用互联网的社会互动功能，做好移动阅读推广活动，给用户推荐较好的阅读功能，并呼吁出版商更好地为用户服务；2. 使用 Drupal 开源软件设计图书馆移动门户网站案例解析；3. 图书馆应该充分利用目前移动互联技术里炙手可热的增强现实技术和地理定位技术，将数字服务技术与图书馆地理信息结合起来，充分开展营销活动，建立基于地理位置的图书馆移动门户网站。

截止到 2010 年 9 月 30 日，通过网络调研，不难发现美国高校图书馆的移动图书馆服务发展迅速，美国排名靠前的 40 所大学图书馆中，30 所大学图书馆提供移动图书馆服务，普及率高达 70%，其中 7 所大学同时提供移动大学和移动图书馆服务。美国城市竞争力排名靠前的 35 所城市图书馆，如纽约、费城、达拉斯、凤凰城、拉斯维加斯、西雅图、洛杉矶、巴尔的摩等城市公共图书馆已经全面开展移动图书馆服务，华盛顿、旧金山、休斯敦、圣地亚哥、波士顿、迈阿密、圣荷西、奥克兰、圣安娜等城市公共图书馆大多数都开展了电子书阅读和视听资源移动阅读服务。

近些年来，美国高校图书馆界及时抓住移动通信技术与图书馆服务发展的契机，延伸延伸图书馆服务职能，拓展移动图书馆的服务模式，在实际应用和理论研究方面成果显著。目前，美国高校图书馆的移动服务包括 SMS、WAP 网站访问和 APP 三种模式。其中，WAP 网站模式较为成熟，是主流服务模式，短信服务几乎都用于参考咨询（Ask/Contact Us）服务。APP 模式正处于上升阶段，越来越多的高校图书馆选择 APP 客户端软件模式。如哈佛大学图书馆和杜克大学图书馆分别通过 APP Store 中的客户端应用程序 Harvard 和 DukeMobile 实现资源的统一检索。由于美国经济、科技较发达，移动图书馆服务均处于较为成熟的阶段，移动设备和网络普及基本可以保证读者随时随地利用移动设备登录移动图书馆 WAP 网站，享受移动服务，而且美国高校学生使用 iPhone 和 Android 操作系统手机比例较高，图书馆在考虑手机客户端软件服务开发与运维成本问题时，相对比较容易进行决策。移动技术除了短信服务和 WAP 网站之外，还有 J2ME 技术。J2ME 客户端开发更具灵活性，还可以有效地减少网络流量，可以为上网的手机提供更加丰富的图像、游戏以及电子商务内容。

第三节　中国高校移动图书馆发展及其服务

在 20 世纪 90 年代末，我国图书馆业内人士开始关注到了移动图书馆的服务模式的问题，2000 年以后移动图书馆的应用逐渐兴起。2003 年 12 月，北京理工大学图书馆开通了国内最早的手机图书馆短信服务平台，拉开了移动图书馆在国内的应用帷幕。随后香港大学图书馆、上海图书馆等相继开通了短信服务；2006 年 7 月 3 日，湖南理工学院开通了国内第一家 WAP 手机服务的图书馆；之后，成都理工大学图书馆、国家图书馆、东莞图书馆等也相继开通了这一服务。2010 年 9 月 9 日，国家图书馆在 101 年馆庆之际，推出了改版后的国图手机门户 WAP 网站“掌上国图”。至此，我国的移动图书馆发展跨上了一个新的台阶，受到了图书馆界的热捧与重视，但从全国范围来看，手机图书馆在国内仍未形成潮流。据学者宋恩梅、袁琳的不完全调查统计，截止到 2011 年 4 月 3 日，国内图书馆开通手机短信服务的只有 34 家，开通 WAP 服务的只有到16家。且通过对其网站的访问，发现近一半的WAP网站存在着主页无法打开、书面查询功能失败等问题。与此对应的则是截至2010年11月30日，美国排名靠前的20所大学图书馆中，19所大学图书馆提供移动图书馆服务，普及率高达90%。可以看出，我国的移动图书馆不管是在实践的开始时间还是发展到现在的规模上面，都远远落后于国外一些先进国家。

目前，我国移动图书馆服务内容局限在图书事务管理、读者信息管理、公共信息管理、馆藏信息管理等方面。根据对开通移动图书馆服务的34家图书馆服务内容进行归类，将实现的服务内容归纳为：1. 图书事务管理。如借阅查询、图书（证）挂失、图书预约、到期提醒（催还）等；2. 读者信息管理。如注册信息认证、留言反馈、用户管理等；3. 公共信息管理。如新书通报、讲座通知、馆舍公告、馆舍介绍等；4. 馆藏信息管理。如书目查询、数据库检索等。除了这些基本的信息服务外，个别一些图书馆还实现了个性化服务，如重庆大学手机图书馆除了手机短信服务外，增加了书评系统，并整合了BBS、Blog等具有高校特色的移动服务；5. 上海图书馆提供的移动服务包含了其他图书馆没有涉及的阅读器外借、二维码、手机电子书等服务，并实现了手机版“我的图书馆”。北京大学图书馆的3G移动图书馆实现了电子资源的统一检索和全文阅读；国家图书馆已经建立了一个相对庞大的资源库，可为读者提供20余种报纸和1000余种图书资源。目前，我国移动图书馆的服务内容较为单一，大多只是单向的短信提醒、信息公告等内容，提供的数据库交互检索、咨询交流等内容相对较少，开展移动阅读服务功能的仅有北京大学图书馆等不多的几家。

目前，我国高校移动图书馆的主要服务模式包括三种类型，即手机短信消息服务、无线应用协议（WAP）服务、客户端服务。其中，手机短信消息服务属于比较传统的高校移动图书馆服务模式，主要是通过消息的推送以及请求应答来进行相关服务，比较简单、方便，功能也比较单一，只有图书馆信息查询或者是有关书目查询；无线应用协议（WAP）服务是基于计算机网络的一种在带宽传输数据通信协议下，互联网访问形式的服务类型，其主要的优势是解决了手机短信息服务的功能单一性问题，具有更强大的信息传送功能，更强的互动性；客户端服务是现代软件开发下的产物，主要是将一种开发的阅读软件安装在客户端，通过在客户端登录来实现移动图书馆服务，并且用户可以通过智能手机进行下载，为用户提供了较大的便利。

另外，依据用户的需要，高校移动图书馆还推出了较多类型的服务功能，用户可以通过不同类型的高校移动图书馆服务模式来享有不同的服务功能。目前主要推出的服务功能包括查询、检索、预约、续借、在线阅读、跨库检索、微博交流、原迹手写、批注、云笔记、评论、关注、挂失、新书通报、荐购、一站式搜索、文献传递、浏览等。由于各个高校移动图书馆的发展形势以及发展程度不一致，所以这些功能随着高校移动图书馆的发展受到一定的限制。此外，部分高校移动图书馆开通了移动阅读即在线阅读的服务，为用户提供了更为便利的服务，只是相关服务的收费问题以及流量使用、流量费用的问题仍然尚待解决。

从我国移动图书馆的服务模式来看，基本都采用短信服务和 WAP 站点服务两种模式，差别不大，短信服务基本是每一所图书馆都会采用的服务模式，超过半数的图书馆则开展了 WAP 服务。短信服务对软硬件的要求较低，读者只要具有短信收发功能的手机便可以享受到此项服务，具有及时、快捷、便宜、客户端要求低等优点，能覆盖较大的用户群体，但由于格式简单、字数有限，对于复杂的数据库信息查询等无法实现，因而只能提供一些诸如催还提醒、预约到馆、借阅查询等简单的通知提醒功能；WAP 网站服务模式则对技术和终端的配置要求稍高。但目前的主流手机都具备这些必需的软硬件配置。这种模式的系统结构灵活，协议开放，实现方式多样，因此图书馆采用 WAP 网站 可以提供比短信方式更为丰富与强大的服务功能，如书目数据库查询等。缺点是 WAP 模式因手机的不同，WAP 采取的 WML 标准与 HTML 不兼容，使得 WAP 网站功能 实现与以 HTML 为核心的 WEB 网站相比有较大的差距，同时，WAP 服务模式的资费也较高。

我国移动图书馆的终端使用设备是以手机为主的 iPad 等移动设备，但由于当前手机的操作系统各异，手机的研发缺乏统一的标准与相关协议，因此这些手机系统的兼容性较差。移动图书馆的书目查询、交互界面可能存在着在不同的手机上无法实现的困惑，因此，如何实现数据兼容与优化操作界面将是未来移动图书馆必须解决的问题。在解决兼容性方面，北京大学图书馆通过 UOML 文档交换服务器实现了基于各类手持终端设备对各类数据库资源进行统一检索和全文阅读，为数据兼容问题的完美解决开辟了一条从文档转换技术上实现的捷径；在提供操作界面友好性方面，国家图书馆的“掌上国图”在设计时，充分考虑了手机屏幕的大小不一及读者的喜好问题，对于文字、界面、图片的滚动、返回、选择、放大、缩小、移动均作了人性化的设计，读者根据自己的喜好可随意设置。同时鉴于手机的硬件性能差别较大问题，“掌上国图”还提供了部分市场占有率大、支持 JAVA、硬件优化较好的手机系统，对于“掌上国图”插件的下载安装说明与 注意事项均做了说明。这些有针对性的设计与友好的交互界面，更加符合用户的日常操作习惯，有利于移动图书馆的进一步应用普及。

目前，我国移动图书馆的服务模式主要以短信和 WAP 网站访问为主。而且短信服务是最主要的服务模式。短信服务在技术上对软硬件的要求较低，只要具有短信收发功能的手机都可以使用此业务。它的优点是及时、快捷、便宜，能够覆盖较大的用户群体。缺点是格式简单、长度受限、对于数据库复杂的信息检索无法实现。WAP 网站对移动技术的要求要稍高一些，需要手机内置 WAP 浏览器。目前的主流手机都可使用这些业务。它的技术特点是系统结构灵活、协议开放、实现方式多样。图书馆采用WAP网站可以提供比短信方式更为丰富而且更强大的功能。它使用方便，与上互联网一样。WAP模式的缺点主要在于因手机的不同而不同。由于WAP采取的WML标准与HTML不兼容，使得WAP网站功能实现与以HTML为核心的WEB网站相比有较大的差距。另外，WAP的资费标准也远远高于短信形式，因此，目前搭载于WAP技术平台的图书馆移动信息服务还相对比较少。

第四节 中美高校移动图书馆比较

一、从时间上比较

（一）美国起步早，逐渐发展普及

美国提出真正移动图书馆的概念是在20世纪90年代。1993年，美国南阿拉巴马大学图书馆牵头发起了“无屋顶图书馆”（The Library Without a Roof）项目，对使用具备蜂窝通信能力的手持PDA访问图书馆电子资源的可行性和前景进行测试，后由于技术不成熟等原因未能普及，不过这是移动访问图书馆服务的一次突破性尝试。直到20世纪末，伴随无线通信网络和移动接入技术的逐渐成熟，读者在移动情境下接受或访问图书馆服务才得到可靠保证，传统移动图书馆概念也因此被彻底颠覆，取而代之的是用户通过手持移动设备（PDA、手机等）随时随地接受或访问图书馆信息服务，进而跨越物理与数字边界，实现移动阅读和参考咨询的一种新型移动图书馆服务范式。它将无线接入技术应用于数字图书馆而实现移动访问数字化馆藏资源，促成了由流动的实体图书馆向移动的虚拟图书馆的进阶转变。

进入21世纪后，随着网络技术、通讯技术等高科技技术的快速发展，移动图书馆服务有了较大发展，一些运营商也看准机会加大这方面投入图书馆拓展移动阅读服务需要设备、技术以及内容等相关要素的整合。设备是载体，内容是基础，技术是平台，服务是方向。现在我们可以从美国两年一度的会议，即2010年连续召开的两次“手持图书馆员联机会议”（Hand held Librarian Online Conference）上的两个报告都可以管窥美国移动图书馆发展情况一二。

报告之一：The Horizon Report：2010 Edition。2010年由新媒体联盟（The New Media Consortium）与EDUCAUSE学习创新计划（EDUCAUSE Learning Initiative）共同撰写的年度报告《地平线报告：2010版》（*The Horizon Report:2010 Edition*）指出未来五年校园出现

的六大主流应用技术，短期是移动计算和开放内容，中期是电子书和简化增强现实应用，长期是基于手势的计算和可视数据分析。其中提到移动技术和电子书应用。

报告之二：2010 *Top Ten Trends in Academic Libraries*。2010 年 5 月 27 日，美国大学与研究型图书馆协会（Association of College and Research Libraries）在其发表的报告《2010 大学图书馆十大发展趋势》（2010 *Top Ten Trends in Academic Libraries*）中指出，移动设备以及应用技术的爆炸性发展推动图书馆拓展新的服务模式。这两则报告对于图书馆发展来说，具有时代指引性，无疑对美国图书馆加快延伸移动阅读服务打入一剂强心剂。比较有代表性的案例是 2010 年 6 月 24 日至 29 日在华盛顿召开的美国图书馆协会（ALA）年会上，会议日程表、参会人员与厂商名单以及当地宾馆与酒店都可以通过移动设备来查询，ALA 与移动技术提供商 Boopsie 的合作是图书馆拓展网络化服务的更好体现。

（二）中国起步晚，发展快不均衡

通过在 CNKI 中文期刊数据库输入“移动图书馆”发现国内移动图书馆的理论研究是在 2000 年以后才逐渐兴起的。从理论的研究进度来说要比国外兴起晚，但研究的速度比较快，十年间已有近百篇相关研究论文；从研究的范围来说，文献大部分是对国内外移动图书馆的实践介绍；从文献的研究深度看，文献除了介绍图书馆的应用案例外，还对移动图书馆的系统架构、集成服务平台和个性化手机服务等进行了研究；从文献所介绍的典型案例看，文献大多聚焦于高校图书馆，一批高校图书馆的典型实践案例被详细介绍，如清华大学图书馆、同济大学图书馆、重庆大学图书馆等，当然也有一些公共图书馆，如国家图书馆、上海图书馆等。我国移动图书馆的应用发展历程：2003 年 12 月，北京理工大学图书馆开通了国内最早的手机图书馆短信服务平台，拉开了移动图书馆在国内的应用帷幕。随后香港大学图书馆、上海图书馆等相继开通了短信服务，2006 年 7 月 3 日，湖南理工学院开通了国内第一家 WAP 手机服务的图书馆。随后成都理工大学图书馆、国家图书馆、东莞图书馆等也相继开通了这一项服务。2010 年 9 月 9 日，国家图书馆在它 101 年馆庆之际，推出了改版后的国图手机门户 WAP 网站“掌上国图”。至此，我国的移动图书馆发展跨上了一个新的台阶，受到了图书馆界的热捧与重视。

二、从服务内容上比较

中国移动图书馆内容单一，针对性较散：目前，我国移动图书馆主要服务内容还局限在图书事务管理、读者信息管理、公共信息管理、馆藏信息管理等方面。根据对开通移动图书馆服务的 34 家图书馆服务内容进行归类，将实现的服务内容归纳为：

1. 图书馆事务管理。如借阅查询、图书（证）挂失、图书预约、到期提醒（催还）等；2. 读者信息管理。如注册信息认证、留言反馈、用户管理等；3. 公共信息管理。如新书通报、讲座通知、馆 舍公告、馆舍介绍等；4. 馆藏信息管理。如书目查询、数据库检索等。除了这些基本的信息服务外，个别一些图书馆还实现了个性化服务，如重庆大学手机图书馆除了手机短信服务外，增加了书评系统，并整合了 BBS、Blog 等具有高校特色的移动服务；5. 上海图书馆提供的移动服务包含了其他图书馆没有涉及的阅读器外借、二维码、手机电子书等服务，并实现了手机版“我的图书馆”。北京大学图书馆的 3G 移动图书馆实现了电子资源的统一检索和全文阅读；国家图书馆已经建立了一个相对庞大的资源库，可为读者提供 20 余种报纸和 1000 余种图书资源。

美国高校移动图书馆服务内容比较集中：目前，美国移动图书馆主要集中在图书馆公共信息和馆藏信息查询方面。美国 20 所大学中，排名靠前的分别是：书目信息检索占 70%，参考咨询占 65%，图书馆工作时间查询占 60%，然后是图书馆新闻、图书馆网点查询占 50%，数据库检索占 45%。

相对而言，我们普及程度从全国范围来看，手机图书馆现在仍未形成潮流，只是零星几个图书馆有超前的尝试。

三、从技术手段上比较

在移动设备研制方面，亚马逊公司、苹果公司、Google 公司的作用功不可没：一是亚马逊公司推出的 Kindle 电子书阅读器，二是苹果公司推出的 iPhone，三是 Google 公司开发的影响力极大的 Android 手机操作系统以及 Google 手机。到目前为止，大量文献对 Kindle 系列电子书阅读器以及 iPhone 智能手机以及 Android 手机进行了详细解读，下面列出几个标志性的事件，其他不再赘述。

设备之一：Kindle：2007 年 11 月亚马逊公司推出电子书阅读器 Kindle，开创了移动阅读新时代。2009 年，电子书阅读器产业结合内容、服务与通信，不断走向成熟，电子书阅读产品从小众市场已经开始面向大众市场。

设备之二：iPhone：2007 年 1 月 9 日，苹果公司（Apple，Inc.）在举行的 Macworld 宣布推出 iPhone，6 月 29 日在美国上市，iPhone 将创新的移动电话、可触摸宽屏 iPod 以及具有桌面级电子邮件、网页浏览、搜索和地图功能的突破性因特网通信设备这三种产品完美地融为一体，真正实现了移动技术的新应用。

设备之三：Android：2007 年 11 月 5 日，Google 发布了基于 Linux 平台的开源手机操作系统——Android，该平台由操作系统、中间件、用户界面和应用软件组成。目前，与 Google 建立开放手机联盟（Open Handset Alliance）的其他 33 家手机制造商以及无线应用企业都将基于 Android 平台开发手机的新型业务。

移动技术的不断更新以及手持设备的研发与热销使美国图书馆界重新审视自己的服务模式，利用 iPhone、iPad、Android 手机以及 Kindle 等的触摸屏界面设计、高速的网络连接速度以及位置监测技术，整合自己的核心优势资源，继续发挥“桥梁”与“中介”作用，扩展移动图书馆服务，推广“无处不在”的服务。

2010 年是美国移动阅读产业如火如荼开展的一年。首先，2010 年 1 月 28 日凌晨 2 点，苹果公司正式发布了平板电脑 iPad。iPad 的发布和热销，是高科技的一次划时代的革命。

2010 年 8 月 25 日，Amazon 公司推出最新 Kindle 无线阅读设备，推广质地更轻、阅读更快、售价更低、对比度更高、无线接入的营销理念，刚上市就出现脱销的现象。美国《华尔街日报》(*The Wall Street Journal*) 8 月 25 日发表文章称，新设备正改变美国人的阅读习惯，人们随时随地可以阅读。

美国市场营销与研究资源公司 (Marketing and Research Resources) 针对 1200 名电子阅读器拥有者进行的调查显示，目前用户拥有的阅读设备主要有三种：亚马孙的 Kindle、苹果的 iPad 和索尼的 Sony Reader。移动设备的普及已经让美国民众回归阅读。美国图书馆也加快了拓展移动图书馆服务的步伐，图书馆重新找回读者的信心更加强烈。

相对而言，中国目前技术上还没有独自开发创造的产品，基本上都是来自美国和其他国家移动产品。中国移动图书馆技术手段落后、更新速度慢。从我国移动图书馆的服务模式来看，基本都采用短信服务和 WAP 站点服务两种模式，差别不大，短信服务基本是每一所图书馆都会采用的服务模式，超过半数的图书馆则开展了 WAP 服务。短信服务对软硬件的要求较低，读者只要具有短信收发功能的手机便可以享受到此项服务，具有及时、快捷、便宜、客户端要求低等优点，能覆盖较大的用户群体，但由于格式简单、字数有限，对于复杂的数据库信息查询等无法实现，因而只能提供一些诸如催还提醒、预约到馆、借阅查询等简单的通知提醒功能；WAP 网站服务模式则对技术和终端的配置要求稍高。这种模式的系统结构灵活，协议开放，实现方式多样，因此图书馆采用 WAP 网站可以提供比短信方式更为丰富与强大的服务功能，如书目数据库查询等。缺点是 WAP 模式因手机的不同，WAP 采取的 WML 标准与 HTML 不兼容，使得 WAP 网站功能实现与以 HTML 为核心的 WEB 网站相比有较大的差距，同时，WAP 服务模式的资费也较高。

参考书目

1. 胡文仲著:《跨文化交际学概论》,外语教学与研究出版社 1999 年版。

2. 董小川著:《美国文化概论》,人民出版社 2006 年版。

3. 陈序经著:《文化学概论》,中国人民大学出版社 2009 年版。

4. 方汉文著:《比较文化学新编》,北京师范大学出版社 2011 年版。

5. 李慧杰、赵毓琴等著:《跨文化经历与反思——体验异域风情 沉淀跨国文化》,经济科学出版社 2012 年版。

6. 辜正坤著:《中西文化比较导论》,北京大学出版社 2007 年版。

7. 张斌贤主编、和震著:《美国大学自治制度的形成与发展》,北京师范大学出版社 2008 年 7 版。

8. 陈华文:《文化学概论》,上海文艺出版社 2001 年版。

9. 周三多主编:《管理学》,高等教育出版社 2000 年版。

10. 朱世达著:《当代美国文化》,社会科学文献出版社 2001 年版。

11. 顾宁著:《美国文化与现代化》,辽海出版社 2006 年版。

12. 李其荣著:《美国精神》,长江文艺出版社 1998 年版。

13. 贺毅主编:《中西文化比较》,冶金工业出版社 2007 年版。

14. 杨明华编著:《有关文化的 100 个素养》,台北驿站文化 2009 年版。

15. [英] 泰勒:《原始文化》。

16. [法] 托克维尔、曹冬雪译:《论美国的民主》,译林出版社 2012 年版。

17. 刘道玉:《中国高校之殇》,湖北人民出版社 2010 年版。

18. 陈学飞:《美国高等教育发展史》,四川大学出版社 1989 年版。

19. 金旭东、李国庆、李海鹏主编:《21 世纪美国大学图书馆运作的理论与实践》,北京图书馆出版社 2007 年版。

20. [美] 亨利·斯蒂尔·康马杰著:《美国精神》,光明日报出版社 1988 年版。

21. 罗伯特·理查德:《心灵的习性》,三联书店 1991 年版。

22. [日] 镜味治也、张泓明译:《文化关键词》,商务印书馆 2015 年版。

23. 华师大图书情报学系、高校图书馆管理研究室编:《美国高校图书馆事业》,华师大出版社 1992 年版。

24. 王宁主编:《中国文化概论》，湖南师范大学出版社 2000 年版。

25. [美] 阿尔滕、班尼特著，曹箐、王颖译:《理解美国：美国文化指南》，北京大学出版社 2012 年版。

26. 沈振辉编著:《中国文化概说》，北京大学出版社 2011 年版。

27. 马钦荣主编:《中国特色现代大学制度探索与实践》，华东师范大学出版社 2012 年版。

28. 夏文义:《美国与中国的 133 个不同》，五洲传播出版社 2012 年版。

29. Walt Crawford & Michael Gorman, *Future Libraries:dreams, madness & reality American Library Association,* Chicago and London, 1995.

30. Lynda M. Ducke & Andrew D. Asher, *College Libraries and student culture: what We Now Know,* American Library Association Chicago2012.

31. 吴慰慈、董焱编著:《图书馆学概论》，北京图书馆出版社 2006 年版。

32. 王子舟:《图书馆学基础教程》，武汉大学出版社 2003 年版。

33. 武德运主编:《图书馆通论》，陕西人民出版社 2006 年版。

34. 罗荣渠:《美国历史通论》，商务印书馆 2009 年版。

35. 楼宇烈:《中国文化的根本精神》，中华书局 2016 年版。

36. F.W.Lancaster, *Libraries and librarians in an age of electronics,* Information Resources Press, a division of Herner and Company, 1982.

37. Walt Crawford & Michael Gorman *Future Libraries* American Library Association, 1995.

38. 黄高才:《中国文化概论》，北京大学出版社 2016 年版。

39. 顾伟列、王幼敏主编:《中国文化》，华东师范大学出版社 2007 年版。

40. 陈辉主编:《中国文化史》，科技出版社 2010 年版。

41. 张岱年、程宜山:《中国文化精神》，北京大学出版社 2015 年版。

42. 柳诒征:《中国文化史》，北京师范大学出版社 2016 年版。

43. 李其荣:《美国文化解读：美国文化的多样性》，济南出版社 2005 年版。

44. 王恩铭:《美国文化史纲》，上海外语教育出版社 2015 年版。

45. 林立树:《美国文化史》，中国编译出版社 2014 年版。

46. 程星:《细读美国大学》，商务印书馆 2015 年版。

47. 乔玉全:《21 世纪美国高等教育》，高等教育出版社 2000 年版。

48. 袁仲孚:《今日美国高等教育》，上海翻译出版社 1988 年版。

49. 余立主编:《中国高等教育史》，华东师范大学出版社 1994 年版。

50. 潘懋元:《中国高等教育百年》，广东高等教育出版社 2003 年版。

51. 别敦荣、杨德广主编:《中国高等教育改革与发展 30 年：1978—2008》，上海教育出版社 2009 年版。

52. 吴建中:《21 世纪图书馆新论》，上海科学技术文献出版社 2003 年版。

后　记

我大学毕业后留在浙江传媒学院图书馆工作，之后虽然又换了学校，但是并没有离开大学图书馆，至今算起来在大学图书馆工作快有三十五个年头了，在图书馆管理岗位上工作也有二十五个年头了，可以说我的人生基本上都是在大学图书馆度过的。尽管，我学的是英语专业，但是职称系列却走的是图书馆系列，最终也评上了研究馆员，对自己也有了交代，没有留下遗憾。

2007 年 7 月，我有幸参加了由美国伊利诺伊大学香槟分校举办的中美图书馆暑期培训班，为期一个月时间。对我这个有英语专业背景的图书馆员来说，这是一次很好地接触美国高校图书馆的机会。在学习培训期间，我们还参观走访了美国周边的一些大学和公共图书馆，看到中美两国高校图书馆之间存在的差异，我深感美国高校图书馆在管理和服务方面有许多值得我们学习和借鉴的地方，觉得有必要回国后好好对中美高校图书馆进行一下比较研究，这就促使我有了撰写中美高校图书馆比较文章的想法。

回国后，我就开始收集和整理有关中美高校图书馆在管理和服务等方面的各种资料和文献，开始着手撰写这方面的文章，不久与人合作在上海《图书馆杂志》上发表了一篇关于中美高校图书馆比较的论文。之后，自己觉得还不够过瘾，又继续收集这方面的资料，想在此基础上写一本专著，打算对中美高校图书馆进行一次相对全面的比较。经过几年的努力，如今这本专著终于完稿，可以呈现在读者面前了。

此书得以完成，我要感谢我的美国同行，伊利诺伊大学香槟分校消防中心图书馆馆长阮炼老师，是她促成了我的美国之行，并且还帮我提供了不少有关美国大学图书馆的资料；此外还要感谢学校领导对我的支持和帮助，能让我在学术假期间有足够的时间来完成书稿的最后统稿工作；我还要感谢我们图书馆的同事和领导的帮助和支持，让我能够静心完成书稿；感谢我家人的理解和支持，感谢中国广播影视出版社编辑部的老师。正是由于你们的付出，才能让我的书稿得以顺利完成。

作　者

2017 年 3 月